JOURS DE COLÈRE

Questions de principe huit

Paru dans Le Livre de Poche :

LES INDES ROUGES
LA BARBARIE À VISAGE HUMAIN
L'IDÉOLOGIE FRANÇAISE
QUESTIONS DE PRINCIPE I, II, III, IV, V, VI, VII
LE DIABLE EN TÊTE
ÉLOGE DES INTELLECTUELS
ARCHIVES D'UN PROCÈS. KLAUS BARBIE
LE SIÈCLE DE SARTRE
RÉFLEXIONS SUR LA GUERRE, LE MAL ET LA FIN DE L'HISTOIRE

Collection dirigée par Jean-Paul Enthoven

BERNARD-HENRI LÉVY

Jours de colère

Questions de principe huit

LE LIVRE DE POCHE

Ce huitième volume de « Questions de principe » reprend, comme « Questions de principe V » et « Questions de principe VII », les blocs-notes hebdomadaires donnés par Bernard-Henri Lévy au *Point* depuis 1993. Ici, la période qui s'étend du 5 janvier 2001 au 25 mars 2004.

L'Éditeur.

© Librairie Générale Française, 2004.

2001

Claudel et l'ombre de l'homme. Le XXI siècle, vraiment ? Proust héros de roman. Les femmes du siècle. Lire et le temps.

Pour connaître un homme, disait Claudel, chercher d'abord sa bête. Pas son âme, non. Ni son corps. Ni la jonction, énigmatique, entre ce corps et cette âme. Mais la bête, vraiment. L'animal qui l'habite et le suit. Ce compagnon assidu, plus inséparable que son ombre, qui loge en lui, l'accompagne et, parfois, le trahit. Que dit d'autre ce prêtre catholique bosniaque qui évoque, en cette nuit de Noël, le temps où Sarajevo était la capitale mondiale de la douleur et de l'horreur ?

Georges Bataille, après « Structures élémentaires du fascisme », avait l'intention de donner un petit essai sur la France – sur la tentation fasciste en France. Actualité de Bataille ?

Ces reportages télévisés qui font le tour de la planète en-train-de-changer-de-siècle-et-même-de-millénaire. Belle blague, évidemment. Et belle illusion d'optique. Comme s'il n'en allait pas de cette coupure-ci comme de toutes les coupures qui tranchent l'histoire des cultures, des civilisations ou des sciences : chacune coupe à son heure, répondait Foucault à Althusser, qui croyait, lui, dur comme fer, à sa fable de la « grande coupure » ; chacune, selon son rythme ; telle a déjà coupé ici (l'histoire de la sexualité) sans que la coupure ait opéré ailleurs (l'histoire de la folie, celle des manières de parler ou de classer) ; eh bien, de même ce XXIe siècle où les uns entrent pour de bon, les autres à reculons, d'autres pas du tout – sans parler de ceux qui, comme ici, à Sri Lanka, en sont toujours à rôder aux portes du XXe, quand ce n'est pas du XIXe.

Chez un bouquiniste parisien, dans un numéro de La Revue blanche (1896), « Mystères », de Fernand Gregh, le premier roman dont Proust est le héros.

Le situationniste Mustapha Khayati publiait, en 1967, son mémorable « De la misère en milieu étudiant ». Qui, trente ans après, à l'heure de l'anti-intellectualisme à nouveau triomphant, osera un « De la misère en milieu écrivant » ?

L'an 2000... 2001... Tant de zéros, tout à coup. Peut-être trop. Les zéros du néant qui vient ? Ceux de la table rase et du possible recommencement ? A Sri Lanka toujours, ce « rebelle » tamoul qui, féru de numérologie, me dit carrément : « pour nous qui ne croyons qu'aux nombres, pour nous qui confondons l'art de la guerre et celui des nombres sacrés, l'aurore du millénaire est formidablement exaltante. » Barbarie, année zéro.

L'intellectuel, celui qui « se mêle de ce qui ne le regarde pas » ? Mais oui. Bien sûr. Puisque se mêler de ce qui ne regarde pas, c'est la définition de la responsabilité et, donc de la liberté. Non plus, comme chez Heidegger, philosophe d'avant la Shoah, angoisse « pour ma mort », mais pour la tienne, la sienne, celle d'autrui en tant que, par principe, il ne me ressemble ni ne me regarde.

Huit femmes dans la liste, établie par Le Figaro, de ceux qui ont « fait le siècle ». Huit femmes seulement ? N'y a-t-il eu que huit femmes, vraiment, pour imprimer leur marque à l'ère qui s'achève ? Et Beauvoir ? Et Riefenstahl ? Et Marie Curie ? Et Indira Gandhi ? Et Louise Weiss ? Et Oum Kalsoum ? Et Rosa Luxemburg ? Et la reine d'Angleterre ? Et tant d'autres ?

Question d'Ardisson, à « Rive droite, rive gauche » : « quand les intellectuels en finiront-ils avec leurs leçons de morale ? » Il ne s'agit pas de leçons de morale, dis-je. Il ne s'agit même pas de morale du tout. Reprenez ce que nous disions, par exemple, au moment des guerres de Bosnie et du Kosovo. Ce n'était pas seulement : « il faut, moralement, intervenir ». Ni même : « il est juste, honorable, bon, moral encore, de tenter de venir en aide à des peuples massacrés ». Mais : « cela est raisonnable ; cette intervention, quoi qu'elle coûte, sera un moindre mal ; se porter au secours de ces peuples martyrs est un geste politique et c'est nous, intellectuels réputés irresponsables, qui sommes donc les derniers à faire encore de la politique ».

Commencer l'année avec saint Thomas (« Commentaire du traité de l'âme d'Aristote », traduction et notes de J.-M. Vernier) et Hobbes (« De Corpore », commentaires et notes de Karl Schuhmann), l'un et l'autre réédités par Vrin. Toujours la même affaire de l'âme, du corps et de la bête. Toujours, comme chez Claudel, quoique en langue philosophique, le même souci de l'ombre de l'homme.

Obscurs, les philosophes ? Non. Clairs, au contraire. Limpides. Sauf à nommer obscurité cette façon qu'ont les grands textes de dérouter le lecteur, de l'obliger à écouter.

Au XXIe siècle, les livres seront réprouvés, non parce qu'ils dérangent, ou supposent un péril secret, mais parce qu'ils prennent du temps, parce qu'ils font prendre et perdre du temps – parce qu'ils ne seront plus raccord avec notre conception du temps.

5 janvier 2001.

Mort d'André Thirion. Le charme discret de Jacques Laurent. Selon Beauvois.

André Thirion vient de mourir. J'étais allé le voir il y a dix ans, à l'époque où je tournais « Les aventures de la liberté » et où je cherchais les derniers témoins de l'aventure surréaliste. Il m'aurait bien parlé d'autre chose, Thirion. Il aurait bien voulu me convaincre qu'il n'avait, alors, que 20 ans et qu'il lui est arrivé, ensuite, tant de choses plus passionnantes ! Mais non. Il n'était réellement, pour moi, que l'un des tout derniers vivants à avoir connu le jeune Breton. Il n'était que le dernier à pouvoir parler, comme s'ils dataient d'hier, du différend avec Aragon et des débats avec Naville ou Bataille, du surréalisme au service de la révolution, des rapports avec le PC, des tracts antifascistes de Péret, de la question de savoir ce qu'il fallait, aux yeux de ces prodigieux jeunes gens, commencer par changer – le monde, la vie, ou les deux. Bref, il eut beau faire, plaider, protester. Il eut beau me répéter qu'il avait eu une vie après le surréalisme, qu'il avait été gaulliste, résistant, conseiller municipal RPF, député, auteur de romans érotiques, j'en passe. Je l'écoutais poliment mais revenais toujours à tel ou tel détail de l'excommunication d'Artaud ou de Ribemont-Dessaignes, aux séances du Globe, à la « hiérarchie dans les apéritifs » telle qu'on la pratiquait au Cyrano, aux mérites théoriques comparés du « vermouth » et du « mandarin-curaçao »... Une vie, une très longue vie, réduite à l'une de ses saisons. Une existence, presque un destin, figé dans ses clichés. Quelle misère. Quelle cruauté.

L'essentiel me séparait de Jacques Laurent. Mais j'aimais sa liberté d'allure. Ses faux airs de boxeur débraillé. Son profil de vieil enfant anxieux, alourdi par une mâchoire un peu forte. J'aimais ses anciennes arrogances. Cette façon d'être toujours au bord d'une insolence qui, depuis longtemps, ne venait plus mais que trahissait, parfois, un reste de frémissement dans les mains. J'aimais ce goût qu'il avait de décevoir, trahir, démentir l'image qu'on se faisait de lui : Maurras et Saint-Germain-des-Prés ; un pied chez Jean Raspail, un autre chez Bernard Frank ; son côté « réac rebelle » ; « re-re » comme on dit « bo-bo » ; ça donne, parfois, d'authentiques fascistes mais ça peut produire aussi cela, cette liberté, cette pratique systématique de l'écart, cette façon d'être convenu et marrant, académique et licencieux – Laurent, quoi ! La dernière fois, il y a un an presque jour pour jour, nous nous étions vus dans un bar d'hôtel pour enregistrer une discussion sur Sartre publiée dans ces colonnes. Et je me souviens – pardon, lecteurs du Point ! – comment, une semaine ou deux plus tard, le hasard nous ayant fait nous rencontrer dans la salle d'attente d'un ophtalmologiste parisien, il m'avait avoué : « si vous saviez comme ça m'a embêté de jouer, une fois de plus, les anti-sartriens de service ! car je m'en fiche, de votre Sartre ! je l'aime bien, dans le fond, et je m'en fiche ! ah ! si nous avions pu parler de Stendhal, par exemple... savez-vous pourquoi, chez Stendhal, l'expression "faire l'amour" n'existe pas ? et ce goût qu'ont certaines femmes d'être épiées... hein, d'où vient, d'après vous, ce goût qu'elles ont d'être suivies à la trace, épiées ? »

C'est il y a cinq ans, au Mexique, sur le tournage du « Jour et la nuit », que j'ai connu Xavier Beauvois. Il était laconique et fiévreux. Changeant et obstiné. Il était exigeant. Il partageait avec Delon l'idée que les acteurs sont supérieurs aux comédiens et disait volontiers que le cinéma veut tout son homme, qu'il ne partage pas, ne fait pas de quartier : « pas l'idée de l'amour, l'amour ; pas des considérations sur la souffrance, le cri même de la souffrance ; à quoi bon des images si ce ne sont que des images ? » C'est cette intransigeance, presque cette violence, que je retrouve aujourd'hui dans « Selon Matthieu », son dernier film. Un film sectaire, comme disent déjà les critiques paresseux ? Manichéen ? Mais non. Un film à son image. Radical, certes. Implacable. Un film qui nous parle, sans mièvrerie ni concessions, de ce qu'est devenu le monde ouvrier, de sa grande patience, de ses luttes. Mais un film complexe, en même temps. Nuancé. Un film qui nous montre des ouvriers bien sapés, fantaisistes et modernes, aimant les films de James Cagney en version non doublée – le contraire encore du cliché, du modèle Germinal, du chant éternel des travaux et des peines. Et un film où, surtout, comme le recommandaient Daney et Douchet, ses maîtres, l'auteur laisse leur chance, toute leur chance, à chacun de ses personnages : Matthieu donc, le prolo ; mais aussi le patron ; sa femme, joliment interprétée par Nathalie Baye ; les autres. Un signe : c'est le premier des films qu'il ait signés où l'acteur Beauvois ne se soit pas donné un rôle – et c'est celui des trois où j'ai le sentiment, pourtant, d'entendre le mieux, et de bout en bout, sa voix.

12 janvier 2001.

Sarajevo, fiction.

Voilà un homme, Elie Chouraqui, qui n'a, à l'époque, jamais mis les pieds à Sarajevo. Voilà un cinéaste doué, absolument sympathique, mais qui semblait voué aux comédies de mœurs à la française. Voilà quelqu'un que je prenais, je l'avoue à ma très grande honte, pour une sorte de nouveau Lelouch, amateur délicieux, jouisseur, pacifisme de principe, refus de l'Histoire, Dix Commandements, bons sentiments. Or voici qu'il nous donne, cet homme, un film sur la destruction de Vukovar, donc sur le premier acte de cette tragédie que furent les guerres de Yougoslavie. Et quiconque a vécu cette période, quiconque a vu, de ses yeux vu, le vrai Vukovar des années 1991-1992, quiconque a connu le Sarajevo assiégé des premiers mois, ne peut sortir de ce film, « Harrison's Flowers », qu'éberlué, sonné, choqué et, finalement, bouleversé.

Il y en a eu, des films, sur les guerres en ex-Yougoslavie. Il y a eu Ophüls et Goupil. « Warriors », « Suicide d'une nation », « Bosna ! ». Il y a eu des tas de films-vérité tournés dans le vrai sang des martyrs bosniaques ou croates. J'affirme qu'aucun de ces documents n'a senti, raconté, pensé cette affaire comme le fait ici Chouraqui. J'affirme qu'on n'avait jamais dit de façon si juste l'acharnement sur les hôpitaux, les femmes et les enfants traqués et achevés à la grenade – la volonté, non seulement de prendre une ville, mais de la raser ; non seulement de la raser mais d'exterminer ses habitants. J'affirme que l'on n'avait jamais si précisément dit la vérité politique de ce massacre : non pas des bandes de sauvages, des extrémistes incontrôlés, des ultras, mais une armée régulière, celle d'un président élu, béni par les Bush, les Mitterrand, les Nations – Slobodan Milosevic.

Il y a, par-delà l'affaire yougoslave, des tas de grands films de guerre. C'est même un genre à part entière, essentiel à l'histoire du cinéma, formellement périlleux, et que j'avais tendance, pour ma part, à croire plutôt saturé. Eh bien, erreur. Car en voici un de plus, qui vient d'emblée s'inscrire à la hauteur des maîtres américains : Kubrick, Cimino, le Malick de « La ligne rouge », Coppola. Voici une reconstitution doublée d'une histoire d'amour – en gros, Andie MacDowell en moderne Eurydice, inversant le sens de la fable pour aller chercher son Orphée dans l'enfer de Vukovar bombardé – voici une fiction qui raconte, comme ne l'avait fait, en tout cas, aucun Français, l'absurdité de la guerre, son chaos réglé et pourtant indéchiffrable, l'horreur et la vie mêlées, la tragédie comme une foudre, le surgissement de l'ultraviolence au détour d'un paysage bucolique, les gestes embrouillés, le silence et la fureur, l'hallucinante image du soudard serbe qui viole l'héroïne sur un capot de voiture, sous les balles, en même temps qu'il hurle des ordres fous ou qu'il s'essuie le sang qui lui coule sur le visage.

Et puis il y a les reporters de guerre. Il y a ces

hommes et femmes admirables qui prennent des risques terribles pour rapporter l'image qui traduira un peu de leur effroi. Il y a ces êtres pour la mort qui sont aussi des êtres pour la vie et qui sont surtout les plus formidables empêcheurs de guerroyer dans le silence et l'indifférence. Ils sont les vrais personnages du film. Ses héros. Et nul n'avait si bien dit, là non plus, leur culot insensé, leur inconscience magnifique, leur courage et parfois, hélas, leur sacrifice. Il paraît que, lors de sa première projection, au Festival du film de guerre de Bayeux, un parterre de journalistes étaient là, qui se sont aussitôt reconnus dans « Harrison's Flowers » et qui lui ont fait une sorte d'ovation silencieuse. C'est logique. Car jamais on ne leur avait rendu pareil hommage. Jamais, nulle part, on n'avait si bien dit la beauté, la noblesse, la grandeur pathétique de leur métier.

Où Chouraqui a-t-il trouvé la force de ce film ? Où, dans quel miracle de sympathie ou de foi, dans quel souvenir enfoui ou quelle mémoire sans souvenir, a-t-il puisé la force de se transporter, ainsi, dans les ruines de ce Vukovar plus vrai que nature ? C'est le mystère des hommes. Mais, en un sens, peu importe. Car reste l'évidence de cette œuvre. Reste ce film qui, à l'heure où les historiens commencent de prendre la mesure de cette longue saison d'ignominie, à l'heure où une commission parlementaire d'enquête commence enfin, en France, d'entrer dans l'entrelacs de complicités et de lâchetés qui auront, jusqu'au bout, rendu possible le pire – ce mercredi justement, jour de la sortie du film, l'ex-Premier ministre Alain Juppé, ainsi que le général en chef Janvier, à qui on posera peut-être la question de savoir s'il est vrai que, lors du tout dernier acte, à Srebrenica, ils ont refusé l'intervention militaire aéroportée qu'imploraient les Hollandais et qui aurait encore pu sauver l'enclave –, reste ce film donc qui nous en dit, à sa façon, plus long que tous les documents, toutes les preuves, tous les procès. Il faut aller le voir. Vite.

19 janvier 2001.

Le premier génocide. Défense de Tahar Ben Jelloun. Si Papon demandait pardon.

Une phrase. Il aura suffi d'une toute petite phrase – « La France reconnaît publiquement le génocide arménien de 1915 » – pour que commence d'être réparée l'une des plus colossales injustices du xxᵉ siècle. Fallait-il que la phrase soit prononcée par un parlement, en l'occurrence le Parlement français ? Etait-il bon que la vérité ait ainsi force de loi ? Je le pense. Non pas que le droit ait, comme tel, vocation à dire le fait. Mais le fait était déjà dit. Sa cause était entendue. Tous les historiens, y compris les historiens turcs, s'accordaient sur ce fait qu'une extermination a bien eu lieu en 1915-1916, faisant entre un et deux millions de victimes. Et le problème est que ce sont les Etats qui, sous la pression de leur partenaire turc, niaient cette évidence et, le temps passant, les témoins et les descendants des témoins disparaissant, prenaient le risque de voir triompher un révisionnisme d'une ampleur sans commune mesure avec celui qui menace la mémoire de la destruction des juifs. Il fallait qu'un Etat dise cela. Il fallait qu'un Etat, un seul, brise cette conjuration planétaire du silence et rende enfin justice aux victimes du premier génocide du XXe siècle. Cet Etat, donc, c'est la France. Et c'est, pour tous les adversaires, partout dans le monde, de tous les négationnismes, la première bonne nouvelle du millénaire.

Tahar Ben Jelloun est le premier à dire qu'il n'a – je le cite – pas « bougé le petit doigt » sous Hassan II. Il est le premier à admettre, non sans une humilité déconcertante et magnifique, qu'il était « comme tous les Marocains » et qu'il avait « peur » d'affronter le monarque « de face ». Il n'a eu besoin d'aucune belle âme, en d'autres termes, pour convenir que son « Aveuglante absence de lumière » (Seuil), évocation romancée du calvaire des 58 officiers et sous-officiers enfermés, de 1971 à 1991, dans le bagne marocain de Tazmamart, est un livre qui vient tard. Mais quoi ? Valait-il mieux jamais que tard ? Le fait de ne pas l'avoir écrit sur le moment devait-il lui interdire d'ajouter aujourd'hui sa voix à celles des quelques témoins – Gilles Perrault, Christine Daure-Serfaty – qui lancèrent l'affaire il y a dix ans ? Et que signifie cette campagne de dénigrement qui, depuis quelques semaines, s'efforce de disqualifier son livre ? Que les rescapés de la prison-mouroir – Ahmed Marzouki, notamment, auteur d'un témoignage de première main, « Tazmamart cellule 10 », qui vient aussi de paraître, aux éditions Paris-Méditerranée – éprouvent un vrai malaise à voir leur histoire mise en scène et en mots, on le comprend. Mais les autres... Ces commentateurs qui, l'année dernière encore, connaissaient à peine le nom de Tazmamart et qui se permettent, soudain, de donner des leçons de morale... Les principes, en l'espèce, sont simples.

Primo : l'Histoire, fût-elle celle de la pire souffrance, appartient à tout le monde et donc, entre autres, aux romanciers. Secundo : ils ont, ces romanciers, tous les droits, y compris celui de se l'approprier pour en faire le matériau d'une œuvre d'art. Tertio : ils n'ont, en fait, qu'un devoir qui ne se mesure à l'aune ni de la politique ni de la morale et qui est de faire un beau livre. « Cette aveuglante absence de lumière » est ce beau livre. C'est une ode à l'esprit de résistance d'une poignée d'hommes qui ont déjoué les lois de la mort annoncée. Et de cela au moins, d'avoir su rendre, par la seule force d'un art sobre, la grandeur des anciens emmurés, il faudrait remercier Ben Jelloun.

Y a-t-il lieu de « libérer » Maurice Papon ? Y a-t-il un moment où, dans les affaires de crime contre l'humanité, « l'humanité doive prévaloir sur le crime » ? Et faut-il faire de l'ancien fonctionnaire, convaincu de « complicité de crime contre l'humanité », le fer de lance d'une campagne posant le problème des « vieux détenus » dans les prisons françaises ? Ces débats me semblent, je l'avoue, passablement oiseux. Et je ne vois pas comment, en s'exprimant de la sorte, on évitera de donner raison à ceux qui, au fond d'eux-mêmes, n'ont jamais démordu de l'idée que le procès a été mal mené, la culpabilité du prévenu mal établie, sa peine mal proportionnée aux fautes qu'il a commises. Je n'aime pas plus que vous, cher Robert Badinter, l'idée d'un si vieil homme emprisonné. Mais je crois que je l'aurais dit, moi, de manière assez différente : je ne pardonnerais qu'à un Papon qui aurait lui-même demandé pardon, reconnu et regretté ses crimes, et saisi donc cette occasion pour trouver les mots de compassion que les six mois d'audience n'ont pas su lui arracher. Donnant donnant. La grâce contre le repentir. La libération contre un mot, un seul, pour celles et ceux qu'il envoya jadis à la mort. C'est ainsi, et ainsi seulement, que le souci de la charité pourrait, non contredire, mais confirmer, renforcer, parachever, le travail de la justice.

26 janvier 2001.

Sharon future colombe ? Kojève en Angola. Parcours de Merleau-Ponty. Le nom secret de Romain Gary.

Belle et bonne colère de Claude Lanzmann à propos de l'exposition « Mémoire des camps », à l'Hôtel de Sully, à Paris. Voir, est-ce se donner le droit de ne pas comprendre ?

Convoqué par un juge de Pau à cause de ce que j'ai écrit, ici même, de l'agression du député Vincent Peillon – avec Arnaud Montebourg, l'« autre » étoile montante du PS – par une meute de chasseurs en colère. « Extrême droite » n'avait pas plu. « Extrême chasse » convient-il mieux ?

Le défilé des Congolais devant la dépouille mortelle du dictateur Kabila. Ce n'est plus Disneyland, mais Deathneyland.

L'euro baisse : les économistes lèvent les bras au ciel, crient à la catastrophe, s'affolent. L'euro monte : les économistes lèvent les bras au ciel, crient à la catastrophe, s'affolent. La seule chose qui a l'air de n'inquiéter aucun économiste : l'immanquable panique, le jour où les vraies gens auront les vrais euros entre les mains et verront se brouiller, d'un seul coup, les vrais repères de leur économie personnelle. Marx, dans « Le 18 Brumaire » (je cite de mémoire) : les révolutions commencent, aussi, quand l'« équivalent général » perd son sens, sa mesure, son usage.

Dieu sait si Sharon est détestable et si j'aurais préféré que ce fût Peres, le grand Peres, l'initiateur, avec Rabin, du processus de paix, le témoin de l'Israël pionnier, l'incarnation des Lumières juives et sionistes, etc. Bref, ce n'est malheureusement pas Peres, mais Sharon, qui sera Premier ministre à Tel-Aviv. Mais faut-il, pour autant, déjà crier au cataclysme ? à la barbarie en marche et au pouvoir ? faut-il hurler que ça y est, nous y sommes, c'est « le boucher de Sabra et Chatila » qui a, entre ses mains, le sort des Israéliens et de la paix ? Sharon est détestable, donc. Mais, à ceux qui l'auraient oublié, je rappelle, primo, que, à Sabra et Chatila, ce ne sont pas des soldats juifs, mais des phalangistes libanais qui ont massacré ; secundo, qu'on a déjà vu, dans la longue histoire des guerres, des paix et de leurs ruses, d'autres faucons devenir colombes et qu'il vaut donc mieux, en ces matières, essayer de ne jurer de rien.

Rencontré à Luanda un vieil intellectuel angolais, Lucio Lara, qui a connu Alexandre Kojève, du temps où il officiait dans les organisations internationales où se jouait, selon lui, le dernier acte de la fin de l'Histoire : « Kojève était non seulement un farceur, mais un salaud ; savez-vous que, à la fin de sa vie, il se présentait ouvertement comme le dernier intellectuel stalinien ? » En effet. Dans la « Lettre à Tran Duc Tao » de 1948 : « j'ai été la conscience de Staline » ; et : « mon commentaire de

"La phénoménologie de l'esprit" était un texte de propagande ».

Trois semaines que je veux rendre hommage – et trois semaines que, actualité oblige, je diffère – à l'excellente adaptation, par Hossein, avec François Marthouret, Yves Le Moign' et, surtout, Claire Nebout, de « Huis clos », au Petit Marigny. Je m'y décide. C'est trop tard. La pièce vient de quitter l'affiche. Misère du chroniqueur.

Toujours la même émotion quand, comme ici, avec ce « Parcours deux » de Merleau-Ponty (Verdier) on retrouve quelque chose qui ressemble à des œuvres oubliées ou perdues. La variante décisive, qui change tout ? Le clé secrète ? La pièce manquante du puzzle ? La grande « Leçon sur le Bien » de Platon ? Ou simplement, comme ici, cette note demandée par Martial Guéroult à la veille de l'entrée au Collège de France ? Quelques pages à peine, mais un modèle d'exercice d'autobiographie intellectuelle.

Dans ce même « Parcours deux » de Merleau-Ponty, page 303 : « j'ai toujours été frappé par ce fait que, dès qu'il touche au corps, Husserl ne parle plus la même langue ». Vrai non seulement de Husserl, mais des philosophes en général et, plus encore, des romanciers. Cette semaine, pêle-mêle (pas mal d'avions, donc romans...) : « Mason & Dixon » de Pynchon (Seuil), « Une voix dans la nuit » d'Armistead Maupin (L'Olivier), « On ne se tue pas pour une femme » d'Olivier Weber (Plon) et, même s'il ne s'agit pas d'un roman, « Ebène » de Kapuscinski (Plon).

Dans mes papiers, non daté, mais on doit être fin 1977, en pleine affaire Ajar, ce mot de Romain Gary citant Rilke : « si le temps passe et que ton nom circule parmi les hommes, n'en fais pas cas ; pense qu'il est devenu mauvais et jette-le ; prends-en un autre, n'importe lequel, pour que Dieu puisse t'appeler en pleine nuit ; et tiens-le secret à tous ».

2 février 2001.

Pourquoi on ne peut pardonner à Papon. Savater, un autre Rushdie. Semprun chez Vivendi.

Nombreux lecteurs pour m'écrire : « vous êtes impitoyable avec Papon ! que faites-vous du pardon, ce pur don, cette clémence absolue, cette grâce ? que faites-vous de l'impératif évangélique qui commande, non le donnant donnant de la repentance, mais la prescription de l'imprescriptible, l'inconditionnalité de l'excès de don ? » Soit. Le miracle, en effet, du pardon. Cette façon, magnifique, de donner plus qu'on ne doit et de le donner à qui, par définition, ne l'a ni mérité ni demandé. Sauf que Papon, s'il n'a pas demandé ce pardon, demande, hélas, la justice et qu'accéder à sa demande, céder à cette exigence, non d'humanité, mais de réparation, consentir, en un mot, à lui rendre ce qu'il estime lui être dû et que réclame à cor et à cri Me Varaut, son défenseur, serait défaire ce que les juges ont fait et remettre en question, donc, l'ensemble du procès. Si je suis hostile à tout cela, si je dis « oui à la libération de Papon si, et seulement si, il trouve ne fût-ce qu'un mot de compassion pour ses muettes victimes d'autrefois », ce n'est ni par entêtement ni par insensibilité au sort d'un grand vieillard emprisonné, mais parce que ce serait, sans cela, l'immunité, l'impunité, bref l'amnésie qui triompheraient. Remettre la peine, pourquoi pas ? Mais pas au prix d'une révision sauvage de ce qui fut le procès de Vichy.

Madrid. Il y a un écrivain qui, à Madrid, est en train de s'habituer à vivre comme vit, depuis quinze ans, Salman Rushdie. Il s'appelle, cet écrivain, Fernando Savater. Il est l'auteur, entre autres, de « Penser sa vie », publié l'an dernier par le Seuil. Et s'il en est là, s'il ne se déplace plus, depuis quelques mois, sans une solide escorte policière, s'il vit la peur au ventre, sous la menace permanente d'une sorte de fatwa, ce n'est pas aux islamistes qu'il le doit mais aux tueurs basques de l'ETA. Son crime ? Avoir dit non au terrorisme. Avoir pris, voilà quelques mois, la tête de « Basta ya » – littéralement « Ça suffit » –, ce collectif citoyen de résistance à la violence qui organise, chaque premier jeudi du mois, une grande manifestation à Saint-Sébastien. Avoir fait, en un mot, son travail d'intellectuel en brisant, avec d'autres, le terrible silence complice qui entourait, par exemple, le meurtre, en novembre dernier, de l'ancien ministre Ernest Lluch. Etrange qu'il ne soit pas plus souvent question de son cas en France. Etrange qu'il faille aller à Madrid pour prendre la mesure du fait que, pour reprendre les mots de Savater lui-même recevant, voilà quelques semaines, à Strasbourg, le prix Sakharov des droits de l'homme, il y a, « au Pays basque, en pleine Europe démocratique, des dizaines de Salman Rushdie en puissance ». Solidarité avec ces autres Rushdie. Soutien – avec qui ? sous quelle forme ? – à ces hommes et femmes qui, à nos portes, prennent le risque de mort en défendant, simplement, les principes de l'Etat de droit.

A propos d'Espagne en France, Jorge Semprun. Et, dans Le Figaro cette fois, sous la plume de Sébastien Le Fol, et dans un contexte, cela va sans dire, infiniment moins dramatique, un énième article fielleux sur la nomination au poste de vice-président du conseil de surveillance de Canal + de l'auteur de « L'écriture ou la vie » et du « Grand voyage », de l'ami de Costa-Gavras et de Montand, du rescapé de Buchenwald, du résistant, de l'ex-rouge, de l'antifranquiste de la première heure et de l'antitotalitaire non moins farouche, d'un homme qui, en un mot, fut et reste une de nos consciences et qui aurait, nous dit-on, « vendu son âme à Messier ». Mais enfin, de quoi parle-t-on ? Pourquoi ce procès d'intention récurrent ? Et en vertu de quelle logique bizarre faudrait-il ne voir que compromission, manœuvre sordide, marché de dupes, dans le fait, pour un écrivain qui fut aussi, soit dit en passant, ministre de la Culture, de veiller sur le destin d'une chaîne de télévision qui sera, chacun le sait, au cœur de la bataille culturelle européenne de demain ? Je connais un peu Semprun. Je sais, ou crois savoir, qu'il est à un moment de la vie où l'on est moins sensible aux honneurs qu'à la cohérence d'une œuvre et d'un destin. Et je me demande bien pourquoi nous ne sommes pas plus nombreux à envisager l'autre hypothèse, tellement plus simple, selon laquelle l'auteur de « Z » et de « L'aveu », le dialoguiste d'Alain Resnais, continuerait d'être, jusques et surtout dans cette fonction nouvelle, l'ami des cinéastes, leur représentant, leur avocat – l'allié naturel, non du « grand capital », mais des artistes dans la bataille dont ils ne cessent de dire, et ils ont raison, qu'elle les opposera bientôt à l'industrie des loisirs hollywoodienne. Semprun otage de Messier ? Mais non. Messier otage de Semprun. Même si, sans doute, il ne le sait pas encore. On a presque toujours tort de sous-estimer les écrivains.

9 février 2001.

La fin du « Nom du Père » ?

La poignée de députés français qui viennent, dans un bel élan, et au nom de la sacro-sainte parité, d'adopter en première lecture la proposition de loi relative au nom patronymique ont pris une décision dont il n'est pas certain qu'ils aient mesuré toute la portée.

Je passe sur le fait qu'en laissant aux seuls parents ou, demain, à l'enfant lui-même le soin de décider de son nom – pourquoi pas de son génome, tant qu'on y est ? de son patrimoine moléculaire ? de son destin ? – on signifie à la communauté, à l'Etat, à l'Institution en général, qu'ils n'ont plus leur mot à dire dans ces affaires de nomination, de transmission et, donc, de réglage du lien social : est-ce ce que l'on veut ? vraiment ?

Je passe aussi sur la grande confusion à laquelle donnerait lieu cette loi si elle voyait effectivement le jour : désordre des appellations, tentatives d'appropriation ou de rapt symbolique des enfants, querelle des géniteurs, vertige des possibles et de la décidabilité absolue, enfants-otages ou enfants-rois, tractations, revirements, volontarisme effréné, autonomie tous azimuts, illusion faustienne, querelle encore, guerre des sexes toujours plus loin relancée quoique, cette fois, sur le dos des enfants – est-ce là le prix à payer pour la « révolution culturelle » qu'on nous promet ? l'égalité homme-femme, la parité, la lutte contre un « patriarcat » éternellement renaissant avaient-elles pareil besoin, sérieusement, de cette tempête dans les identités, dans les têtes ?

Le fond de l'affaire, c'est qu'en laissant ainsi aux parents, sous prétexte d'alignement sur des usages étrangers trop hâtivement examinés, la redoutable tâche de peser, trancher, élire, celui des deux noms que devra porter l'enfant, en laissant entendre à celui-ci, le jour venu, que son nom propre n'est pas gratuit, qu'il a aussi ce sens-là et qu'il fut le fruit, jadis, de cet arbitrage, de ce débat, en rompant, en un mot, avec l'automaticité du nom porté, donc impensé, on choisit ; en choisissant, on élimine ; en éliminant, on exclut et, qu'on le veuille ou non, on dévalue ; en sorte que c'est une nouvelle inégalité, plus violente que l'autre, car voulue celle-là, concertée, que, sous couvert d'égalité, on réintroduit dans les familles.

Le problème, c'est aussi que l'usage ancien – aux mères la gestation, aux pères la nomination – reposait sur un pacte implicite qui n'avait pas que des vertus, mais enfin qui fonctionnait, qui était assez équilibré et aux termes duquel l'entrée dans la vie s'opérait dans le cadre d'une distribution des rôles laissant à chacun sa part du baptême : quid de la paternité, une fois ce pacte rompu ? que restera-t-il des pères et de leur rôle quand ils seront dépossédés de cette liberté de nommer qui était la seule, somme toute, dont ils savaient disposer ? que restera-t-il de cette part-ci de la filiation quand toutes les puissances se verront concentrées dans les mains des seules mères ? et que dire enfin de ces familles où le nom était l'essentiel de ce qui restait à l'enfant d'une paternité absente, ou affaiblie par les divorces, ou fragilisée, simplement, par le rééquilibrage en profondeur – heureux, bien sûr, celui-là – des relations de pouvoir entre hommes et femmes ?

Et puis enfin, il est navrant que notre bataillon de parlementaires héroïquement emmenés par Mme Roudy et M. Gouzes semble faire si bon marché de ce que sait le premier lecteur venu, non seulement de Freud, mais de la Bible, des Evangiles ou même des grands mythes grecs : ont-ils, nos petits putschistes métaphysiques, jamais entendu parler d'Œdipe ? d'Anchise ? du poids des mères et du fardeau des pères ? des jeux de la nature et du langage ? de la nécessité, pour le sujet naissant et bientôt parlant, de voir s'organiser autour de lui un dispositif symbolique de mise à distance de l'ordre naturel et matriciel ? de la médiation de la nature par la loi ? de la loi par l'amour ? de l'entrée, via le nom, dans l'ordre de cet amour et de cette loi ? de Moïse ? de Jésus-Christ ? des fils du Déluge, à qui le seul nom du père tenait « la tête hors de l'eau » ? ont-ils jamais entendu parler de ce qui fait un sujet et qui, aussi bien, peut le défaire ? et que faut-il d'arrogance ou, ce qui revient au même, d'incompétence, de légèreté, d'inculture, pour prétendre ainsi, dans la joie, faire table rase de tout cela ?

Tant d'années passées à réfléchir, hommes et femmes confondus, au « nom du père », à Lacan, aux nœuds du « symbolique » et du « réel », à la « transmission », aux jeux de l'immémorial et de sa mise en œuvre, et en être là, voir tout ce savoir balayé d'un trait de plume ou de loi par une poignée d'ignorants convaincus, ce faisant, de défendre les droits de l'homme ou de la femme – quelle régression ! quelle dérision !

16 février 2001.

« Toute la misère du monde ». La mort de Balthus. L'antidote Lapierre.

La France, a-t-on commencé par répéter, n'a pas vocation à accueillir « toute la misère du monde ». Va pour toute la misère. Mais celle-ci ? Cette misère, précisément ? Celle de ces 910 kurdes échoués pour la première fois (encore que l'Italie...) sur la côte de Boulouris et déclenchant, dans le pays, une émotion sans précédent ? Merci à Philippe Séguin d'avoir, une fois n'est pas coutume, eu tout de suite le bon réflexe en grognant que nous « n'allions pas nous abaisser au rang des négriers en renvoyant ces gens à Saddam Hussein ». Merci à Patrick Devedjian, oubliant sa casquette de porte-parole du RPR pour répondre aux Pasqua et autres Hollande qui ne pensaient déjà qu'au formidable « appel d'air » que susciterait l'accueil des naufragés : le seul appel d'air sérieux, la seule « brèche » où risquent de s'engouffrer un nombre grandissant de demandeurs d'asile, c'est le refus de donner un pays aux 25 millions de Kurdes dispersés entre ces quatre « Etats crapules » que sont l'Irak, la Syrie, la Turquie et l'Iran. Et bravo, enfin, au gouvernement lui-même, qui, en attendant que l'Ofpra tranche, a rompu, lui aussi, et très vite, avec ses prudences traditionnelles en octroyant des laissez-passer dont chacun sent bien qu'ils sont déjà des sauf-conduits. Défaite de la langue de bois et de la conception politique du monde. Victoire d'une vision de l'Etat qui ne serait plus le seul monstre froid dont se gargarisent les imbéciles. Et si c'était aussi comme ça que l'on rend à la politique sa dignité perdue, son sens ?

Mort de Balthus. Ce n'est vraiment pas de chance d'être arrivé à cet âge, d'avoir été parrainé par Gide et par Rilke, d'avoir été l'ami de Breton, Bataille, Malraux ou Dali, d'avoir fait des décors de théâtre pour Artaud, d'avoir composé des chefs-d'œuvre aussi incontestables que, au hasard, « La rue » de 1933, « La chambre » de 1952 ou la série de dessins contemporains du « Nu au repos » de 1977 et de mourir là, bêtement, le même jour que Charles Trenet. A l'un, le deuil fracassant, la République unie dans l'hommage, les ministres de la Culture d'hier et de demain rivalisant d'ardeur pour célébrer le « fou chantant », inventeur de « la chanson moderne » et entré « vivant » au Panthéon, les funérailles quasi nationales et l'amnésie, aussi, sur la part d'ombre d'une vie qui ne fut pas toujours si édifiante qu'on nous le raconte (voir dans « Douce France », chantée en 1943, au moment même où il composait sa très maréchaliste « Marche des jeunes », le « cœur du génie français », est-ce bien raisonnable ?). A l'autre, qui fut l'un des très grands peintres de ce siècle et dont on est tenté de dire, comme Baudelaire de Manet, qu'il fut, jusqu'à la toute fin, « le premier dans la décrépitude de son art », à cette œuvre immense, terriblement exigeante dont Gide, qui fut l'un de ses parrains, prophétisait qu'elle connaîtrait un jour « la gloire de Poussin », l'hommage plus discret et, surtout, plus laborieux de ceux, de plus en plus rares, qui se souviennent de ce que fut la bataille des « Cenci » ou de ce que c'est que d'être aujourd'hui, pêle-mêle, le contemporain de Leiris, Bataille, André Masson, Piero della Francesca, Giacometti, Picasso. Quelle injustice. Et quelle tristesse.

Nicole Lapierre. A ceux que navrent les querelles déclenchées par le mauvais livre de Finkelstein, à ceux que le titre même de ce livre, « L'industrie de l'Holocauste », suffit à décourager, je recommande le livre de Nicole Lapierre, « Le silence de la mémoire », paru il y a douze ans, mais qui était devenu introuvable et que Biblio-essais a l'heureuse idée de rééditer. Pas de théorie générale, ici, de la mémoire et de l'Histoire. Pas de considérations oiseuses sur le double visage – banalisation, sacralisation... – des ennemis du souvenir. Mais une enquête précise. Vivante. Une jeune sociologue qui, de Paris à New York et de Tel-Aviv à Varsovie, part à la recherche de ce qui reste de la petite communauté juive polonaise de Plock, décimée par les nazis entre 1941 et 1942. Et un exercice de deuil qui, nourri d'une parfaite connaissance de tous les débats politiques, éthiques, philosophiques, sur l'être-juif contemporain, est aussi un merveilleux récit. Les survivants parlent. Leur parole, longtemps muette, suffoquée, chuchotée, inaudible, commence de se dénouer. La sociologue elle-même – dont on découvre, chemin faisant, qu'elle n'est pas ici par hasard et que sa mémoire personnelle se trame indirectement à celle des êtres qu'elle ressuscite – intervient, interroge, rêve parfois et, d'une certaine manière, se souvient aussi. Et c'est, vous verrez, un modèle de remémoration partagée, d'alliance entre les générations, de transmission impensable et pourtant réussie – c'est la meilleure des réponses, je le répète, aux pervers qui, ces jours-ci, nous rebattent les oreilles avec l'« instrumentalisation de la Shoah » et le « devoir d'oubli ».

23 février 2001.

Agonie du droit d'asile ?

Les Kurdes encore. Ces 910 femmes, hommes et enfants kurdes à qui la police française a fini par délivrer des titres de séjour transitoires et que nous avons donc, nolens volens, fini par accueillir. Faut-il pavoiser ? Se réjouir ? Faut-il dire « tout est bien qui finit bien » et estimer le dossier clos ?

On a hésité, d'abord. Trop et trop longtemps. On a parlé d'« appel d'air ». De dangereux « précédent ». On a commencé par dire, répéter jusqu'à la nausée, que la France ne pouvait pas « accueillir toute la misère du monde » et que l'on risquait, en ouvrant nos portes à ces rescapés, d'adresser une invitation silencieuse à des hordes de nouveaux gueux qui n'attendent qu'un signe pour se ruer sur nos frontières. Bref, le premier réflexe n'a, de fait, pas été le bon puisqu'on a traité en réfugiés économiques des réfugiés très probablement politiques et que, au terme d'une confusion sémantique et mentale partagée, à gauche et à droite, par à peu près tout le monde, dans un climat de psychose généralisée et peu propice aux justes distinguos, on a transformé la question du droit d'asile en un vague problème de flux d'immigration clandestine mal contrôlée. Les passagers de l'« East Sun », il ne faut pas se lasser de le redire, n'étaient pas « la misère du monde ». C'étaient des gens menacés dans leur chair par les bombes, les gaz, les chars, les avions de Saddam Hussein.

Le droit d'asile. Il fut un temps où le droit d'asile allait de soi. Il fut un temps où, se souvenant de ce qu'ils avaient, eux aussi, été étrangers en Angleterre (de Gaulle, les opposants à Vichy), en Suisse (Voltaire), en Belgique (Hugo, les rescapés de la Commune, les proscrits du second Empire), les Français avaient tendance à faire de leur pays la seconde patrie des exilés et de la notion même d'asile l'une des pierres d'angle, non seulement de la République, mais de l'Europe politique en voie de constitution. Ce que cette affaire kurde est en train de démontrer, c'est que ce temps est révolu ou que le climat, du moins, a changé. On accueille les réfugiés, certes. Mais à contrecœur. Du bout des lèvres. Quasiment contraint et forcé. Et au lieu, comme au temps des Argentins, des Chiliens ou des dissidents russes persécutés, de voir en eux le sel de la terre, des frères en esprit ou, en tout cas, des victimes auxquelles nous devrions inconditionnellement accueil et assistance, nous les traitons comme des chiens ou des coupables présumés. Humiliations. Vexations. Suspicions. Tracasseries sans fin. Et, pour l'esprit public, considérable régression. Derrière chaque demandeur d'asile se cache désormais un truqueur, un simulateur, un profiteur de sa propre misère, un affabulateur, un suspect – et cela n'est pas supportable.

Le phénomène est-il nouveau ? Non, bien sûr. Et s'il fallait dater la chose, s'il fallait, pour fixer les idées, marquer le moment du retournement et de ce déclin du droit d'asile, je remonterais à ce jour – oublié, il me semble, presque effacé des archives de l'histoire immédiate – où, dans une indifférence déjà générale, Balladur, Pasqua et Mitterrand réunirent les deux chambres pour retirer du préambule de la Constitution l'idée que la France est la patrie (sic) des « combattants de la liberté ». Nous sommes en 1993. En pleine seconde cohabitation. Mais, surtout, en pleine guerre de Bosnie. Et au tout début de l'effroyable massacre qui dévaste l'Algérie et fait craindre à certains un afflux de demandeurs de visa. Et tout se passe alors comme si, craignant de voir s'élargir la notion d'asile à des gens qui n'entreraient pas dans le cadre strict des critères définis par la convention de Genève, craignant de devoir penser cette mutation des guerres modernes qui oblige à prendre en compte le cas de communautés ou d'individus menacés non plus, au sens strict, par un Etat tyrannique ou barbare, mais par des groupes armés (l'Algérie), des milices (la Bosnie), des mafias, des guérillas, voire d'anciens mouvements de libération nationale devenus fous (la plupart des pays africains ravagés par des guerres que, faute de mieux, on continue de dire « civiles »), redoutant, en un mot, d'avoir à adapter l'idée même d'asile à la nature nouvelle des conflits, la France préférait, pour verrouiller ses portes, changer ses textes.

Nous en sommes là. Nous commençons de payer le prix de cette régression et de cette décision de ne pas penser. Et la France est ce pays où, pour évoquer ou invoquer le droit d'asile, il faut des images insoutenables, des centaines d'hommes, de femmes et d'enfants se mettant eux-mêmes dans une situation d'impensable détresse et de danger extrême – la France, l'Europe sont cet espace où il faut, pour ébranler les consciences et rappeler aux nantis leurs devoirs de solidarité, rien de moins que le vaisseau fantôme doublé d'« Exodus ». De cela, non, il n'y a pas lieu de se réjouir.

2 mars 2001.

Morand, grandeur et misère d'un courtisan.

Pas surpris par l'antisémitisme de Morand dans « Journal inutile ». Car enfin attendait-on autre chose, franchement, de l'auteur de « France la Doulce » et des « Chroniques de l'homme maigre » ? du ministre plénipotentiaire de Vichy, ambassadeur à Berne et Bucarest, décoré n° 2003 de l'ordre de la Francisque (François Mitterrand, pour la petite histoire, n° 2002) ? qu'attendait-on, trente ans après, de l'apprenti fasciste qui, dans « Réflexes et réflexions », osait écrire – sans l'avoir jamais renié – que l'hitlérisme était « une de ces médecines amères administrées aux peuples malades dont il importe de refaire un peuple bien portant » et que, sitôt « l'organisme du patient purgé, son sang réformé, son moral corrigé », on verrait « le soleil de la morale humaine, l'air d'une civilisation adoucie, rentrer par les fenêtres » ? On savait tout cela. C'est terrible, mais on le savait. Et ce « Journal » n'apporte, sur la question, pas la moindre information, ni le moindre repentir. Se garder donc, dans cette affaire, des deux tentations symétriques : Marcel Schneider qui, chez Ardisson, face à François

Nourissier qui vient de faire observer qu'entre ce genre de textes et aujourd'hui il y a tout de même eu Auschwitz, ose répondre : « et alors ? » ; ou bien, à l'opposé, les commissaires politiques qui, après avoir « liquidé » Heidegger et Céline, profiteraient bien de l'occasion pour se débarrasser une bonne fois de celui qui, nonobstant ce qu'il pouvait penser et dire des « frisés » et des « crépus », a été le premier moderne à « jazzer » la langue française...

Plus troublant, en revanche, l'autoportrait de l'homme Morand tel qu'il se dégage au fil de ces deux mille pages. Morand, en principe, c'est un style. Une façon de se poser dans le monde, une modalité de l'être, un son. On était – on est – de Morand comme on est de Hemingway ou Fitzgerald : corps prestes et déliés, éloge de la vitesse et du voyage, élégance détachée. Or c'est bien là que l'on est surpris et, il faut bien le dire, un peu accablé. En fait de corps délié, un corps sans grâce, poussif, qui sent la sueur, les volets clos, la naphtaline, les draps sales, le sport et la baise tristes. En fait de détachement, un homme près de ses sous, avare, obsédé par ses « francs suisses », ses « placements immobiliers », le prix d'un sac Hermès ou d'une croisière – ou encore un veuf carrément sordide, en grande discussion avec Constantin Soutzo pour savoir qui des deux a droit à l'argenterie d'Hélène et à ses couverts en vermeil. Et, quant aux voyages, quant à la passion du déplacement et de la vitesse, quant au fameux cosmopolitisme qui reste le label de l'« homme pressé », cette hypothèse qui vient à la lecture : et si c'était, aussi, la passion de se fuir, de s'éviter ? une façon d'être toujours ailleurs que là où il était, histoire d'être bien certain de ne pas se rencontrer ? et s'il y avait deux Morand :

l'écrivain merveilleux, le portraitiste, ici encore, de Rome, Londres et Vevey, et puis le fossile « abject » qui aura passé sa vie à aller voir ailleurs s'il y est ? J'ai écrit tant de livres, semble-t-il dire. Tant de chroniques et d'articles. Et si c'était comme une autre « bougeotte » – effroi de surdoué face au mirage du chef-d'œuvre impossible, inconnu, éternellement conjuré ?

Reste, chef-d'œuvre ou pas, cette inimitable façon de dire les « nuages si épais qu'on a envie de les aborder en fartant ses skis ». Restent les portraits de Chateaubriand gâteux auprès de Madame Récamier, de Duhamel et de son « affreuse gaieté de vieillard », d'Alain Delon et de son « arsenal de carabines » qui lui donne un faux air de Hemingway. Ou encore lui-même, Morand, avec sa « tête de vieux Chinois, cuit au soleil, noire sous les cheveux très blancs ». Restent, surtout, les relations avec Hélène malade, puis mourante – reste l'incroyable histoire d'amour de ces deux qui, jusqu'à la dernière heure, alors qu'Hélène n'est plus qu'une ombre, une épave, alors qu'elle ne peut plus lire, ni voir, ni entendre, alors qu'elle n'a plus de chair, à peine une tête, un dernier souffle qui s'éternise, vivante preuve de l'infime survie de l'âme après que le corps s'est presque éteint, reste l'image de ces deux qui, jusqu'à la toute fin, seront restés les mêmes « amants mariés », indéfiniment « ensemble » (le dernier mot d'Hélène) dans la passion comme dans la haine et l'amertume partagées : il lui fait la lecture, lui donne ses bains, lui achète des visons blancs qu'elle ne voit plus, il rentre de ses dîners pour, sur le bord de son lit, en smoking, tenter de les lui faire revivre en les lui racontant. Ce Morand-là, au chevet de sa princesse maléfique, sa sorcière, son âme damnée, est bouleversant. Il reste – l'émotion en plus – le très grand prosateur de « Venises » et « Ouvert la nuit ». Contre Sainte-Beuve. Lewis et Irène revisités. L'autre Morand, le vrai, est mort depuis longtemps.

9 mars 2001.

Contre la démocratie de proximité. Ombre de Joyce et de Svevo. Mel Gibson et ses « Bijoux indiscrets ». Comment un écrivain ne doit jamais tenir ses promesses. De l'irréversibilité historiale comme fondement de l'Europe. Sissi, Cioran et moi.

Tous les ministres ou presque en ballottage ou battus. Bonne nouvelle, vous trouvez ? Preuve d'un scrutin « vraiment » municipal, plébiscitant des hommes et des femmes neufs, modestes, et témoignant, par conséquent, d'une forme de vitalité démocratique ? Non. Le contraire. Et il y a dans cette idée qu'un bon maire est un maire de terrain, qu'il doit être présent sept jours sur sept, qu'une dimension parisienne ou nationale ne sert à rien et même dessert, il y a dans cette méfiance à l'endroit de tout ce qui peut rappeler Paris et le parisianisme le signe d'une conception très inquiétante de l'administration des hommes et des choses. Revanche du localisme. Victoire de l'esprit de clocher. Défaite de cette distance réglée entre le local et le général qui fait la vraie politique. Il n'est pas vrai que la démocratie de proximité soit le fin mot de cette politique.

Françoise Giroud écrit un livre pour dire que son

corps ne la suit plus, qu'il ne cesse de la trahir, qu'il peine à prendre un autobus. Le livre est magnifique. Il pulvérise les records de ventes. Et son auteur, aux dernières nouvelles, se lancerait dans une biographie de Lou Andreas-Salomé. Paradoxes de la mélancolie.

Dans « Utopie et désenchantement » du Triestin Claudio Magris (Gallimard), une bonne définition de ce que doit être une frontière pour que s'y articule cette dialectique de l'universel et du local sans quoi il n'y a ni démocratie ni, peut-être, humanité digne de ce nom. Ombre de Joyce et de Svevo. Hommage à Thomas Mann. Ces très belles pages sur Primo Levi, l'homme qui a résisté à Auschwitz, et qui n'a pas survécu... – à quoi, au juste ? la victoire posthume de Hitler ? le mensonge ? soi-même dans le rôle du survivant ? Et puis, en filigrane donc du livre, cette théorie d'une frontière qui serait là pour être indéfiniment, dans le même et perpétuel mouvement, posée et transgressée. Comme les langues. Comme les interdits. De la politique pensée sur le modèle de l'érotisme et de la traversée des langues.

Ces apparitions à répétition, chez les Guignols de Canal, pendant toute la campagne électorale, d'un Séguin sadomaso. On a beau dire que les Guignols disent la vérité du politique, ils en étaient plutôt, là, le degré zéro, la caricature, la forme humiliée.

Mel Gibson et les auteurs de « Ce que veulent les femmes », cette comédie américaine qui, depuis quelque temps, casse la baraque, savent-ils qu'ils ont redonné corps à l'un des plus beaux rêves littéraires : celui de Diderot et de ses « Bijoux indiscrets » ?

Je me souviens du temps où Jérôme Garcin, convaincu que l'art de la critique a ses grandeurs mais aussi ses servitudes, promettait que jamais, au grand jamais, il n'écrirait de roman. Il avait commencé, pourtant, de se parjurer avec son émouvante « Chute de cheval ». Le voici, un an après, en plein dans le romanesque avec, pour compagnon, la magnifique figure de Hérault de Séchelles. Un livre qui a toutes les sonorités du Grand Siècle. Mais sur une tonalité moralement si moderne qu'on en est – que j'en suis – épaté. De l'art, en littérature, de ne surtout pas tenir ses promesses.

Bizarre cette affaire Jean-Jacques Annaud et le fait (cf. Le Point de la semaine dernière) que son « Stalingrad » soit l'objet, ici ou là, de lectures, interprétations, appropriations, contradictoires. Le propre de l'époque, son signe le plus distinctif ainsi que, soit dit en passant, la condition de possibilité du rêve européen et de sa progressive incarnation, c'était le fait que cet événement-là – en gros, la Seconde Guerre mondiale – était un événement massif, monolithique, regardé en Allemagne de la même façon que dans le reste du monde et, somme toute, non réversible. Fin du miracle ? Fin d'une époque ?

D'habitude ce sont les journaux – actionnaires... rédactions... – qui nomment leur directeur. Libé, en consacrant cette double page au cas d'Anne-Marie Périer-Sardou, directrice de Elle, invente un nouveau truc : c'est Libé qui sait, c'est Libé qui juge – un pas de plus et c'est Libé qui choisira. L'affaire ne manque pas de sel. Dans l'histoire récente de la confraternité journalistique elle est, il me semble, sans précédent.

Juste pour information. On me prête, ici et là, le

projet d'écrire un « Sissi » pour la télé. L'idée serait plaisante. Sauf qu'elle est totalement fantaisiste. De Sissi, je ne connais que la légende et le texte de Cioran. Un peu court pour me lancer dans pareille aventure.

16 mars 2001.

Au diable la démocratie de proximité. Sollers et Pythagore : vingt vies en une vie.

Que les électeurs aient souhaité des maires plus proches d'eux, plus attentifs à leurs problèmes, leurs soucis quotidiens, leur vie, qu'ils aient sanctionné l'arrogance de certains sortants et donné une prime à l'humilité de tels ou tels nouveaux venus, c'est une chose. Que, de cette proximité, en revanche, on fasse un principe et un programme, qu'elle devienne le premier et le dernier mot de toute politique digne de ce nom, qu'on la transforme en idéologie et que cette idéologie vienne, tout à coup, nous dire : « la seule démocratie qui vaille, c'est la démocratie de proximité – une once de distance, une nuance, un maire qui, par exemple, ne passerait pas sept jours sur sept dans sa commune et oserait faire un peu de politique nationale, et c'est la démocratie même qui est fichue par terre », c'est une autre chose et cette autre chose est, je le répète, dangereuse pour l'esprit public. Il y a des courants de pensée qui, à gauche, ont fait de cette présence à soi d'un peuple impeccablement exprimé la formule d'une démocratie, non plus « formelle », mais « réelle » : on sait ce que cela a donné. Il y a une tradition qui, à droite, a théorisé cette idée d'une élite politique si parfaitement proche de sa réalité sociale qu'elle ferait corps avec elle et ne s'en distinguerait quasiment plus : c'est le maurrassisme, avec son rêve d'une communauté « naturelle » dont les chefs, « naturels » eux aussi, seraient comme des prolongements ou des émanations ultimes. La démocratie, c'est autre chose. C'est même, chez Montesquieu ou Tocqueville, l'exact contraire de ce mauvais mirage. Parce qu'elle implique des lois, des droits et des institutions, parce que l'institution c'est l'écart et que le droit c'est la médiation, parce qu'elle a pour premier effet de refroidir les passions communes en général et la passion communautaire en particulier, elle sépare la communauté d'elle-même en même temps qu'elle la rassemble. Proximité ? Non. Distance. Jeu réglé, plus exactement, de la proximité et de la distance. C'est la quadrature du politique. Et c'est une assez bonne raison de s'inquiéter de cette obsession du proche qui est en train d'envahir le champ du débat public.

De Philippe Sollers, dans le beau livre que lui consacre Gérard de Cortanze aux éditions du Chêne et qui paraîtra le mois prochain (en même temps que le tome 2 de « La guerre du goût ») : « je vais gagner contre mes contemporains, je n'ai aucun doute là-dessus »... Tout y est. Les femmes et la mère. Le fils, jusque-là si discret. Julia. L'Espagnole. La « Vénitienne », deux fois par an, rituellement. L'énigme du père mort, comme il a vécu, « sans confidences ». L'hispanité encore. Le girondinisme. La curieuse et profonde solitude. L'écriture. Les bureaux de Paris et de Ré. Les jeux du nom, du renom, du pseudo-nom – comment un écrivain « est tout entier dans le nom qu'il se donne » (fût-il, précise-t-on, le nom de son « géniteur »). L'aventure de Tel Quel. Le succès prématuré. La double bénédiction de Mauriac et Aragon – le Vatican... le Kremlin... – et le ressentiment qui, dès lors, ne pouvait que s'enfler, cristalliser et, le plus logiquement du monde, le poursuivre jusqu'aujourd'hui. Les clergés littéraires qui carburent au fiel. La passion, contre les clergés, de ne jamais se comparer. La guerre d'Algérie et Vichy. Le moment, en pleine guerre d'Algérie, où un certain général Hallier tente d'envoyer l'auteur du « Parc » se faire voir ailleurs, sur la ligne Morice, dans un des djebels les plus dangereux du pays. Londres. Bordeaux. La « Belle Garonne » de Hölderlin et celle de Stendhal. Le goût de la mer et des ports. Celui de se cacher en plein jour. Mai 68. Le Divin Bordel. Les maladies de l'enfance et ses maisons détruites. La volonté de bonheur. Le secret. Bref, une vie. Ou plusieurs. A la façon de Pythagore, dont la légende voulait qu'il eût vécu « vingt vies en une vie », un concentré d'expériences, sensations, libertés vécues, ruptures, fidélités obscures, entêtements, ruptures encore, qui nous est donné là, soudain, dans un heureux mélange de textes et de photos, le plus souvent inédites. Les écrivains ont un corps et ce corps est légion : ce n'est pas la moindre leçon de ce livre inattendu, très étrange, qui suscitera, je n'en doute pas, des réactions à la mesure du cas Sollers et de sa légende.

Interruption, pour cause de voyages puis d'écriture, du fil de ce bloc-notes. Eh oui ! cela existe encore les voyages « lointains ». Il reste, dans ce monde arasé, aseptisé, normalisé, des lieux qui ne sont pas encore contemporains les uns des autres. Il reste, pour parler comme Hegel et Kojève, quelques

« provinces » de l'empire spectaculaire universel qui ne sont pas « alignées » et où il est difficile, quelque goût que l'on ait de l'ubiquité, de continuer de s'intéresser aux résultats des municipales ou aux remous provoqués par l'édition du journal de Paul Morand. C'est là que je serai, en fait ou en pensée, toutes ces prochaines semaines. Et c'est pourquoi je donne à mes lecteurs rendez-vous le 1ᵉʳ juin.

22 mars 2001.

Psychologie du kamikaze. Israël, une parenthèse ? L'Etat palestinien, la seule issue.

J'ai rencontré une femme kamikaze, à Colombo, capitale de Sri Lanka. Je lui ai fait raconter les années de formation, préparation idéologique et technique, lavage de cerveau, conditionnement. Je lui ai fait dire comment une jeune femme peut, un beau matin, avaler son dernier café, prendre son dernier autobus, choisir sa cible, l'étreindre et déclencher le système de mise à feu de la veste suicide qui va les faire sauter toutes les deux. Colombo n'est, certes, pas Tel-Aviv. Et l'islamisme politique ne fonctionne pas, j'imagine, comme l'hindouisme radical. Mais enfin... De cette rencontre, que j'ai rapportée dans Le Monde, je tire néanmoins quelques conclusions simples. L'effet de secte. L'extase de la mort et du martyre. La faiblesse de toutes les explications en termes de misère, détresse, « prolétaires-absolus-qui-ne-posséderaient-que-leur-propre-corps-et-n'auraient-d'autre-ressource-que-dejeter-leur-propre-vie-sur-le-marché-de-l'Histoire-universelle ». L'échec, donc, de toutes les théories progressistes ancrant ce genre d'acte suicidaire dans je ne sais quel désespoir et faisant ainsi l'impasse sur ce qu'a de spécifique, à Sri Lanka comme au Proche-Orient, le délire fondamentaliste. Et puis le fait, aussi, que face à quelqu'un qui fonctionne ainsi, face à un homme qui est prêt à donner cette vie-ci en échange des neuf vierges qu'on lui promet au paradis, face aux dizaines de human bombs en puissance qui sont probablement déjà mêlées à la population de Jérusalem et Tel-Aviv, les armées régulières, les polices, la vigilance des citoyens sont tragiquement démunies. Ce colonel du Fatah dont j'avais, ici même, il y a quelques mois, rapporté la sentence : « nous aimons beaucoup plus la mort que les juifs n'aiment la vie ».

L'information de la semaine, cela dit, c'est le sondage selon lequel trois Palestiniens sur quatre seraient favorables à la poursuite des attentats-suicides. Ce chiffre laisse sans voix. Et il est à prendre, évidemment, avec toutes les précautions d'usage. Mais enfin comment ne pas voir qu'il confirme, là aussi, ce que nous sommes quelques-uns à dire depuis des mois ? Comment ne pas dire qu'il va dans le sens de cette radicalisation de la rue palestinienne que j'avais moi-même, cet hiver, pu constater à Ramallah et dont j'avais rendu compte dans ces colonnes ? Non plus la colère, mais la haine. Vraiment la haine. Cette haine terrible, recuite depuis des décennies au feu doux des médias, des manuels scolaires empoisonnés, des prêches de certains imams. Une haine qui ne reproche plus aux juifs d'occuper telle ou telle partie de la Palestine, de se doter de tel ou tel gouvernement, de s'offrir à

Sharon, de multiplier les colonies, etc., mais d'être là, simplement là, corps étranger en terre d'islam, souillure indélébile, scandale. Une haine totale. Une haine qui débouche à nouveau, comme dans les années 50 et 60, et on croyait ce temps révolu, sur le refus d'Israël comme tel et l'espoir de le voir bientôt quitter la scène. L'idée (j'ai entendu cela ; on l'entend de plus en plus souvent, dans les cercles de l'intelligentsia palestinienne éclairée ; et c'est même tout le sens de ce bizarre regain du thème du droit au retour dont chacun sait bien qu'il signifierait ni plus ni moins que la disparition de l'Etat juif), l'idée, donc, que ce n'est rien cinquante ans à l'échelle de l'Histoire universelle et qu'Israël pourrait n'être, après tout, qu'une très brève parenthèse dans la longue histoire du Proche-Orient et du peuple juif. Je ne dis pas que cette haine soit inexpiable. Ni qu'il faille, à cause d'elle, renoncer à la paix. Mais je dis que cette paix, qui est le salut d'Israël, il faudra prendre l'habitude, pour un temps, de la vouloir pour deux.

Car que faire face à la haine ? Quelle politique face aux débordements mystiques de kamikazes dont la multiplication précipiterait Israël dans la crise la plus tragique de son histoire ? Faire pression sur Arafat, sans doute. Le sommer de mettre au pas ceux des fauteurs de guerre qui, comme les Tanzims, dépendent de lui. Exiger qu'il agisse sur des radios, des journaux qui, eux aussi, sont sous son entier contrôle et dont les appels au meurtre quotidiens sont de sa responsabilité personnelle. Obtenir enfin qu'il fasse remettre en prison les cent ou cent dix militants du Djihad et du Hamas impliqués dans la vague d'attentats de 1996 et qu'il a fait libérer en octobre dernier, au commencement de la nouvelle

Intifada. Mais cela ne suffira pas. Et Israël ne sortira de cette nasse que si l'on prend enfin conscience qu'il n'y a qu'une manière à la fois digne et efficace de protéger Tel-Aviv et Jérusalem : tracer une frontière ; s'y tenir ; se donner tous les moyens, militaires et politiques, de la défendre ; bref, en se séparant des populations de Cisjordanie et de Gaza, en démantelant toutes les implantations juives de Judée et Samarie, condamner Arafat à cet Etat dont, visiblement, il ne veut pas et qui est, pourtant, pour tout le monde, la seule issue.

8 juin 2001.

Retour vers Valéry Larbaud. Le crime légal aux USA. Lutte de factions à Téhéran ? L'Atlantide biographique de Lionel Jospin.

Rentrer d'un voyage long, éprouvant, avec le sentiment d'être étrangement déphasé. Reprendre ce bloc-notes, retrouver l'actualité, les personnages qui la font, les livres parus et qui m'attendaient, en peinant à leur prêter toute l'attention nécessaire. Larbaud dit quelque chose comme cela dans un texte d'« Aux couleurs de Rome ». Il dit cette façon, au terme de ses propres périples, de voir toutes choses comme « démodées » ou « périmées ». Il raconte sa façon, dans les livres qu'il aime, « d'épier la formation des premières rides », de voir ce qui s'y mêle déjà aux « décombres futurs de l'époque » – cette déception anticipée qui participait, chez lui, du goût des choses et à laquelle, donc, il s'exerçait ; mais moi ? ici ?

Timothy McVeigh, l'auteur de l'attentat d'Oklahoma City, était un authentique bad guy ? un monstre ? cet homme qui n'a pas eu un mot de peine ni de remords à la pensée de ses 168 victimes assassinées était un criminel impardonnable ? Certes. Mais raison de plus, disent les partisans américains de l'abolition de la peine de mort. Le problème n'étant plus, cette fois, ni l'âge du condamné (17 mineurs exécutés, selon le Centre d'information sur la peine de mort de Washington, depuis 1976), ni la qualité du procès (68 % des condamnations à mort ayant fait l'objet d'un recours ont fini par être cassées), ni même l'erreur judiciaire (au moins 95 des 710 condamnés étaient des innocents), le cas n'en est que plus pur et le combat plus exemplaire. Timothy McVeigh mérite peut-être les flammes de l'enfer. Mais ce pays ne méritait pas, lui, d'offrir cette image d'une mise à mort filmée, applaudie en direct par 232 spectateurs hystérisés.

Réélection triomphale de Khatami. Possible que la révolution démocratique soit en marche, cette fois, à Téhéran. Mais attention, nous disent nombre de démocrates iraniens. Prenez garde à ne pas vous laisser prendre au piège de la discorde jouée, de la querelle de factions mise en scène et en spectacle. Prenez garde à ne pas rééditer l'erreur commise, pendant si longtemps, à propos de l'Union soviétique et de ses prétendues guerres de courants. Et ne perdez pas de vue que le Guide de la révolution, l'ayatollah Ali Khamenei, qui contrôle tous les rouages de l'Etat et se situe toujours dans la droite ligne du khomeynisme, n'a cessé, depuis deux ans, de dire son soutien à la « démocratie islamique » prônée par Khatami. A suivre.

Le tragique dans l'affaire du Proche-Orient ?

1. Les Palestiniens n'existent que depuis, et pour autant, qu'Israël existe aussi : leur nationalisme est un pur effet de miroir du sionisme. 2. Loin que cet effet de miroir exonère Israël, loin qu'il le décharge de ses devoirs politiques et moraux, il l'oblige au contraire d'autant plus : c'est bien parce que l'Idée palestinienne ne serait rien sans Israël, c'est bien parce qu'elle tient tout son être de ce face-à-face avec l'« ennemi » , que l'« ennemi » se doit de tendre la main. 3. C'est à Tel-Aviv, donc, ou dans la Jérusalem juive, que devrait, en bonne logique, être proclamé l'Etat auquel les Palestiniens ont droit : alors, et alors seulement, le processus de paix reprendra – mais fondé dans l'être autant que dans le droit et dans les faits.

Tout le monde savait cela, grommellent les esprits forts depuis la révélation par Le Monde du passé trotskiste de Jospin. Chacun a droit à des erreurs de jeunesse, répètent-ils, sur le même ton que lorsqu'ils réagissaient, jadis, aux révélations sur le passé de Mitterrand, et tout le monde connaissait cette erreur-là. Tout le monde, vraiment ? Hum... Ce que l'on ne savait pas, il me semble, c'est que c'est en tant que trotskiste que le futur premier secrétaire est entré au parti socialiste. Ce que l'on ne savait pas, c'est que cette double vie politique, cette double appartenance soigneusement cloisonnée et verrouillée, a duré au moins quinze ans. Et ce dont je ne suis pas sûr que l'on ait été si conscient, c'est que le Premier ministre, à ce moment-là, avait 40 ou 50 ans – et que c'est un peu tard pour une « erreur de jeunesse »... De tout cela, de ce bloc de vie et de secret exhumé par Le Monde, de cette Atlantide biographique dont il n'est, du reste, pas certain que l'on connaisse encore l'exact contour, on peut dire : cela affaiblit Jospin ; cela le rend opaque, inquiétant ; on peut s'étonner que cet homme ait pu faire de la transparence sa vertu cardinale, son étendard ; on peut s'indigner qu'il ait osé, dans son « inventaire » du bilan mitterrandien, faire grief à un autre de son itinéraire tortueux ; on peut au contraire, et c'est mon cas, trouver que cette affaire lui confère une complexité, un mystère, une dimension supplémentaire, et que cet être que l'on croyait lisse s'augmente ainsi d'une épaisseur romanesque, donc politique, insoupçonnée ; la seule chose que l'on ne peut pas dire, c'est que cela ne change rien et que l'apparition soudaine, sous les traits du sage et pur Lionel, de cet incroyable phénomène de marranisme politique serait un non-événement.

15 juin 2001.

Tapie en Jean Valjean. Violences postnihilistes. Berlusconi et les casseurs de Gênes, même combat ?

Du procureur Eric de Montgolfier, ce mot terrible à propos du « cas Tapie », dans le cadre du documentaire, au demeurant excellent, que consacrait France 2, dimanche dernier, au nouveau patron de l'Olympique de Marseille : « je suis peut-être vieux jeu ; mais je suis d'une génération qui pense que, lorsqu'on a été condamné, on se cache ». Eric de Montgolfier n'est pas vieux jeu. Il a juste perdu la tête. Car s'il y a bien une fonction peu contestable de la prison, si elle n'avait qu'une vertu dont il devrait revenir aux juges, justement, de se faire inlassablement l'écho, c'est de permettre à un condamné, quel qu'il soit, de purger sa peine, de payer et, une fois la dette acquittée, de ne surtout plus se cacher et de recommencer, au contraire, de vivre comme avant. Qu'un juge de ce calibre oublie ce principe démocratique est à la fois navrant et inquiétant. Tapie n'est pas Jean Valjean. Montgolfier se rêve-t-il en Javert ?

Nietzsche les appelait les « kaoten », ou les « voyous publics ». Et il prophétisait leur arrivée, leur multiplication et leur victoire sur les grandes scènes européennes du XXIe siècle. Eh bien voilà. Ils sont là. Et ce n'est, vraisemblablement, qu'un début : il n'y aura plus avant longtemps de réunion du G7, du G8, des grands argentiers mondiaux, des décideurs européens ou occidentaux, sans que déferlent, comme à Göteborg, ces escouades de casseurs encagoulés, armés, spécialistes du combat de rue, mettant à sac le centre des villes où se tiendront les sommets internationaux et contraignant les responsables, tous démocratiquement élus, à se barricader pour travailler. Alors, on peut toujours, bien entendu, condamner les nouveaux vandales. On peut leur expliquer que ce n'est pas en forçant les chefs d'Etat à ne plus débattre qu'à huis clos, à l'abri d'un rempart de grillages, de conteneurs d'acier et de blocs de béton, qu'on fera avancer les choses. On peut plaider que la construction d'une Europe forte est l'une des seules ripostes possibles à l'inévitable mondialisation et à ses incontestables effets pervers. L'essentiel, c'est de ne pas perdre de vue la nouveauté du phénomène. Violences nues. Sans mots ni idées. Sans programmes ni perspectives. Violences nihilistes ou, mieux, postnihilistes, car c'est encore trop dire que de les qualifier de nihilistes – ce sont des violences d'après le nihil, d'après l'Histoire, ce sont les premières grandes violences posthistoriques au sens que, non plus Nietzsche, mais Hegel donnait au mot et qui signifiait à la fois la fin des grandes « luttes à mort pour la reconnaissance » et l'aube d'une « ré-animalisation » des rapports entre les humains. Anarchisme ? Drapeaux noirs ? Jeunesse sans cause et révoltée ? Mais non. Fausse révolte. Fausse jeunesse. Une jeunesse qui n'est que l'autre face de la vieillesse du temps et du monde.

Intéressant à observer sera, à cet égard, en juillet prochain, à Gênes, lors du sommet des pays les plus industrialisés, le face-à-face de ces voyous publics et de l'autre grande manifestation, symétrique, de l'entrée dans la posthistoire : le phénomène Berlusconi. Car on peut toujours, là aussi, qualifier Berlusconi de « néofasciste ». On peut, chez ses deux alliés, le « postfasciste » Gianfranco Fini et le « cryptofasciste » Umberto Bossi, pointer tel ou tel trait attestant de leur fidélité aux idéologies d'antan. On peut, on doit s'indigner quand on les entend proposer la construction d'un « mur anti-immigrés » qui irait de Trévise à Tarvisio ou tonner contre « l'alliance entre banquiers et francs-maçons » qui « tient l'Europe avec le lobby gay ». Et le fait est que l'on s'étonne de voir les mêmes responsables européens, si sévères l'année dernière avec Haider, ne plus piper mot, tout à coup, face à des dérapages de cette espèce – sans parler de la personnalité de Berlusconi lui-même, ce trafiquant de haut vol, ex-membre de la loge P2, mafieux, dont l'un des lieutenants, Fedele Confalonieri, confiait récemment : « si nous n'avions pas fondé Forza Italia, nous serions aujourd'hui sous un pont ou au bagne ». N'empêche. Réduire tout cela à une pure résurgence du « fascisme » est un peu court. Et c'est passer à côté, surtout, de ce mélange de populisme musclé, de télécratie festive et sympa, de triomphe de l'argent, de haine des élites-qui-nous-ont-fait-tant-de-mal, qui fait toute l'originalité de son idéologie sans idées. Les voyous publics et Berlusconi. Les casseurs de Göteborg, d'un côté – les « chemises vertes » d'un parti qui, de l'autre, rêve tout haut d'une Italie où l'on ordonnerait à tous les étrangers de « se costumer en lapins afin que les chasseurs puissent s'entraîner ». Et si c'était les deux faces de la même monnaie ? Les deux mufles de la même Bête ? Et si c'était le double visage du même « dimanche de la vie » hégélien – acquiescement à ce qui est, haine des idées et de la culture, culte de l'immédiateté, de la pensée sans parole, de la parole sans pensée ? Rendez-vous à Gênes, pour le premier grand face-à-face des deux ennemis intimes de la nouvelle Europe.

21 juin 2001.

La Légion d'honneur à l'ami Divjak. Vertus du chantage en politique. Kahn et moi. Jünger, le nazi. L'islam selon Christian Jambet.

Nouvelles de Sarajevo. Mon vieil ami Jovan Divjak, le seul colonel serbe de l'armée yougoslave à avoir refusé, en avril 1992, de suivre ses collègues sur les collines, l'incarnation de la résistance bosniaque, le héros, l'image même de cette Bosnie cosmopolite qui dit non, dès le premier jour, au partage ethnique et à ses procédures purificatrices, mon cher Divjak, le personnage de « Bosna ! », l'homme que j'ai suivi, la caméra au poing, dans les tranchées autour de la capitale martyre, cet homme-là, donc, reçoit la Légion d'honneur des mains du général français Roger Duburg, que j'ai un peu connu, lui aussi, aux heures noires du siège de la ville. Emotion. Nostalgie.

Fallait-il, à Belgrade, laisser le temps au temps, ne pas heurter les Serbes, accompagner leur lent et patient travail de prise de conscience et de deuil ? C'était l'avis de la France. Ce n'était pas celui des Etats-Unis. Or ce sont les Etats-Unis qui, semble-t-il, avaient raison puisqu'on annonce bel et bien le transfert prochain à La Haye de Slobodan Milosevic. Fin des atermoiements. Un pas dans la direction de la justice et de la morale. Vertu, une fois de plus, de la pression, de la sanction, du chantage en politique internationale. Mais que de temps pour l'entendre ! Combien de désastres et de morts ! En faudra-t-il autant avant de comprendre que l'homme que Jacques Chirac vient, cette semaine, de recevoir avec les honneurs de la République, le Syrien Bachar el-Assad, est un voyou d'Etat, un assassin ?

Avec Jean-François Kahn, c'est bien simple : à propos de la Bosnie, de la Serbie, mais aussi du reste, de tout le reste, de toutes les grandes questions au sujet desquelles il nous est donné, l'un et l'autre, semaine après semaine, de nous exprimer, je suis presque toujours en désaccord et son avis est même devenu, pour moi, un marqueur infaillible, une boussole à l'envers, la claire indication, dans les moments de doute, du parti à ne pas prendre.

Surprise, alors, de ce livre, « Moi, l'autre et le loup » (Fayard), que j'hésitais à lire, mais qui me passionne et qui tourne autour de quelques-unes des questions qui, moi aussi, m'obsèdent : ce qui fonde le lien social... pourquoi il y a du lien plutôt que rien... les jeux de soi et de l'autre... l'impossible conjonction des égoïsmes... leur échange inégal et énigmatique... la malencontre... le malentendu... Je connaissais l'expérience inverse : des gens, au moment de la Bosnie justement, avec qui j'étais en désaccord philosophique mais dont me rapprochait un engagement politique. Voici quelqu'un dont me sépare la politique (ainsi que, plus important, le style), mais qui se pose les mêmes questions philosophiques. Etrange.

Quand Mitterrand parlait à Benamou (« Jeune homme, vous ne savez pas de quoi vous parlez », Plon) des « rôdeurs » qui n'en finissaient pas de tourner autour de lui pour lui rappeler son passé vichyssois, savait-il qu'il employait le même mot – « Verfoler », les « harceleurs », les « persécuteurs »... – que Jünger, l'un de ses écrivains préférés, au moment où Victor Farias, en 1994, exhuma son texte antisémite de 1934 ? Le même Jünger dont je trouve par parenthèse, dans le livre de Frédéric de Towarnicki (« Ernst Jünger, récits d'un passeur de siècle », éditions du Rocher), cette phrase terrible qui, à elle seule, devrait faire taire l'imbécile légende de l'officier sensible et lettré, élégant, fondamentalement antinazi : « la Nuit des longs couteaux, comme la Nuit de cristal, m'ont été insupportables ; même en des temps dangereux, les choses devraient se dérouler dignement. » Nuit des longs couteaux et Nuit de cristal, même combat ? Et qu'est-ce qu'une Nuit de cristal qui se serait déroulée « dignement » ?

De mon vieil ami Christian Jambet, qui préfaça naguère le livre de Farias sur le passé politique de Heidegger, de cet ex-mao, coauteur du livre – « L'ange » – qui, dès 1975, donna le coup d'envoi au mouvement des « nouveaux philosophes », de ce penseur exigeant et secret qui est devenu, en fidélité à son maître Henry Corbin, l'un de nos meilleurs spécialistes de la philosophie en islam, cette étonnante interview recueillie par Jean Birnbaum pour Le Monde de ce mardi. La tragédie d'un islam ossifié dans le légalisme des intégristes... La misère d'une orthodoxie qui, chez les taliban, tend à faire de Dieu une nouvelle idole... Le caractère sacrilège, du point de vue même du Coran, de la destruction des bouddhas de Bamiyan... Qu'il y a, en islam, toute une tradition qui fait de Dieu une source, non de violence, mais de liberté créatrice, de résistance... Qu'il n'est pas vrai qu'il soit ordonné d'abaisser, humilier, voiler les femmes et que leur visage même est, dans la poésie mystique persane, une sorte de médiation en direction du dieu caché... Tout cela est à lire, relire, méditer, en ces temps où, là aussi, triomphent l'approximation, les formules toutes faites et, en l'espèce, les caricatures obscurantistes. Grandeur de l'islam quand il se met, comme ici, à l'heure des Lumières.

29 juin 2001.

Je me souviens de Gérard Miller. « Après la colère ». En finir avec le fascisme à la française ?

Il y a un peu plus de vingt-cinq ans, un jeune intellectuel lié à Foucault et Lacan, mais aussi à Roland Barthes, publiait un premier livre au titre bizarre et suggestif : « Les pousse-au-jouir du maréchal Pétain ». Je me souviens de cette époque. Je me souviens de l'étrange climat de ces années où il était entendu, presque partout, que Vichy fut nul, non avenu, une parenthèse, un mauvais rêve, quatre années à rayer de notre Histoire, le tabou constitutif de la politique, de la pensée françaises au XXe siècle. Et je me souviens de la belle insolence avec laquelle Gérard Miller – car c'était lui – offrait cette suite de tableaux critiques, travaillant, comme disait Barthes, son préfacier, à fleur de mots et à même la peau de la langue, s'attachant au seul bruissement des voix et à celle, notamment, du vieux maréchal qui fut, ne l'oublions jamais, le premier homme de l'histoire de la République à faire l'unanimité autour de son nom. Il portait au grand jour la réalité d'un discours propre, cohérent, bien formé et qui ne devait à peu près rien à l'occupation, la violence, l'influence même, de l'Allemagne. Un an après Paxton, il faisait l'implacable démonstration de l'autonomie idéologique du vichysme. Cinq avant Sternhell et ma propre « Idéologie française », il donnait la première lecture de ce que l'on commençait d'appeler « le fascisme à la française ».

Un quart de siècle plus tard, Miller récidive. Il donne un second livre, « Après la colère » (Stock), qui, sur un mode moins savant, plus polémique et peut-être aussi, de ce fait, plus accessible au grand public, traite exactement du même sujet. Un chapitre, bref, qui, ressuscitant la silhouette du vieux René Belin, ce syndicaliste de gauche rallié, comme tant d'autres, à Vichy, rappelle que c'est aussi avec des « braves gens » que l'on fait les dictatures. Un autre qui, resserrant l'angle et entrant dans le détail de cette « politique juive » de Vichy évoquée dans « Les pousse-au-jouir » mais à partir d'un matériau documentaire moins fourni, exhume un monde incroyable où l'on voit tout une faune de « commissaires » et « experts » s'agiter, dénoncer, dresser des listes de suspects, disserter de la meilleure manière d'identifier un faciès juif ou de la nécessité, dans certains cas, en attendant la déportation, de lui couper (sic... la proposition fut vraiment faite, officiellement, par le très considéré professeur Georges Montandon) un bout d'oreille ou de nez – le tout, et c'est l'essentiel, en veillant à rester bien indépendant de l'Allemagne et à ne surtout pas se laisser dicter les termes d'une politique qui prétendait disposer, en France même, de doctrinaires et d'opérateurs tout aussi légitimes. Et puis un dernier chapitre encore qui, manière de rappeler que toute cette infamie n'est hélas pas de l'histoire ancienne, invite à une plongée dans l'enfer de la collection de Minute, ce vieil organe de presse qui fête, ces jours-ci, son 2000[e] numéro et dont la petite musique raciste, antisémite, révisionniste est une constante depuis quarante ans : le seul journal, disait Desproges, qui, parce qu'on a « les mains sales » en le feuilletant et qu'on en sort avec « la nausée », permet de lire tout Sartre d'un seul coup.

N'allez pas chercher plus loin. N'essayez pas de savoir si, dans l'agacement que suscite Gérard Miller, n'entre pas aussi un peu de ceci ou de cela.

Evitez de vous demander s'il n'aurait pas été trop « mao », ou s'il ne serait pas trop « psy », ou s'il est bien raisonnable, pour un psy, de surcroît lacanien, et de surcroît praticien, de se montrer, chaque semaine, chez Ruquier ou Michel Drucker. Je ne suis même pas certain qu'il soit très utile de gloser, comme il le fait parfois lui-même, sur sa raideur, ses colères, ses diagnostics foudroyants, sa voix métallique et glacée, cet air de Saint-Just blagueur qu'il a quand il passe à la télé et que ce média rond, systématiquement consensuel et neutre, a sans doute du mal à tolérer. Avoir écrit « Les pousse-au-jouir » et « Après la colère » suffit. Avoir pris le risque, à vingt-cinq ans de distance, de se frotter ainsi, à deux reprises, au gros animal national, être venu nous dire et nous répéter : « vous vous voyez blancs comme neige ; vous vous croyez ce peuple impeccable, cette communauté de dreyfusards, maquisards, antifascistes de tout poil ; eh bien non ! il y a aussi cet autre peuple ; cette autre communauté, inavouable ; ces spectres ; il y a cette autre mémoire, qui vous trame tout autant et qui est celle du fascisme français » – quand un homme a fait cela, oui, tout est dit. Il ne peut qu'encourir, de la part de ceux qui ne veulent ni voir ni entendre, la réprobation la plus vive. Quant aux autres, les esprits libres, ceux qui espèrent bien que le XXIe siècle les délivrera enfin de « ce cauchemar sinistre et glacé » (Barthes, encore), il a naturellement leur soutien.

6 juillet 2001.

Warhol ou Brecht ? Une lettre ouverte à Jacques Chirac. Milosevic et Foucault. Dustan l'ascète. Rien de nouveau sous Alcatel.

A propos de « Loft Story », on a cité Warhol et son fameux : « au XXIᵉ siècle, chacun voudra être célèbre un quart d'heure ». Tout aussi juste eût été la référence à Brecht et à son adaptation en vers du « Manifeste communiste » : le tragique, pour l'humanité moderne, ce n'est pas la « misère » mais « l'obscurité » ; l'homme pauvre c'est, d'abord, l'homme qui n'est « pas visible ».

Aux Etats-Unis, les exécutions capitales sont des peep shows. Envers d'un même décor ?

Arrestation à Moscou, au moment même où Poutine affiche son hostilité à la peine de mort, d'un journaliste tadjik, Dodojon Atovulloev, coupable d'avoir créé le premier grand journal indépendant de son pays. Atovulloev sera-t-il extradé ? Ou les dirigeants des grands pays européens – à commencer par Jacques Chirac, à qui nous adressons, ce lundi, avec Boukovski, Revel, Glucksmann, d'autres, une lettre ouverte en ce sens – sauront-ils en dissuader le Kremlin ? Je connais le Tadjikistan. En 1995 d'abord, puis, sur la route du Panchir, en 1998, j'y ai rencontré à deux reprises des dirigeants de l'opposition dont certains sont morts depuis, ou en prison, pour avoir été pris en flagrant délit de lecture du journal en question. Je sais donc ce que je dis quand j'affirme qu'extrader Dodojon Atovulloev, c'est l'envoyer à une mort quasi certaine. Je sais – nous savons – ce que nous faisons quand nous adjurons le président français d'user de son crédit pour empêcher cette infamie.

Naïveté de ceux qui demandent : « avait-on le

droit d'extrader Milosevic ? » Ou : « quelle est la validité d'un droit dont chacun sait qu'il s'est échangé contre un milliard de dollars d'aide à la Serbie vaincue ? » Comme s'il y avait le droit d'un côté, la puissance et les dollars de l'autre... Comme si l'on pouvait concevoir un droit qui serait pure forme, pur esprit, pure et éthérée irréalité, soustraite aux rapports de forces politiques... Comme si le droit n'était pas, toujours, et dans ce cas-ci comme dans les autres, pris dans des jeux de pouvoir et d'intérêt qu'il a, aussi, pour fonction d'arbitrer... On sait tout cela depuis Marx. Et Nietzsche. Et, plus près de nous, Michel Foucault. Leçon de ces trois-là : à la guerre comme à la guerre – le seul impératif, la seule exigence de justice et de droit, c'était que Milosevic, de cette façon ou d'une autre, réponde de ses crimes.

Foucault encore. Songé, en lisant le très étrange « Génie divin », de Guillaume Dustan (Balland), à d'anciennes conversations que nous avons eues, chez lui, rue de Vaugirard, au moment où je lançais L'Imprévu. Ce n'est pas le corps qui est le tombeau, disait-il, c'est l'âme. C'est elle, l'âme, notre caverne. C'est elle qui nous enferme, nous isole, nous coupe de la juste idée du monde. Penser, alors ? Penser vraiment ? C'est admettre qu'il y a plus de pensée dans un corps que dans une âme. C'est consentir à penser avec son corps (ou son sexe) autant, au moins, qu'avec sa tête. Voilà ce que disait Foucault. Voilà ce que fait Dustan. J'aime cette idée d'un romancier foucaldien.

On peut écrire un roman où l'on ne parle que de soi, mais sans l'ombre d'un narcissisme. Le contraire du narcissisme ? L'ascèse.

L'œuvre d'un écrivain est un placard. Dans le

placard, un cadavre. On rêve d'une enquête qui ne poserait à chacun qu'une question : votre cadavre ? votre secret ?

Naïveté, encore, des commentateurs qui font comme si tel PDG, annonçant la naissance d'une « entreprise sans usines », réinventait les lois du capitalisme. Devenir-finance de l'industrie... Survalorisation du capital... Externalisation d'une production déléguée à une « armée de réserve industrielle » de plus en plus nombreuse, et lointaine, à mesure que la mondialisation gagne du terrain... Airs connus. Lois classiques. On peut, on doit, critiquer le fonctionnement du système. Peut-on, faut-il, tomber pour autant dans le panneau du moralisme ignorant et verbeux ?

Foucault, toujours. On me dit que son dernier mot fut pour Georges Canguilhem, son maître, qui était un immense historien des sciences en même temps qu'un grand résistant : « appelez Canguilhem, aurait-il dit ; lui sait comment mourir ». Très beau. Trop beau ?

13 juillet 2001.

Madame Royal et les enfants – Demain, les Maghrébins ? Le retour des classes dangereuses. Sur les ruines du freudisme, la métaphysique de l'enfant-roi.

Qu'il y ait des problèmes de sécurité dans les banlieues, que ces problèmes soient souvent le fait de bandes de jeunes et qu'il y ait, parmi ces jeunes, des enfants en rupture de ban familial, nul ne songe à le nier. Mais croire, comme font un nombre croissant d'élus, que l'instauration d'un « couvre-feu » puisse être une réponse à ces problèmes, croire que l'on puisse impunément déclencher, dans les quartiers sensibles, des chasses à l'enfant perdu, voilà, en revanche, un terrible piège où l'essentiel de la classe politique est en train, jusqu'au président de la République compris, de se jeter tête baissée.

Je passe sur l'hypocrisie de ces élus qui nous disent, la main sur le cœur, sur le ton du bon grand-père veillant au sort de ses petits, qu'ils n'ont, dans cette affaire, d'autre volonté que de « protéger les enfants » et qui, dans la même phrase, tombent le masque et nous avouent que leur vrai souci, c'est la fâcheuse image donnée aux touristes étrangers par les bandes de « sauvageons » qui traînent dans leur ville après minuit. Ont-ils peur, ceux-là, pour les enfants, ou des enfants ? S'agit-il, comme nous l'explique Mme Royal, de protéger les enfants ou de se protéger d'eux ? Et n'y a-t-il d'autre façon, franchement, de maintenir l'ordre sur la Croisette, de contenir la multiplication des rave-parties, de lutter contre les nuisances sonores et les rixes, que d'ouvrir dans les commissariats ce qui, très vite, ressemblera à des fourrières à mômes ?

Je passe aussi sur le fait que l'instauration d'un couvre-feu est, qu'on le veuille ou non, attentatoire à cette liberté fondamentale, de surcroît constitutionnelle, qu'est la liberté d'aller et venir. Oh ! certes, l'entorse est mineure. Et l'on ne va pas, sous prétexte que le Conseil d'Etat a donné raison à trois ou quatre élus qui confondent idéal citoyen et obsession policière, sonner le tocsin des libertés. Mais tout de même, y a-t-il, s'agissant des libertés, petites et grandes entorses ? Ne nous a-t-on pas expliqué cent fois, sur d'autres terrains, qu'il n'y a pas, quant aux principes, d'échelle dans les accommodements ? Et qui nous dit que, une fois cette chasse-ci passée dans les mœurs, il ne se trouvera pas d'autres apprentis sorciers, légitimement soucieux de la sécurité dans leurs banlieues, pour proposer de cibler les enfants de plus de 13 ans, puis les jeunes en général, puis, qui sait, les Maghrébins ? Je suis loin d'être certain, personnellement, que ces fameux enfants soient plus en sécurité chez eux, entre un père ivrogne et une mère battue, que dans la rue. Mais ce dont je suis sûr, c'est que, en les stigmatisant de la sorte, en les criminalisant, on est en train d'ouvrir une boîte de Pandore aux ressources insoupçonnées.

Car le pire, c'est le signifiant. Le pire, le plus grave, c'est, d'ores et déjà, ce mot même de couvre-feu dont on ne sait, au juste, qui l'a lancé ni quand – mais qui a pris comme de l'étoupe et qui flambe dans les consciences les mieux intentionnées. Qui dit couvre-feu dit guerre. Qui dit guerre dit ennemi. Et qui dit ennemi devra bien, un jour ou l'autre, se décider à nous expliquer qui, au juste, est cet ennemi, quel est son visage, comment on le combat. Les jeunes ? Leurs parents ? Les quartiers difficiles en général ? La France serait-elle en guerre contre ses quartiers difficiles ou, comme on disait au XIXe, ses classes dangereuses ? Tant de décennies passées, tant d'années d'explication et de pédagogie républicaines, tant et tant de débats où l'on tentait de mettre en garde contre les solutions toutes faites de la pensée Le Pen, tant d'éducateurs admirables qui, sans attendre les arrêtés municipaux, sillonnaient les quartiers difficiles pour, sans tapage, avec humanité et tact, prendre en charge les enfants perdus et, quand c'était possible, les ramener chez eux, tout cela pour en arriver là, à ces formules démagogiques, simplistes et peut-être, ce qu'à Dieu ne plaise, assassines – quelle tristesse !

Un dernier mot. Il n'est pas indifférent que cette effervescence médiatique et politique se fasse tout de même, et fût-ce dans l'hypocrisie la plus totale, au nom de la sacro-sainte « protection de l'enfance ». Voilà longtemps que, ici et ailleurs, je mets en garde contre cette métaphysique de l'enfant-roi qui est en train, sur les ruines du freudisme, d'investir nos sociétés. Voilà longtemps que je dis et répète que le culte de la pureté, de l'innocence, donc de l'enfance éternelle et bénie, pourrait bien être devenu notre dernière religion. Eh bien voilà, nous y sommes. Peut-être tenons-nous là, avec cette poussée de fièvre sécuritaire, le premier effet délétère concret de cette « infantilisation » rampante de l'esprit public.

20 juillet 2001.

Débattre avec les antimondialistes, 1.

Ainsi donc le pire est arrivé. Et ce fameux sommet du G8, cette rencontre à grand spectacle des huit responsables des pays les plus riches de la planète, a, comme prévu, tourné au drame.

Face à cette débâcle, face au déchaînement de violence inouïe dont les rues de Gênes ont été le théâtre et qui a fait un mort et plusieurs centaines de blessés, la tentation est grande d'incriminer les casseurs, spécialistes des combats de rue, qui n'étaient venus là que pour dire et semer la haine.

La tentation existe aussi de dire aux autres, tous les autres, l'immense foule des manifestants ordinaires dont nous sentons bien qu'ils ne partageaient ni les buts ni les méthodes des apôtres de la guérilla urbaine, qu'ils prendraient une lourde responsabilité en ne se désolidarisant pas très vite, et de la façon la plus éclatante, de cette minorité de barbares qui, pour l'heure, les déshonorent.

On pourrait encore – il faudrait, il faudra, un jour – regarder de près l'idéologie antimondialiste qui se met en place depuis quelque temps et qui charrie le meilleur mais aussi le pire : quid, par exemple, de l'apologie des « bonnes » cultures locales opposées à la « mauvaise » culture mondiale ? quid des relents de fondamentalisme que l'on retrouve derrière nombre de condamnations du « mondialisme » en tant que tel ? et nous sommes-nous débarrassés des terribles mirages de la volonté de pureté totalitaire pour voir de jeunes amnésiques (Naomi Klein) ou des chevaux de retour des années 60 (Noam Chomsky) en recycler les vieilles lunes ?

Cela étant dit ou en attendant, plus exactement, d'y revenir et de le dire, quelques remarques de principe, et à chaud.

1. Il a fallu toute l'irresponsable mauvaise foi de Silvio Berlusconi pour confondre dans le même opprobre les encagoulés et les autres – cette majorité de manifestants dont on pouvait, certes, discuter les points de vue et dont on attend, je le répète, qu'ils prennent leurs distances avec l'aile radicale du « mouvement », mais qui ne faisaient rien d'autre qu'exercer, sous les fenêtres des puissants, leur imprescriptible droit de manifester, s'exprimer,

protester. Il y avait là des gens de Médecins sans frontières. Des écologistes divers et variés. Des partisans de la taxe Tobin. Les jeunes de Drop the Debt, qui militent pour l'effacement de la dette des pays les plus pauvres. Il y avait là plusieurs centaines d'ONG qui n'ont pas attendu le G8 pour gagner, sur le terrain, leurs lettres de noblesse politiques et dont il était pour le moins étrange d'entendre stigmatiser, çà et là, la « légitimité démocratique ». Etait-il bien décent, vraiment, d'entendre le serial killer Bush, ou Big Brother Berlusconi, donner à MSF des leçons de conduite démocratique ?

2. Il faut toute la sombre bêtise de l'époque, son ignorance crasse de la façon dont l'Histoire réelle ruse et travaille, il faut la navrante innocence d'un siècle qui semble avoir perdu jusqu'au souvenir de la manière dont les démocraties, toutes les démocraties, ont toujours fonctionné, pour s'étonner de ce que prennent forme, sur les décombres du communisme, d'autres types de contestations et de discours contestataires. On peut, encore une fois, discuter ces discours. On peut les condamner. Mais que croyait-on, après tout ? Que l'Histoire était finie ? Que la mondialisation néolibérale allait s'imposer sans délai ni débat, et faute de combattants ? Que l'humanité était guérie de sa vieille habitude de disputer, différer, faire s'opposer des visions contradictoires de son destin ? S'émouvoir, après les dix ou quinze ans de coma postcommuniste, de cette réapparition de la querelle idéologique en Occident, y réagir par l'effroi et la panique, faire donner les flics et les matraques contre ceux qui tentent de réfléchir autrement, mettre la pensée officielle en état de siège et la pensée adverse en état d'arresta-

tion, bref confondre retour du débat et retour de la guerre civile, voilà qui témoigne d'une immaturité politique au moins aussi inquiétante que celle que l'on prétend dénoncer.

3. Sur le fond, enfin, sur le contenu même de ce que disent Attac ou Drop the Debt, dans les propositions concrètes qu'ils livrent au débat public et qui concernent, par exemple, l'absolue misère où vivent, au bas mot, deux milliards d'êtres humains, dans leur refus d'un ordre mondial qui refléterait servilement l'état présent des forces ou dans leur volonté d'imposer aux grands acteurs économiques des contraintes dont ils se seraient, livrés à eux-mêmes, probablement très bien passés, tout n'est pas à rejeter, loin de là. Faire le « tri », donc ? Au sens propre, la « critique » ? Critiquer, dans la nébuleuse antimondialiste, la part du mauvais remake et celle de l'invention démocratique ? J'y reviens. La semaine prochaine.

27 juillet 2001.

Débattre avec les antimondialistes, 2.

Donc, je reprends. Ce qui n'est pas recevable, dans le discours des antimondialistes, c'est la haine du marché comme tel, l'antiaméricanisme primaire, le cryptomarxisme, l'intégrisme communautaire, le « libéralisme » cloué au pilori. En revanche...

Les antimondialistes n'ont pas tort lorsqu'ils disent que le plus grand problème posé aux nantis du XXIe siècle sera la misère des nations prolétaires. Le capitalisme a toujours eu ses laissés-pour-compte. Et il y a toujours eu, à chaque étape de son développement, des contre-pouvoirs qui l'ont contraint à prendre en compte ces incomptés. Pourquoi l'époque ferait-elle exception ? Pourquoi le nouvel empire mondial saurait-il, mieux que ses prédécesseurs, et sans rapport de forces l'y obligeant, réguler ses effets pervers ? Pourquoi ne pas savoir gré à Attac d'incarner ce rapport de forces et de forcer le club des puissants à considérer les deux milliards d'hommes et de femmes qui vivent avec moins de 10 francs par jour ?

Les antimondialistes n'ont pas tort quand ils proposent, au titre des mesures d'urgence, d'annuler purement et simplement la dette des pays les plus pauvres. Cette dette, généralement contractée par des dictateurs déchus, ces sommes colossales, prêtées avec une légèreté coupable, et dont l'essentiel est allé grossir les comptes numérotés des dictateurs en question, saigne les peuples. Elle les étrangle. Elle n'a, dans des pays dont la moitié du budget sert à la rembourser, plus aucun sens économique depuis longtemps. Sait-on, par exemple, que l'ensemble du tiers-monde, par le jeu des intérêts cumulés, a remboursé, depuis vingt ans, 3 350 milliards de dollars, soit deux fois le total de ce qu'il avait emprunté ? La dette est un scandale. Il est, non seulement juste, mais techniquement possible d'effacer la dette.

Les antimondialistes n'ont pas tort quand, pour lutter contre les effets dévastateurs de la spéculation sur les monnaies, ils en appellent à l'instauration d'un impôt mondial type « taxe Tobin », de faible montant, assis sur les mouvements internationaux de capitaux à court terme, et dont le produit serait affecté à un fonds d'aide aux pays les plus démunis.

Que cette taxe, prélevée chaque fois qu'une monnaie se convertit dans une autre, pose d'innombrables problèmes, à commencer par celui de l'indispensable unanimité qui devrait présider à sa naissance, c'est évident. Mais il n'est pas sérieux de dire, à l'âge de l'Internet et des paiements électroniques, que ces problèmes sont insolubles. Et, quand les partisans de la taxe calculent que le montant récolté dans la seule première année équivaudrait aux 125 milliards de dollars du coût, selon le sommet de Copenhague, d'un projet d'éradication de la pauvreté dans le monde, il est encore moins sérieux de leur opposer que l'argent n'est pas le problème, qu'aider n'est pas la solution, que l'objectif c'est « Trade, not Aid », etc., etc. Pourquoi pas Aid *et* Trade, messieurs les experts ? Pourquoi ne pas apprendre à compter jusqu'à deux et, en attendant mieux, sauver ce qui peut l'être, c'est-à-dire le corps des damnés ?

Les antimondialistes ont raison quand, face aux grandes épidémies du siècle, ils hurlent que les maladies sont au sud, mais que les médicaments sont au nord et qu'annoncer, comme à Gênes, la création d'un fonds de santé doté de moins du dixième des ressources réclamées, il y a deux mois, par Kofi Annan pour le seul traitement du sida, est une sinistre plaisanterie. Ils ont raison, oui. Et il faut n'avoir jamais vu, en Angola ou au Burundi, un mouroir à enfants sidéens, un village décimé par la malaria, une ville où un homme sur cinq marche avec des prothèses taillées dans des carcasses de voitures ou des pneus, pour ne pas se joindre à eux quand ils réclament un transfert d'urgence, et massif, de ressources médicales vers l'enfer des pays du Sud.

Les antimondialistes ont raison, enfin, de se battre pour que soient soustraits à la seule logique marchande ces « biens communs » que sont le climat, la santé, la sécurité alimentaire, les gènes, peut-être la culture. Ils se trompent, je le répète, quand ils partent en guerre contre le marché en tant que tel, la société de consommation, le libre-échange, les marques. Ils s'égarent quand ils attendent des Etats qu'ils définissent, à notre place, le sens qu'il convient de donner à l'existence. Mais ils ont raison, totalement raison, quand ils s'inquiètent d'un monde où la part de ce qui est gratuit dans la vie se réduirait comme peau de chagrin.

Bref. Que l'antimondialisme chasse de sa rhétorique les accents d'une idéologie millésimée qui signe trop souvent son appartenance au monde d'hier. Alors, et alors seulement, il prendra la place qui lui revient dans le débat intellectuel, politique, de l'Europe d'aujourd'hui.

3 août 2001.

Débattre avec les antimondialistes, 3.

Important courrier de lecteurs après mes deux blocs-notes consacrés aux antimondialistes. Berlusconi... Indulgence pour les « néogauchistes »... Légèreté en matière économique et financière... Projet « fou » et « utopique » d'effacer la dette des pays les plus pauvres... Tout y passe. Mais surtout, cette fameuse « taxe Tobin » dont l'idée circule depuis vingt ans, dont Attac s'est fait le porte-parole et qui consisterait à lever un impôt mondial sur les opérations de change entre monnaies. Je n'imaginais pas que cette vieille idée puisse déchaîner tant de passions. J'y reviens donc. Pour la dernière fois, mais j'y reviens.

Il est vrai – plusieurs lecteurs me le font observer – que la spéculation n'est pas forcément ce « mal absolu » dénoncé par les antimondialistes et qu'elle peut avoir aussi pour fonction de sanctionner une mauvaise gestion, une politique économique irresponsable, les abus d'une clique nationale corrompue et incompétente. Je dis seulement, et c'est l'évidence, qu'elle n'a pas toujours cette vertu ; que le spéculateur, s'il n'est pas un diable, n'est pas non plus cet ange à la main miraculeuse et heureuse ; je dis, en un mot, que je ne crois pas à la fable de la « main invisible » du marché, œuvrant dans le dos des hommes, et les menant automatiquement vers la justice et la prospérité.

Il est vrai que l'instauration de cette taxe Tobin, ou de toute autre taxe lui ressemblant, poserait de redoutables problèmes techniques. Je crois, simplement, qu'aucun de ces problèmes techniques n'est politiquement insurmontable. Je crois que des systèmes de messagerie bancaire électronique, du type de celui qu'a déjà mis en place la BCE pour rendre compatibles les dispositifs de paiement des Etats membres, rendent parfaitement possible l'identification, donc la taxation, des flux financiers. Et je crois surtout que, 80 % des transactions de change se faisant entre huit pays, il suffirait d'un accord entre ceux-ci pour que le mouvement soit lancé. La tâche est-elle au-dessus des forces du désormais fameux G8 ? Serait-ce plus difficile, vraiment, que d'avoir inventé l'euro ?

On me dit que les technologies modernes, si elles

permettent de « tracer » les flux, peuvent aussi produire l'effet inverse et qu'il suffirait à une banque de créer, par Internet, son système de paiement privé pour échapper à la taxe. C'est vrai et faux. Car il existe des accords internationaux qui, signés voilà onze ans par les banques centrales des dix principaux pays de la planète, permettent aux dites banques de contrôler l'accès à leur système officiel de paiement. En sorte que tout dépend, là encore, de la volonté politique des Etats – tout dépend de leur volonté, ou non, d'interdire l'accès à une firme qui aurait, pour éviter la taxe, instauré son système privé de transaction.

On me dit que le premier résultat de l'opération serait de faire fuir les capitaux vers des paradis fiscaux. Pas convaincant, là non plus. Car imagine-t-on les poids lourds du Dow Jones et du Footsie se délocaliser, en bloc, aux îles Caïmans ? Serait-il si facile aux grandes institutions financières, traditionnellement soucieuses de liquidité et de sécurité, de se transporter avec armes et bagages dans des contrées improbables et lointaines ? Et puis les Etats n'auraient-ils pas, de toute façon, en vertu du même droit de contrôle sur l'accès à leur espace financier, le loisir de sanctionner les capitaux tentés, néanmoins, de prendre ce risque ?

On dit enfin que la taxe, parce qu'elle confondrait les flux spéculatifs et les autres, parce qu'elle pèserait indistinctement sur ceux qui ne servent à rien et sur ceux qui contribuent à l'enrichissement des nations, aurait des effets pervers incontrôlables. C'est, là encore, un peu vite dit. D'abord parce qu'il n'est pas si difficile que cela de distinguer entre des capitaux productifs, investis, plus ou moins durablement, dans des entreprises réelles, et des capitaux voyageurs dont toute l'activité consiste à faire, un nombre indéfini de fois, la navette entre deux monnaies. Et puis ensuite parce que, impôt pour impôt, et pour autant que cet impôt soit voué, comme on nous le promet, à aider les laissés-pour-compte de la mondialisation, je ne vois rien de choquant, après tout, à ce que soit taxé, toutes activités confondues, l'ensemble de l'économie.

Un tout dernier mot. Je suis un mondialiste résolu. J'étais internationaliste naguère et je suis, pour les mêmes raisons, mondialiste aujourd'hui. Eh bien, je suis intimement persuadé que la taxe Tobin, cette idée, pour la première fois dans l'Histoire, d'instaurer un véritable impôt mondial, représenterait, du point de vue même du mondialisme, une avancée considérable. Payer un même impôt pour participer du même espace et, au fond, de la même conscience et de la même communauté : c'est le vieux secret des citoyennetés – pourquoi ne pas continuer ?

10 août 2001.

Walter Benjamin et le roman. Encore Jünger. Goethe et les Corses. Hegel, Rosenzweig et le peuple élu. Obscurité de Lacan ? Du lapsus en littérature.

La littérature « témoin de son temps » ? Tellement plus juste, la définition de Walter Benjamin : pas témoin, non, mais génitrice, instauratrice – origine, quand elle paraît, de ses propres présent, passé, futur, donc de son temps. Un écrivain ne dit pas son temps, il l'invente.

Un lecteur, à propos de Jünger et de ce que j'écrivais, voilà quelques semaines, de son protofascisme de jeunesse : « bien sûr, Jünger était antisémite ; mais, à l'époque, tout le monde l'était ». Et alors ? Etre un salaud quand tout le monde l'est et ne l'être plus quand nul ne l'est plus, n'est-ce pas ajouter la veulerie à l'infamie, l'opportunisme au crime, le manque de caractère à la saloperie ?

« L'espérance est passée au-dessus d'eux comme une étoile filante », écrit Goethe des amants maudits des « Affinités électives ». Ainsi du peuple corse assommé par ce nouveau meurtre qui éloigne encore un peu plus le si fragile espoir qu'incarnait le processus de paix de Matignon. Mais en même temps, quoi ? Quelle autre solution que ce processus ? Et, sauf à vouloir flinguer Jospin après avoir tué Santoni, sauf à tirer parti du malheur corse pour nourrir querelles et ambitions politiciennes, peut-on sérieusement soutenir que la réponse à ceux qui veulent briser le dialogue c'est de... briser le dialogue ? peut-on, comme Chevènement, Pasqua, consorts, envoyer le peuple corse, dans son ensemble, à la nuit où voudraient le précipiter les tenants de la politique de la kalachnikov ?

Cette vieille affaire d'« élection » qui empoisonne depuis des siècles la discussion sur le judaïsme – aujourd'hui encore, dans un colloque à l'université du Caire, ces intellectuels musulmans qui veulent y voir un habillage théologique de l'ubris israélienne. A tous ceux-là il faudrait pouvoir répondre ce que Franz Rosenzweig répondait aux hégéliens de son époque : « peuple élu » n'a jamais voulu dire peuple supérieur ; l'idée biblique d'« élection » n'a jamais été un privilège accordé, dans l'Histoire, à ce peuple-ci plutôt qu'à cet autre ; ce que ce concept désigne n'a, au demeurant, rien à faire du tout avec l'Histoire puisqu'il s'agit, au contraire, du statut métahistorique du peuple juif et de ce qui l'oppose, métaphysiquement, à l'existence historique des nations ; tous les peuples, chez Hegel, sont élus ; tous voient, ont vu ou verront un jour la « volonté de Dieu », ou l'« Esprit », se réaliser à travers eux – sauf, justement, le peuple juif.

Comme chaque année, à la même saison, une livraison de Lacan au programme de la rentrée littéraire. Lire Lacan ? Le relire ? Et ce, en passant outre à cette fameuse obscurité qui en a, depuis trente ans, découragé plus d'un ? Bien sûr. Plus que jamais. L'obscurité d'un grand penseur ou d'un écrivain n'est, après tout, qu'une façon de protéger son texte. L'usage de mots rares, de sémantèmes inhabituels, de tours syntaxiques inattendus n'est jamais – cf. Mallarmé – qu'un moyen de dérouter le lecteur, de casser ses automatismes d'intelligence et de lecture, bref de le contraindre à écouter. Vertus de l'obscurité. Danger de la grande clarté. Lire Lacan, donc.

Je ne parviens pas à comprendre pourquoi l'idée de « séparation unilatérale » avec les Palestiniens a tant de mal à faire son chemin, tant en Israël qu'aux Etats-Unis et en Europe. Car enfin, les choses étant ce qu'elles sont et le rêve d'une convivialité heureuse entre les deux peuples s'étant éloigné pour une durée que nul n'est en mesure d'évaluer, ce serait, sinon la solution (il n'y a pas de solution miracle), du moins la formule qui, aujourd'hui, permettrait de résoudre le maximum de problèmes en même temps (la sécurité d'Israël, l'évacuation des colonies de peuplement, un Etat pour les Palestiniens et, entre les deux Etats, une frontière claire, nette, qu'il appartiendrait à Tsahal de défendre comme, partout ailleurs dans le monde, se défendent les frontières disputées). J'y reviendrai.

Un romancier, dit-on, ne devrait parler que de lui-même. Ou encore : en littérature, soit c'est soi, soit c'est du faux, du bluff, de la haute littérature, de la littérature littératureuse, genreuse, prétentieuse, endimanchée, illisible. D'accord. Mais une question tout de même. Un écrivain est-il toujours si bien placé que cela pour savoir ce qu'il vit et comment il le vit ? Son idée fixe, son secret, sa manie essentielle, maladive même si elle est joyeuse, compulsive même si on la croit tapie dans les replis du texte, ne lui sont-ils pas plus obscurs encore qu'à quiconque ? Houellebecq, par exemple. Je pense, évidemment, à Houellebecq dont le livre sera l'un des événements de cette rentrée. Le plus intéressant, dans ce livre, et contrairement à ce que croit sans doute l'auteur, ce n'est pas la confession, mais l'aveu, presque les lapsus. Mais, là aussi, j'y reviendrai.

24 août 2001.

Jospin, personnage de roman. Israël, éternel coupable ?

Je n'aime pas trop, en principe, dire du bien des livres que publie Grasset, ma maison d'édition depuis presque trente ans (encore que je devrai peut-être me faire une raison pour le Lambron, que je viens juste de finir et qui, avec le Houellebecq, devrait, en bonne logique, dominer cette rentrée littéraire). Je n'aime pas trop ça, donc. Mais enfin il y a, dès cette semaine, en pleine actualité, le livre de Claude Askolovitch sur Jospin que tout le monde a l'air de prendre pour une biographie politique classique alors qu'il s'agit d'un livre tellement plus compliqué, subtil, retors, ambitieux, talentueux et, surtout, passionnant qu'une simple « bio ». Dès le printemps, quand Le Monde avait révélé l'incroyable longueur de la saison trotskiste du Premier ministre, j'avais écrit, ici même, que la vraie information était que le Jospin gris, sévère, austère, protestant, fermé, coincé, que l'on nous avait toujours présenté et dont il avait lui-même, du reste, entretenu la pieuse légende était en train de se révéler infiniment plus complexe et, peut-être, plus troublant qu'on ne le pensait. Eh bien, avec le « Lionel » d'Askolovitch, on est servis. Car ce n'est plus un homme politique qu'il nous dévoile, mais un personnage de roman. Et quel personnage ! Quel artiste de soi ! Quel virtuose, non seulement du secret, mais de la multiplication des vies, du cloisonnement entre ces vies, des fidélités conflictuelles et, quand il le faut, quand les identités contradictoires deviennent incompatibles et intenables, de la rupture. Il faut lire les pages sur la fin de l'épisode lambertiste. Il faut lire toutes les histoires de rupture, publiques et privées, qui parsèment cette vie, ce livre. Et le portrait de la mère. Et les femmes. Et Mitterrand, bien sûr, les relations avec Mitterrand, autre « personnage » s'il en est, autre « artiste de soi » – l'incroyable scène (que je trouve dans le second livre, celui de Serge Raffy, qui paraît, lui, au même moment, chez Fayard) où l'on voit le nouvellement nommé ministre de l'Education nationale, furieux d'apprendre qu'un de ses proches a été recalé par le président, prendre celui-ci au col, le plaquer contre le mur – une demi-seconde de plus, un battement de cils, et Jospin, oui, frappait François Mitterrand. Bref, cette vie est un roman. Ce livre se lit comme le roman de ce roman. Les Français ont-ils, aujourd'hui, envie de roman ? Sont-ils de nouveau prêts à porter le roman de la vie au pouvoir ? Tout est là. Il n'y a pas, dans ce pays, de question politique plus actuelle ni, pour l'heure, plus incertaine.

Depuis trente ans encore, concernant le conflit du Proche-Orient, je n'ai pas bougé d'un iota. Je suis partisan d'une paix de dialogue et de compromis. Je souhaite l'évacuation, par Tsahal, de ces fameuses colonies qui sont comme un poison à effets lents dans la société israélienne. Je suis favorable, surtout, au partage de la terre et à la création, à côté d'Israël, fût-ce au prix d'une séparation unilatérale, de l'Etat souverain auquel les Palestiniens ont droit. Mais enfin, tout cela étant dit, comment ne pas dire aussi combien me semblent, une fois de plus, étranges les réactions aux derniers développements de cette guerre ? Comment ne pas s'étonner de l'extrême violence des commentaires qui ont suivi, cette semaine, dans les chancelleries et une partie de la presse, la liquidation, à Ramallah, du chef du FPLP, Abou Ali Moustapha ? Si détestable que soit cette politique d'assassinats dits « ciblés » ou « sélectifs », peut-on la mettre sur le même plan, vraiment, que les attentats aveugles, non sélectifs justement, non ciblés, visant donc les innocents aussi bien que les combattants, des kamikazes palestiniens de Gaza ? Et quant à la victime elle-même, quant à cet homme que l'on nous présente comme un « modéré », un « homme de paix », un personnage dont la droiture « forçait le respect de tous », est-il permis de rappeler qu'il a été pendant vingt ans, avant d'en prendre la tête en juillet 2000, le chef militaire du FPLP de Georges Habbache ? qu'il porte la responsabilité, à ce titre, d'innombrables attentats, détournements d'avion meurtriers, tueries – y compris (et ce n'est pas, dans mon esprit, le moins grave) la tuerie de « Septembre noir », en Jordanie, le plus grand massacre de Palestiniens commis à ce jour ? Est-ce faire injure à ce combattant que de rappeler qu'il ne s'est rallié que très récemment, du bout des lèvres, aux accords d'Oslo signés, il y a huit ans, avec ce qu'il ne s'est jamais décidé à appeler autrement que l'« entité ennemie » ? Sans entrer dans le détail des « crimes » que lui imputent les Israéliens et dont je ne sais évidemment rien, faut-il rappeler les attentats à la voiture piégée dont le FPLP, sous sa direction, s'est fait une spécialité et qu'il n'a jamais hésité, depuis Damas ou Bagdad, à revendiquer ? Ces assassinats ciblés sont terribles, oui. Ils glacent le sang. Peut-être sont-ils aussi, comme semble le penser la presse à Tel-Aviv, tragiquement maladroits. Mais, de grâce, ne mélangeons pas tout. Et que l'émotion, légitime, ne soit pas de nouveau l'occasion d'entonner l'éternel refrain de l'éternelle culpabilité israélienne.

31 août 2001.

Vision de cauchemar : l'antiracisme, matrice de l'antisémitisme...

Ce qui vient de se passer à Durban est une honte.

Passe encore que la focalisation sur le Proche-Orient ait occulté tout le reste et que ceux qui venaient à la Conférence mondiale contre le racisme dans l'espoir d'entendre parler des victimes du système des castes en Inde, du racisme d'Etat au Tibet, du génocide rwandais, du risque de génocide au Burundi, des femmes afghanes, des Tsiganes d'Europe centrale, des chrétiens des Moluques, des Dioulas musulmans de Côte d'Ivoire, en aient été pour leurs frais.

Passe aussi que la question de l'esclavage, du crime absolu qu'il constitue et des justes réparations dues aux peuples africains martyrs ait été réduite à sa plus simple expression par un anti-occidentalisme primaire, débile, pavlovien – passe que l'on ait complètement évacué toute cette autre histoire de l'esclavage, interne à l'Afrique, transsaharienne, dont l'Occident n'est pas coupable et qui (je l'ai vu, par exemple, au Sud-Soudan) perdure jusqu'aujourd'hui.

Le plus honteux, le plus grave, c'est cette déclaration finale du Forum des ONG qui, choisissant de faire d'Israël le bouc émissaire de tous les crimes dont on ne souhaitait donc apparemment pas parler et renchérissant, pour ce faire, sur la fameuse résolution onusienne de 1975 assimilant le sionisme au racisme, qualifie Israël d'« Etat raciste », lui impute une politique d'« apartheid » et parle des « actes de génocide », voire des « crimes contre l'humanité », dont il se rendrait coupable vis-à-vis des Palestiniens.

Il va de soi, on est presque gêné d'avoir à le rappeler, que le gouvernement de l'Etat d'Israël est aussi critiquable, ni plus ni moins, que n'importe quel autre gouvernement au monde.

J'ai dit cent fois, je répète, qu'il est non seulement acceptable mais, à mes yeux du moins, juste, nécessaire, de dénoncer l'occupation de la Cisjordanie et de Gaza, les méthodes musclées du Mossad, voire, dans les premiers temps de l'Intifada, la brutalité démesurée de la riposte de Tsahal.

Mais passer de ces fautes réelles à des fautes imaginaires (faut-il rappeler qu'il y a des officiers druzes et des députés arabes en Israël ? que les citoyens arabes y jouissent des mêmes droits civiques que les citoyens juifs ? et que le mot même d'« apartheid » n'a donc, en la circonstance, aucun sens ?), pire : inférer de la condamnation normale de telle ou telle politique, de tel ou tel gouvernement, à une condamnation globale de ce qui fait l'assise, le principe même, l'être d'Israël (faut-il rappeler qu'avant d'être cette insulte planétaire dont se gargarisaient les délégués de Durban, « sioniste » est le nom d'un mouvement de libération nationale ? que ce mouvement de libération nationale est le fondement de l'Etat hébreu ? que vouloir un Israël sans sionisme est une façon politiquement correcte de vouloir la fin d'Israël en tant que tel ?), voilà qui n'a jamais été fait, nulle part, à propos d'aucun autre pays au monde ; voilà ce que le pire adversaire, autrefois, de la guerre du Vietnam ou de la guerre d'Algérie n'a jamais osé dire des Etats-Unis ou de la France ; et voilà où, proprement, réside l'ignominie.

Le plus navrant, dans cette affaire, c'est que la

cause de l'antiracisme serve à justifier pareille forfaiture.

Le plus navrant, le plus inquiétant, serait que la lutte contre ce crime récurrent qu'est le racisme puisse, sur fond de concurrence victimaire, servir de tremplin à une nouvelle flambée de haine qui, soit dit en passant, ne remédierait en rien à la douleur palestinienne.

L'antiracisme, matrice d'une nouvelle forme d'antisémitisme ? C'est une vision de cauchemar. Pour tous ceux qui ont toujours tenté de mener ensemble les deux combats, pour ceux qui se sentent aussi concernés par un meurtre raciste que par un attentat antisémite, pour ceux qui jugent les déclarations de Houellebecq contre l'Islam aussi lamentables que celles de Renaud Camus contre les Juifs, bref, pour les tenants de cette grande alliance qu'incarna par exemple, en France, un mouvement comme SOS-Racisme, ce serait une défaite cuisante. Mais c'est une question que, après Durban, il est difficile de ne pas poser.

7 septembre 2001.

La « guerre des civilisations » n'aura pas lieu. Quand Massoud me donnait l'adresse de Ben Laden.

On reparle, ces temps-ci, de ce professeur américain, Samuel Huntington, qui annonçait, voilà dix ans, après la chute du mur de Berlin, l'apparition d'un nouveau conflit qui serait celui du XXIe siècle et qui nous opposerait à l'Islam.

Je crois que Huntington a tort.

Je crois, plus exactement, que les démocraties ne gagneront la guerre qui vient de leur être déclarée que si elles refusent, de toutes leurs forces, de céder aux facilités manichéennes de cette théorie de la « guerre des civilisations ».

Que les kamikazes du World Trade Center soient musulmans, c'est un fait.

Qu'une partie de la rue, à Gaza, Bagdad, Damas, Islamabad, voie ces kamikazes comme des nouveaux martyrs venus venger, dans le sang, les torts faits à la « nation arabe », c'est un autre fait.

Et c'est encore un fait qu'il y a, dans le corps même de l'Islam, comme dans n'importe quel corpus religieux, des lambeaux de tradition, des textes, susceptibles d'être instrumentalisés par les tenants du pire – et il faudra bien, soit dit en passant, que les intellectuels musulmans, les docteurs de la foi, les autorités morales, politiques et spirituelles de l'Islam se décident à le dire et à désavouer haut et fort ceux qui prétendent que l'attentat suicide est la voie royale qui mène au paradis.

Mais je pense néanmoins que Huntington et ses nouveaux dévots s'égarent ; je pense qu'il serait à la fois criminel et suicidaire d'emboîter le pas, dans l'émotion, aux théoriciens d'une guerre des civilisations dont la forme présente serait le choc frontal entre l'Occident et l'Islam ; et je le crois pour toute une série de raisons – théologiques, stratégiques, presque sémantiques...

Sémantiques : quel cadeau au terrorisme quand on qualifie la guerre qu'il nous déclare de guerre « de civilisations » ! quelle victoire, pour les assassins, si leur guerre barbare, leur guerre de non-civilisation, se voyait auréolée des merveilleux prestiges d'un choc entre « visions du monde » !

Stratégiques : nul ne sait ce que veut Ben Laden ; nul, peut-être même pas lui, ne connaît son programme, son projet ; mais il y a une chose, tout de même, qui est claire – c'est qu'il rêve, en effet, de voir le monde arabo-musulman basculer tout entier dans la haine de l'Occident, renverser ses dirigeants à la solde du Grand Satan et communier dans le culte de ses nouveaux rédempteurs ; faut-il, alors, lui offrir ce dont il rêve ? faut-il, en faisant, nous aussi, l'amalgame entre islamisme et islam, travailler à cette radicalisation qui est son but de guerre ? comment ne pas voir, en un mot, que le meilleur disciple de Huntington s'appelle aujourd'hui Ben Laden ?

Théologiques, enfin : j'ai beau ne pas être, tant s'en faut, un spécialiste de l'Islam ; je sais, nous savons tous, que l'Islam n'est pas un bloc ; je sais, nous savons tous, qu'il est, aujourd'hui comme hier, le théâtre d'un affrontement d'une exceptionnelle intensité entre les tenants de la régression et les courants éclairés qui refusent la caricature que certains donnent de leur foi ; si la guerre, en d'autres termes, n'oppose pas l'Occident à l'Islam c'est qu'elle passe à l'intérieur de l'Islam lui-même ; nous ne la gagnerons, cette guerre, que si nous mettons autant d'énergie, demain, à saluer et soutenir ces courants libéraux que nous en mettrons, bientôt, à frapper, comme il se doit, tous ceux qui, de près ou de loin, ont trempé dans la tuerie.

Un dernier mot. Il m'est difficile de ne pas écrire ici le nom de celui qui fut l'incarnation de cet Islam éclairé en lutte contre l'intégrisme : le commandant Massoud. Je connaissais un peu Massoud ;

j'avais, à plusieurs reprises depuis vingt ans, dans ce bastion du Panchir que nous pensions inviolable, eu l'occasion d'admirer ce tempérament de résistant qui faisait la guerre sans l'aimer ; et c'est une première raison de lui rendre hommage. Il a été assassiné, étrangement, quelques heures à peine avant l'attaque contre New York ; et tout s'est passé comme si la moderne secte des assassins, décidément experte en terreur, avait anticipé la riposte américaine et l'avait privée, par avance, de celui qui, sur le terrain, eût été son meilleur allié – autre raison de l'évoquer. Et puis comment ne pas songer enfin à cet épisode récent et si révoltant : Massoud sortant, au printemps dernier, pour la première fois, de son réduit afghan pour venir, depuis la France, avertir le monde des terribles dangers que lui faisait courir l'islam des taliban et de leurs alliés – et la France qui le reçut si mal ; et les autorités de la République qui se dérobèrent de si piteuse façon ; et le monde qui, par-delà la France, choisit de ne pas entendre et de laisser la sentinelle rejoindre tristement son armée des ombres. Ma dernière conversation avec Massoud, que j'avais rapportée dans Le Monde. « Introuvable, Ben Laden ? » Il se pencha sur une carte, mit le doigt sur la ville de Kandahar : « il est là, dans une maison prêtée par Mollah Omar, le chef des taliban, dans la même rue que lui ».

21 septembre 2001.

Et si les GI libéraient l'Afghanistan ? Gare à l'antiaméricanisme. Le retour de Céline.

Je mettais en garde, la semaine dernière, contre les dangers de l'amalgame entre islam et islamisme. Je voudrais attirer l'attention, aujourd'hui, sur trois autres erreurs, trois autres amalgames, qui font, eux aussi, l'air du temps et ne sont pas moins périlleux.

L'idée, d'abord, d'un inévitable enlisement des Américains dans un Afghanistan sur lequel d'autres – Anglais... Soviétiques... – se sont, avant eux, cassé les dents. Tout est possible, bien entendu. Y compris, en effet, un scénario-catastrophe du type de l'opération « Restore Hope » en Somalie. L'erreur, cela dit, serait d'établir un parallèle avec l'intervention de l'Armée rouge en 1979, qui n'a, elle, rien à voir. Les Soviétiques venaient pour envahir et rester ; les Américains viendraient pour démanteler un réseau terroriste. Les Soviétiques faisaient la guerre à toute une société ; les Américains la feraient à un régime, celui des taliban, dont nous savons qu'il est, lui, pour le coup, un quasi-pouvoir d'occupation, imposé par le tuteur pakistanais et haï par l'immense majorité des Afghanes et des Afghans. Les Soviétiques avaient face à eux – tous ceux qui, à l'époque, firent le voyage à Peshawar, puis en Afghanistan, s'en souviennent – l'union sacrée de toutes les forces vives du pays ; les Américains pourraient compter, à l'inverse, sur l'appui moral et militaire des héritiers de la moitié desdites forces, l'Alliance du Nord de feu le commandant Massoud. Bref, l'Armée rouge apparaissait, à juste titre, comme une armée coloniale, venue écraser une population sans défense et qui résistait ; les commandos de rangers américains et de SAS britanniques, s'ils parvenaient à chasser les taliban, apparaîtraient, eux, au contraire, comme une force de libération – ils seraient perçus et reçus, dans toute une partie du pays, comme des sauveurs ; leur victoire sur Ben Laden et sur Mollah Omar signifierait ni plus ni moins que la délivrance du peuple afghan.

L'antiaméricanisme. Il est vrai que, pour l'heure, la solidarité avec les victimes du World Trade Center semble sans faille et que, des chefs de gouvernement aux leaders d'opinion, un consensus semble s'être établi pour ne pas faire aux terroristes le cadeau de nos dissensions. Mais en même temps... Ces petites phrases, ici ou là, sur l'« arrogance » américaine.... Ces très légères prises de distance – bien arrogantes, elles, pour le coup – à l'endroit de la supposée brutalité d'une riposte dont, en réalité, nous ne savons rien... Les mines entendues des stratèges de café du commerce et des éternels Norpois (il y a, dans Proust, des portraits désopilants de ces chroniqueurs militaires du dimanche), que Bush, sic, « ne rassure pas »... Toutes les belles âmes qui, mélangeant tout, et confondant deux combats qui n'ont rien à voir, disent leur haine du serial killer des couloirs de la mort texans et concluent que, à cet homme-là, il est exclu d'accorder la moindre confiance... Et puis, pis encore, plus sournoises et, pour le coup, proprement abjectes, ces analyses que l'on commence d'entendre sur ce qui, dans la politique américaine de ces dernières années, a pu produire les frustrations, les colères, voire les révoltes débouchant, aujourd'hui, sur le viva la muerte des kamikazes. A ceux que ce petit jeu pourrait tenter, faut-il rappeler qu'il y a des manières d'expliquer qui ne font que justifier et légitimer ? Faut-il leur rappeler aussi, à ceux-là, que l'antiaméricanisme de principe est, dans la France de Maurras et Doriot, à gauche comme à droite, un des thèmes de prédilection de la culture antidémocratique ?

Et puis Israël, enfin. Que la politique d'Israël ne soit, pas plus que celle des Etats-Unis, irréprochable, cela va sans dire. Que l'Etat israélien comme tel ait commis, dans le passé récent, des fautes graves, je n'ai, ici même, cessé de le répéter. Et je crois même, pour ma part, qu'en « benladenisant » Arafat, en s'opposant à maintes reprises, comme il l'a fait, à ce que son ministre des Affaires étrangères le rencontre, Ariel Sharon a fait la preuve, une fois de plus, qu'il n'est pas l'homme d'Etat que, en la circonstance, mérite la démocratie israélienne. Mais fallait-il pour autant, comme l'ont fait nombre de commentateurs, nous dire, le jour même de l'attaque contre les Tours, qu'elle était une réponse au blocage du processus de paix ? Fallait-il, pour un acte de guerre dont la préparation exigea des mois sinon des années, laisser entendre, voire déclarer, qu'il était une riposte à la liquidation, quelques jours plus tôt, du chef du FPLP ? Et que penser enfin de ces autres Norpois qui commencent de nous expliquer – à mi-voix pour le moment ; mais le ton monte... – que la clé du problème se trouve au Proche-Orient et que cette clé, c'est l'« intransigeance israélienne » ? Factuellement, c'est inexact : il suffit de lire les fatwas de Ben Laden pour comprendre que sa haine vise, bien au-delà d'Israël, l'Occident en général et le matérialisme démocratique en particulier. Pour ceux qui ont de la mémoire et des réflexes, c'est, surtout, une rengaine tragiquement familière : Céline ne disait pas autre chose quand, dans « L'école des cadavres » et « Les beaux draps », il stigmatisait la figure du Juif fauteur de guerre précipitant le monde dans la tourmente.

28 septembre 2001.

Quel deuil pour les Twin Towers ?

Vive discussion, avec des amis new-yorkais, sur la question de savoir ce qu'il faudra faire des tours jumelles dévastées par les attentats suicides du 11 septembre.

Une ruine définitive comme, à Sarajevo, la bibliothèque incendiée ?

Un musée ? Un mémorial ? Une gigantesque école ? Un parc ? Une pierre, désormais presque sacrée ? Une plaque, comme à Yad Vashem, avec juste les noms des 5 641 victimes ? Un tombeau ? Une nécropole ? Un cimetière américain de Normandie ? Un hologramme ? Un espace, juste un espace, rappelant que la mort est là, dans la vie, dans la ville, qu'il ne sera plus jamais permis de l'oublier ?

Les reconstruire, au contraire ? Si oui, comment ? A l'identique ? Plus grandes ? Plus hautes encore ? Et, dans ce cas, si on décide, oui, pour ne pas céder au terrorisme, de renchérir, de répondre au défi par le défi et de rebâtir les Twin Towers, qu'en fera-t-on ? Vides ? Ré-habitées ? Par qui ?

Bref, comment une ville fait-elle avec ses lieux d'horreur et de martyre ? Qu'y a-t-il lieu de faire, dans une ville, des lieux gorgés de la douleur des hommes et des pierres ? Comment fabrique-t-on de la mémoire avec cela ? Comment l'inscrit-on, cette douleur, sur une peau d'asphalte et de béton ?

Quel est le but, d'ailleurs ? Le vrai but ? Exorciser l'événement ou mieux s'en souvenir ? L'effacer ou en garder la trace à jamais ? Répondre au terrorisme ? Redresser les pierres à défaut de ressusciter les hommes ? Une enchère ? Une revanche ?

Le débat, oui, s'installe dans « l'opinion éclairée » new-yorkaise. Toutes les sensibilités s'expriment. C'est comme une immense, et terrible, psychanalyse à ciel ouvert. Avec tout de même, chez certains et, en tout cas, chez moi, un très léger malaise.

Est-ce bien le moment, d'abord ? N'est-il pas terriblement tôt pour se poser ce type de questions et, surtout, vouloir y répondre ? L'Allemagne a mis cinquante ans. A propos d'un événement, certes immense, il lui a fallu cinquante ans de controverse et de recueillement avant de décider quelle forme aurait, à Berlin, le mémorial de la Shoah. Suffira-t-il, à New York, de quelques semaines ? quelques mois ? faut-il, à toute allure, et au forceps, accoucher la chose de sa vérité ?

Statut de l'événement, ensuite. Sommes-nous bien certains, à l'heure qu'il est, d'en prendre la juste mesure ? Evénement énorme, certes. Sans précédent. Mais, et après ? Quand un événement est, comme celui-ci, en mal de postérité, quand nul ne sait encore la suite que l'Histoire lui donnera, quand nul n'a la moindre idée de la façon dont le futur, même proche, saura le ré-improviser, l'urgence n'est-elle pas d'attendre, d'en dire le moins possible et d'attendre – laisser, non les morts enterrer les morts, mais le temps donner son sens à une séquence de temps si brève (quelques secondes) en même temps que si lourde de conséquences (peut-être une guerre, peut-être pas – qui sait...) et, en tout cas, indéchiffrable ?

Les morts eux-mêmes, enfin. Pour quels morts, au juste, un mémorial ? Pour qui un musée, un lieu vide, un hologramme ? Ce qui est frappant, dans cette affaire, c'est que nous ne savons à peu près rien, finalement, des victimes elles-mêmes des attentats. Pas d'images des corps, on le sait. Pas d'images des restes des corps. A peine des noms. Quelques visages. C'est comme si l'Amérique, hébétée, tardait – et comme on la comprend ! – à prendre la mesure de l'épouvante. C'est comme si elle peinait – mais comment faire autrement ? – à regarder en face le visage même du désastre et de ses morts sans corps. C'est comme si, au fond, elle ne parvenait pas à prendre clairement conscience de ce retour du Tragique là même où l'on pensait que l'Histoire était finie et le Mal presque aboli.

On ne peut pas ne pas se demander, alors, si ce débat prématuré sur le destin des tours ne viendrait pas à la place des questions que l'on ne veut ni ne peut encore se poser. On ne peut éviter de songer que l'on ne ferait pas tant de bruit autour de ces projets de mémorial si l'on n'avait pour obscur souci de ne surtout pas avoir à dire les noms ni montrer les corps des morts du 11 septembre.

Mon seul conseil, alors, aux amis new-yorkais : on ne fait pas de la mémoire sur quelque chose qui n'a pas été montré.

Le très humble et très fraternel avis de quelqu'un à qui il est arrivé d'être confronté, ailleurs, à l'indicible horreur d'un charnier : commencer par montrer les corps ; commencer, comme pour tous les charniers du monde, par publier les visages, épeler les noms – et ensuite seulement le monument.

5 octobre 2001.

Un mois et un jour après le World Trade Center : ce qui n'est plus supportable...

Ce qui n'est pas supportable, c'est d'entendre partout répéter que l'Amérique, avec le carnage du World Trade Center, n'a eu que ce qu'elle méritait et qu'elle paie son arrogance.

Ce qui n'est pas supportable, c'est l'idée, méprisante pour les intéressés, raciste, que le terrorisme kamikaze serait le dernier recours des démunis et l'islamisme radical l'anti-impérialisme des Arabes.

Ce qui n'est pas supportable, ce sont les déclarations de Noam Chomsky voyant en Ben Laden (interview à Radio Belgrade, reprise dans Libération du 6 octobre) un homme « opposé aux régimes corrompus et répressifs de la région, scandalisé par le long soutien des Etats-Unis à Israël ».

Ce qui n'est pas supportable, c'est, d'une façon générale, le long murmure qui monte, presque partout, et qui fait d'Israël – non seulement sa politique, mais son existence même – la source du terrorisme et, donc, de tous nos maux.

Ce qui n'est pas supportable, c'est le nombre de crétins qui vont partout répétant : « rien ne serait arrivé si Israël avait donné un Etat aux Palestiniens » : Israël l'a donné, cet Etat ; c'est un fait que Barak, à Camp David, il y a un an, a fini par le donner, et que ce sont les Palestiniens qui, alors, l'ont refusé ; et cela n'a évidemment rien changé au déferlement qui se préparait.

Ce qui n'est pas supportable, c'est d'entendre poser, sur la désormais fameuse chaîne Al-Jezira, la question : « à qui profite le crime » – et ce qui est carrément abject c'est de voir le présentateur de ladite chaîne prétendre que, comme par hasard, des milliers de juifs américains ne seraient, le matin du 11 septembre, pas allés à leur bureau du World Trade Center.

Ce qui n'est pas supportable, c'est de lire partout « la CNN arabe », ou « la chaîne indépendante en continu Al-Jezira », alors qu'il serait tellement plus simple de dire : « la chaîne de Ben Laden ».

Ce qui n'est plus supportable, c'est la quantité croissante d'anti-Américains pavlovisés qui vont partout répétant : « Bush le cow-boy... Bush le boucher... l'Amérique et les gros sabots de Bush... », quand ce qui frappe, c'est, qu'on le veuille ou non, la mesure, la retenue, l'habileté tactique et stratégique dont fait preuve, à l'heure où j'écris, mercredi matin, la riposte de George Bush.

Ce qui n'est pas supportable, c'est l'idée, ressassée jusqu'à la nausée, d'une Amérique lancée dans une croisade globale contre l'islam et les musulmans : qui, sinon l'Amérique, a volé au secours des musulmans de Bosnie ? du Kosovo ?

Ce qui n'est pas supportable, c'est la fausse symétrie Bush-Ben Laden – ce qui n'est pas supportable, c'est, comme par exemple Toni Negri, de renvoyer dos à dos taliban du pétrole et du dollar et de confondre, de la sorte, un injustifiable massacre et un acte de légitime défense.

Ce qui n'est pas supportable, c'est d'entendre un

candidat à la présidence de la République, Jean-Pierre Chevènement, dire que Talamoni est un Ben Laden corse (ainsi que, bien entendu, un Premier ministre en exercice, Ariel Sharon, renvoyer le compliment à Arafat).

Ce qui n'est pas supportable, c'est de nous présenter Tony Blair en valet des Américains au moment même où il trouve des accents churchilliens qui font cruellement défaut, pour l'instant, au reste de l'Europe.

Ce qui n'est pas supportable, c'est la bêtise de Berlusconi disant la « supériorité » de la civilisation occidentale ; mais ce qui est tout aussi insupportable c'est de nier que les civilisations de l'espace arabo-musulman gagneraient en excellence si elles adoptaient enfin, et en masse, les principes de libre examen, laïcité, tolérance, séparation des cultes et de l'Etat auxquels l'Occident, lui, au terme d'un long combat, s'est rallié.

Ce qui n'est pas supportable, c'est, nous l'avons tous assez dit, l'amalgame entre islam et islamisme ; mais ce qui ne serait pas non plus supportable, ce serait de voir l'islam, au nom du non-amalgame, se refuser à l'examen de conscience puis à l'aggiornamento auxquels les autres grands monothéismes se sont astreints depuis quelques siècles – ce qui est insupportable, et navrant, c'est qu'il se soit trouvé, depuis le 11 septembre, en Europe comme dans le monde arabe, si peu d'oulémas, d'intellectuels, d'autorités spirituelles, morales ou politiques de l'islam, pour dire avec force que les taliban sont des fascistes verts, que le martyre des kamikazes n'est pas le chemin du paradis et que les appels au meurtre du gourou d'Al-Qaeda, dimanche dernier, étaient une insulte au message de miséricorde du Coran.

Ce qui n'est pas supportable, c'est le parfum de ratonnade que l'on a senti monter, dans certaines métropoles occidentales, au lendemain du 11 septembre ; mais ce qui n'est pas moins insupportable c'est qu'il se trouve, dans les banlieues, des hommes et des femmes pour voir en Ben Laden un saint ou un héros.

12 octobre 2001.

Voir « Sobibor », le film de Claude Lanzmann.

D'autres diront, mieux que moi, la grande beauté du nouveau film de Claude Lanzmann, « Sobibor ».

D'autres diront, ou ont déjà dit (Jean-Michel Frodon, dans Le Monde de ce mercredi), la place qu'il occupe déjà, dans l'histoire du cinéma, entre « Le dictateur » de Chaplin et le « To be or not to be » de Lubitsch.

Je pourrais dire moi-même la bouleversante fidélité de cette quatrième œuvre à la « manière Lanzmann » de faire du cinéma, de raconter, de réaliser des films avec du rien et du silence – de partir, en somme, de ce que l'auteur appelait, il y a quinze ans, « l'absence radicale de trace » et d'en faire des monuments de mémoire et de vérité : jamais d'archives ; refus, proprement iconoclaste, du rapport traditionnel à l'image ; le contraire d'une « reconstitution » du passé, d'une « illustration » et même d'une « incarnation » ; juste un récit (celui de Yehuda Lerner, survivant de l'insurrection juive du camp d'extermination de Sobibor, le 14 octobre 1943) ; juste un choral de visages et de voix autour de ce récit (Lerner donc ; mais aussi la traductrice ; et, encore, la voix puissante et froide de Lanzmann interrogeant, pressant, revenant sur un détail, interrogeant encore) ; et, face au projet nazi de produire des cadavres et, dans le même geste, de faire disparaître la trace de cette production, une résurrection élocutoire des morts et des survivants.

Si ce film, pourtant, me paraît si important, s'il me semble si essentiel, aujourd'hui, octobre 2001, de se précipiter dans les salles pour le voir, c'est pour, au moins, trois autres raisons.

On a trop dit, d'abord, la passivité des juifs face à la Solution finale. On a trop insisté sur la soi-disant inconscience des victimes marchant au supplice « comme bêtes à l'abattoir ». Voici l'autre volet de l'Histoire. Voici le récit, pour la première fois si détaillé, d'une insurrection juive au cœur de la machine de mort nazie. Ce pourrait être Treblinka (2 août 1943). Ce pourrait être la révolte des Sonderkommandos de Birkenau, chargés de la crémation des corps après le passage par la chambre à gaz et qui, dans la même journée (7 octobre 1944), se soulèvent, exécutent quelques-uns de leurs gardiens et font sauter à l'explosif l'une des quatre chambres à gaz. C'est Sobibor, donc – ce sont deux heures de cinéma pour raconter ce moment infime, cet instant, où, d'un coup de hache impeccable, Yehuda Lerner fend le crâne d'un officier nazi et déclenche ainsi l'une des insurrections réussies dont les camps d'extermination furent le théâtre.

On a trop dit, on continue trop souvent de dire (ici même, le livre de Benbassa et Attias), le caractère sourdement « doloriste » d'un judaïsme figé dans la seule remémoration du martyre – on a dit trop de bêtises sur cette prétendue « religion de la Shoah » et, au fond, de la mort à quoi se réduirait l'imaginaire juif contemporain. Voici un autre imaginaire. Voici un personnage magnifique qui nous raconte une histoire, non de mort mais de vie, non de désespoir mais d'espoir. Voici un héros juif qui, mieux encore que les humbles combattants du ghetto de Varsovie, vient rappeler la dimension de résistance qui est aussi au cœur de la pensée juive moderne. Il y a plus de vingt ans, dès 1979, au moment même où, à Jérusalem, en plein tournage de « Shoah », Lanzmann rencontrait Lerner et filmait son témoignage, je plaçais l'un de mes premiers livres, « Le Testament de Dieu », sous l'invocation des insurgés anonymes de Sobibor. Quelle joie de les voir, grâce à un grand artiste, trouver leur visage, l'habiter et donner en quelque sorte leur nom à ce film éponyme qui sera à la résistance juive ce que fut « Shoah » à la Shoah : non pas exactement la relation, mais la constitution même de la chose en événement.

L'époque, enfin, est celle d'une confusion très grande quant à ce qu'il en est de la « violence », du « courage », du « terrorisme ». Et il n'est pas de jour où, tant à propos d'Israël qu'au sujet des tueurs fous du World Trade Center, l'on ne nous rebatte les oreilles d'une prétendue « escalade » contemporaine de la violence et du crime. Eh bien, écoutez encore Yehuda Lerner. Ecoutez Lanzmann demander « est-ce qu'il avait déjà tué, avant, Monsieur Lerner ? ». Ecoutez le récit patient de ce « millième de seconde » où ce « gosse » qu'était Lerner et qui, « avant », n'aurait, nous dit-il, jamais pu

« tuer une mouche », coupe en deux le crâne de l'officier nazi. La violence d'un non-violent... La conquête du courage et de la force... Cette fragilité, cette angoisse, dont Lanzmann ne cesse de dire – encore, ces jours-ci, son interview-fleuve aux Cahiers du cinéma – qu'elles demeurent au cœur de la réappropriation moderne de la violence par les juifs... Tout est là. Tout est dit. Ce quatrième film, ce récit qui vient, non seulement après « Shoah », mais après le très beau et méconnu « Tsahal », est aussi le plus efficace des contre-feux à la redoutable bêtise de ceux qui, ces jours-ci, commencent de nous raconter que Ben Laden égale Sharon ou qu'il n'y aurait pas de kamikazes sans violence juive en Palestine.

19 octobre 2001.

Dommages collatéraux ? Bush-Ben Laden même combat ? Crétinisme américain ? Et si les Palestiniens avaient un Etat ? Al-Hayat contre Al-Jezira ? La guerre toujours.

Les guerres, autrefois, duraient cinq ans, sept ans, trente ans, cent ans ; celle-ci ne dure que depuis un mois ; et certains trouvent déjà le temps long. Ravage des jeux vidéo ? Trop grande habitude du zapping ?

Dommages « collatéraux », nous dit-on... Cette guerre serait condamnée par ses terribles dommages collatéraux... L'objection est plus sérieuse. Et l'idée d'un seul civil, d'un seul innocent, mort sous une bombe américaine donne la nausée. Mais comment faire autrement ? Les Américains, quand ils bombardaient les Allemands en Normandie, en 1944, n'atteignaient-ils pas, aussi, des innocents ? Et cela les empêcha-t-il d'être accueillis en libérateurs ? Je continue de penser que cette guerre d'Afghanistan est, aussi, une guerre de libération. Je continue de croire que la victoire des armées alliées sera vécue, sur place, comme la délivrance du peuple afghan.

Bush-Ben Laden même combat ? On commence d'entendre cela. On commence, au-delà même de la navrante Arlette Laguiller, d'entendre les habitués du café du commerce renvoyer dos à dos les « terroristes d'Etat » et ceux d'Al-Qaeda. Ce n'est pas seulement inepte. C'est infâme. Car c'est l'argument même du munichisme. C'est le raisonnement de ceux qui, en 1940, à gauche autant qu'à droite, renvoyaient dos à dos la City et Hitler. Ce sont les propres mots de ces autres antiaméricains qui, à l'époque déjà, refusaient de choisir, sic, entre « l'impérialisme anglo-saxon » et le nazisme. L'antiaméricanisme ? Une vieille passion française. Un vieux réflexe conditionné. Pour qui connaît, un peu, l'histoire des idées dans notre pays, c'est un thème qui naît à l'extrême droite et qui, au fond, y est resté.

Serait-il interdit, alors, d'émettre des réserves sur la façon dont Bush mène cette guerre ? Et le refus de l'antiaméricanisme, mêlé à la haine du terrorisme coranique, devrait-il faire taire les autres reproches concrets qu'il y a lieu d'adresser aux Américains concrets d'aujourd'hui ? Non, bien entendu. Compter jusqu'à deux, avoir deux idées à la fois, combattre, par exemple, la peine de mort aux Etats-Unis en même temps que l'on soutient leur juste guerre contre l'Etat taliban devrait être, me semble-t-il, à la portée des consciences occidentales. Pour ma part, en tout cas, je récrirais, au mot près, ce que j'ai pu dire, ici même, l'été dernier, du côté « serial killer » de Bush, ou de son hostilité au protocole de Kyoto, ou même de sa vision d'une mondialisation échevelée, privée de contre-pouvoirs – mais je n'en ajoute pas moins que cet homme que l'on nous présentait partout comme un personnage obtus ou un crétin a fait montre, jusqu'ici, dans la guerre, d'une vraie intelligence tactique et stratégique.

Taliban modérés, murmure-t-on encore... Il faudrait aider, soutenir, l'aile modérée des taliban... Et ce discours-là, pour le coup, on l'entend aussi, hélas, du côté de chez certains idéologues du Département d'Etat... Question : les mêmes auraient-ils osé parler de « fascistes modérés » ? auraient-ils dit « aile éclairée du nazisme » ? Autre question : imaginons un instant Massoud vivant ; imaginons un Massoud que nous aurions écouté, aidé, lorsqu'il est venu, au printemps dernier, à Paris, tirer les sonnettes d'alarme de l'Elysée et de Matignon – et imaginons que ce Massoud-là soit toujours aux commandes de son armée ; n'est-ce pas très exactement le genre de sottises que l'on aurait du mal à proférer ? cette idée d'un ordre taliban avec lequel on pourrait composer, n'est-ce pas le type même d'idée que la présence de Massoud rendrait absurde, caduque ?

Et si les Palestiniens avaient un Etat, me demande encore, faussement naïf, un journaliste ? Ben Laden en serait-il là, sa parole rencontrerait-elle le même écho, si les Palestiniens avaient obtenu gain de cause ? Je lui réponds ce que Massoud, justement, m'avait dit de Ben Laden. A savoir qu'il se moquait bien de l'islam, qu'il se fichait des Palestiniens et que tout cela – l'islam, les Palestiniens... – n'a jamais été, pour ce chef de secte opportuniste, qu'un moyen parfaitement cynique d'instrumentaliser la rue arabe. Ben Laden, disait Massoud, a eu des combattants au Liban, en Afghanistan, en Tchétchénie, peut-être en Bosnie. Il n'en a jamais eu en Palestine. Pourquoi ?

Où est, me demande enfin un lecteur, votre « islam modéré, éclairé, etc. » ? Où voyez-vous des musulmans « raisonnables », acceptant de ne pas imputer au seul Occident l'origine de leurs problèmes ? Eh bien, un exemple. Un seul. Mais il est de taille. « Ce qui est désolant dans le monde musulman d'aujourd'hui, c'est l'attitude qui consiste à parler uniquement de la responsabilité des Etats-Unis, de l'Occident, d'Israël. » Puis, un peu plus loin : « le monde arabo-musulman a tourné le dos à la modernité, à la démocratie, à la laïcité, aux principes du droit ». Puis, encore : les Etats-Unis, c'est aussi « un cinéma, une littérature, des images, des capitaux que les pays arabes veulent voir s'investir chez eux, un pays vers lequel leurs élites essaient d'émigrer et dont elles voudraient acquérir la nationalité ». Qui parle ainsi ? Revel ? Imbert ? Non. Le grand journal arabe de Londres Al-Hayat, cité dans Courrier international du 17 octobre. Et c'est la bonne nouvelle de la semaine.

26 octobre 2001.

Les lettres de Jacques-Alain Miller. Claudel le Bénisseur. Sollers, Pleynet et Mozart. Un mot de Faulkner : « le détail qui sonne faux ». Derrida publie trop. Le questionnaire de Proust appartient, en fait, à Mallarmé. Hemingway et Dieu.

« Vous faites beaucoup de choses à la fois, n'est-ce pas ? » demande la nouvelle « Agence lacanienne de presse » à Jacques-Alain Miller, son directeur, par ailleurs éditeur de Lacan, et qui, depuis quelques mois, bombarde les quartiers généraux de la presse et de la culture de ses étranges et belles « lettres à l'opinion éclairée ». Et lui, Miller, l'auteur des lettres, l'homme-orchestre qui, jour après jour, nous entretient, pêle-mêle, du 11 septembre, du cas Robespierre, du phénomène kamikaze, de l'héritage intellectuel de Lacan, de la décomposition accélérée des chapelles psychanalytiques, de répondre, superbe : « beaucoup de choses, et toujours la même chose ».

Dans les « Mémoires improvisés », de Claudel (conversations avec Jean Amrouche, un classique, que les Cahiers de la NRF ont l'heureuse idée de rééditer), cette façon, tellement d'époque, de se vivre soi-même comme une sorte de bureau de conversion pour écrivains en perdition. Le bureau-Claudel consulte. Le bureau-Claudel reçoit. Il passe un temps fou, le bureau, à examiner le cas Sachs, à correspondre avec Suarès, Gide ou Rivière, à se pencher sur le dossier Max Jacob. Et il le fait – c'est ce qui frappe – avec les mêmes méthode, esprit de sérieux, sang-froid que s'il avait à se prononcer sur la question d'Orient ou des Balkans. La conversion sans amour... L'âpre négociation des grâces... Tout ce tourbillon d'âmes égarées, rappelées à l'ordre par ce singulier bénisseur... Un filon littéraire qui s'est perdu ?

La musique, dit Sollers (« Mystérieux Mozart », Plon), n'« adoucit » évidemment pas les mœurs. C'est le disco qui adoucit. C'est le boum-boum des rave-parties et de la techno planétarisée qui fait « planer ». La musique, la vraie, fait beaucoup mieux. Elle remet le monde à l'endroit. Elle résiste à sa lèpre lente. Elle suspend la débâcle qui l'emporte. Elle permet, en un mot, aux égarés de reprendre pied. D'où vient que les écrivains – moi le premier – s'intéressent si peu à la musique ? D'où vient qu'ils soient si prompts – surtout les Français – à disserter sur le cinéma, l'architecture, la peinture, et si rares quand il s'agit de sonder la teneur en pensée du Requiem de Mozart ? Sollers toujours, dans la dernière livraison de L'Infini (où les amateurs d'histoire littéraire devront également lire, concernant la fondation de Tel Quel, les relations avec Hallier, ou avec le nouveau roman et Robbe-Grillet, l'importante « Situation » de Marcelin Pleynet) : « il y a un vieux problème, en France, avec la musique... »

Saison des prix littéraires. Emotions (rares). Déceptions (nombreuses). Avalanche de romans lus, feuilletés ou aussitôt reposés (en cette veille de Goncourt, j'ai bien trop peur de compromettre mon favori pour en dire davantage et préciser). Et puis ce mot de Faulkner, retrouvé dans ma vieille édition Blotner des « Lettres choisies » (Gallimard), qui peut, à première vue, sembler bizarre mais qui, à la réflexion, m'enchante car je m'aperçois qu'il « marche » dans presque chaque cas : la clé d'un roman réussi (c'est-à-dire, dans le contexte, d'un roman qui a su échapper au piège fatal du naturalisme), c'est le « détail qui sonne faux ».

Les derniers livres de Jacques Derrida. Ces collections de conférences. Ces causeries transcrites sans ratures ni remords. Ces interventions à peine relues et dont on a peine, tant elles sont nombreuses, à suivre l'enchaînement. Ces articles parfois minuscules, gonflés pour faire un volume, et, parfois, si décevants. D'où vient, chez ce penseur majeur, exigeant, cette manie de recueillir ses propres vestiges ? Pourquoi, chez ce maître de ma génération et de quelques autres, chez le philosophe sans concession de « L'écriture et la différence », de la « Grammatologie » et de « Glas », cette drôle de tentation de se panthéoniser de son propre vivant ?

Découvert, dans un vieux numéro de la revue Europe, que c'est Mallarmé qui, dans « La dernière mode », son journal, invente le fameux « Questionnaire » que l'on attribue, d'habitude, à Proust. Tout y est. Les qualités favorites chez l'homme et chez la femme. Le peintre préféré. L'occupation favorite. Vos héros dans la vie réelle ou littéraire. Vos auteurs en prose et poésie. L'état présent de votre esprit. Avec, toutefois, des variantes dont se régaleront les amateurs : quels caractères détestez-vous le plus dans l'Histoire ? (réponse : « les principaux ») ; où préférez-vous rêver ? (« je ne le dis pas, car trop envie d'y aller seul ») ; votre fleur favorite (et cette réponse, tellement mallarméenne : « la bouche »).

Réponse de Hemingway à un journaliste qui lui demandait s'il croyait en Dieu : « sometimes, at night ».

2 novembre 2001.

La guerre, toujours.

Etrange comme le vent tourne et comme certains observateurs peuvent, si vite, perdre leur sang-froid.

La question de l'« enlisement », par exemple. L'idée, répétée jusqu'à la nausée, d'une Amérique enlisée, embourbée dans une guerre longue et qui tournerait, sic, au fiasco. Longue par rapport à quoi, au juste ? Où a-t-on pris que cette guerre devait être courte ? Les stratèges américains n'avaient-ils pas averti au contraire, dès le premier jour, que la traque de Ben Laden puis le renversement des talibans prendraient du temps ? Et faut-il que nous soyons intoxiqués à l'immédiateté, au zapping, aux guerres presse-bouton, aux war games en vidéo pour, au bout de cinq semaines, trouver déjà le temps long ? Chaque jour de guerre est, bien entendu, et par principe, un jour de trop. Et la guerre en tant que telle est, par principe aussi, une abjection. Mais, cela étant posé, on pourrait faire le raisonnement inverse : l'horreur de la guerre étant ce qu'elle est, on pourrait parfaitement soutenir que les Américains ont su, en cinq semaines, non seulement déployer une armada à dix mille kilomètres de chez eux, dans un pays inconnu, dont ils ne savaient, jusque-là, à peu près rien, mais bâtir une coalition, fabriquer une politique arabe cohérente, colmater un front intérieur menacé par de nouveaux attentats, changer leur manière de voir et de penser ; et on pourrait, on devrait, observer qu'il n'y a finalement pas tant d'exemples, dans l'Histoire, d'Etats capables, en si peu de temps, d'une telle mobilisation tous azimuts, déployée sur un si grand nombre de fronts, et opérant sur les terrains tant militaires que politiques, diplomatiques ou culturels. Dieu sait si, comme beaucoup, je me méfiais de Bush. Et Dieu sait si, pour des raisons diverses, l'homme me semble détestable. Mais il n'est pas juste de dire qu'il mène cette guerre comme un « cow-boy obtus » (re-sic). Il n'est pas honnête de nier que le cow-boy s'est révélé, dans l'épreuve, homme de sang-froid et fin stratège.

Les victimes civiles. Odieux encore, bien entendu. Insupportable. Et ce n'est pas à moi que l'on dira que cent, deux cents, peut-être mille cinq cents victimes civiles (le chiffre de la propagande talibane), c'est cent fois, deux cents fois, mille cinq cents fois un corps déchiqueté, brûlé, mis en bouillie. Mais garder son sang-froid, c'est, en même temps que l'on dit cela, comparer ce qui est comparable et rapporter les morts de cette guerre-ci, non pas à un état de paix qui, au demeurant, n'existait pas dans le goulag taliban d'avant l'intervention, mais à d'autres guerres récentes et à leur propre cortège de souffrances. Ce n'est pas mille mais un million de victimes civiles que fit la guerre soviétique en Afghanistan. Ce n'est pas un hôpital, ni deux, ni dix, mais des villages entiers que l'Amérique de Kennedy et Johnson bombardait au Vietnam. Et je ne parle même pas, vingt ans plus tôt, des bombardements sur Dresde, la Normandie ou Hiroshima qui libérèrent le monde du nazisme en même temps qu'ils firent – le mot apparaît là, en France, dans la presse pétainiste de l'époque – d'atroces « dommages collatéraux ». Alors, que chaque mort afghan d'aujourd'hui soit un mort de trop est une chose ; et l'usage de bombes à fragmentation me semble, lui, en tout cas, totalement injustifiable. Mais que les bonnes âmes, de grâce, gardent la tête froide. Et que l'on cesse, sous le choc des images, de dire et répéter que cette guerre américaine serait une autre « guerre terroriste ». Le terroriste, c'est Ben Laden. Le massacreur de civils, c'est Ben Laden. Les anti-Ben Laden mènent, qu'on le veuille ou non, une guerre plutôt économe en vies civiles.

La seule véritable erreur qu'aient commise, à ce jour, les Américains et leurs alliés est d'avoir trop rechigné à appuyer – et à s'appuyer sur – l'Alliance du Nord de feu le commandant Massoud. Il y avait là des milliers d'hommes, en effet. Ils étaient aguerris. Motivés. Ils sont nombreux, je le sais, à avoir tiré les leçons du passé et à savoir qu'ils devront, en cas de victoire, partager le pouvoir avec les Pachtouns. Et ils n'attendent qu'un geste de nous pour déclencher enfin l'offensive terrestre et chasser les talibans. Au lieu de quoi on a cherché des solutions de rechange ; échafaudé des architectures tribales compliquées ; on a fait reprendre du service à d'anciens chefs exilés, héros des guerres de jadis, mais sans base réelle dans le pays (Abdul Haq) ; bref, on s'est lancé dans la quête éperdue d'alliances de substitution qui, bien entendu, n'existaient pas, alors que l'on avait là, sous la main, la seule alternative au pouvoir de Mollah Omar. Je reviendrai sur cette histoire. J'essaierai de dire, si elle perdure, les racines d'une erreur qui fait que, à l'heure où j'écris, 6 novembre, les meilleurs combattants d'Afghanistan sont encore l'arme au pied, aux portes de Kaboul. Mais elle ne remet nullement en cause, à mes yeux, la légitimité d'une guerre que je continue d'estimer nécessaire et juste.

9 novembre 2001.

Lettre à ceux qui se sont trompés sur la guerre en Afghanistan.

Vous disiez : « le bourbier américain... les Américains sont enlisés... jamais l'armée américaine ne saura venir à bout de ce nouveau Vietnam que sont les plaines et les montagnes d'Afghanistan... » Quelques semaines, parfois quelques jours après ces considérations définitives, c'est la chute de Kaboul, la débâcle sans gloire des talibans et la victoire éclair d'une stratégie que nous n'étions pas bien nombreux à juger d'une habileté, d'une efficacité militaro-politique insoupçonnées.

Vous disiez : « folie de cette guerre américaine contre un peuple et un pays musulman... folie de donner au monde en général, et aux masses arabes en particulier, l'image de la plus grande puissance du monde venant faire sa police dans la caillasse et la misère... » A l'arrivée, c'est une armée musulmane (l'Alliance du Nord) qui chasse une autre armée musulmane (les talibans). A l'arrivée, les masses arabes en question seront bien forcées de constater que c'est un islam (celui qui met les femmes en cage) que met en déroute un autre islam (celui qui, tout doucement, commence de les libérer). Et quant à la première puissance du monde, quant à cette Amérique qui avait déjà, soit dit en passant, volé par deux fois au secours d'un pays musulman (Bosnie, Kosovo) massacré par une nation à majorité chrétienne (la Serbie), la rue arabe doit bel et bien se faire à l'idée que son rôle fut d'appuyer cet islam modéré en lutte contre celui des intégristes et des barbares.

Comme à l'époque de la Bosnie, dans les mêmes termes, exactement, que quand vous nous menaciez d'une résistance serbe qui ferait des centaines de milliers de morts, vous nous avez dit : « ce sera un bain de sang ; Kaboul, il faut s'y préparer, ne tombera qu'au prix de combats acharnés avec toute la partie de la population qui se reconnaît dans le pouvoir taliban ». Là encore, vous vous trompiez. Là encore, l'ennemi n'était fort que de nos faiblesses, de nos fantasmes. Là encore, le pouvoir taliban s'est, comme jadis le pouvoir serbe, effondré comme un château de cartes, sans coup férir. Là encore, là surtout, l'intervention combinée des tanks de l'Alliance et des unités spéciales anglo-saxonnes est perçue, par l'immense majorité des civils de Kaboul à qui l'on interdisait, jusqu'à la nuit dernière, la musique, le rire, la pensée libre, les cerfs-volants, l'éducation des petites filles, comme une intervention libératrice.

Vous disiez enfin : « l'Alliance du Nord est incapable de cette victoire et, en serait-elle capable, qu'il faudrait l'en empêcher en suscitant dans son dos une résistance de substitution ». L'opération a fait long feu. Les « talibans modérés » dont on rêvait se sont effondrés avec les autres. Et tous les bazari de Peshawar à qui l'on demandait de reprendre du service pour improviser on ne sait quelle alternative pachtoune à l'Alliance, tous les héros à la retraite que l'on infiltrait en terrain ennemi pour, les poches pleines de dollars, rallier, comme Abdul Haq, telle ou telle tribu adverse, ont payé de leur vie la niaiserie de ce calcul. Puisse l'expérience servir de leçon. Puisse-t-on avoir compris, là encore, que l'Histoire n'est pas un video game et que, pas plus en Afghanistan qu'ailleurs, on n'improvise une résistance...

Je ne veux accabler personne. Et, si je rappelle

cette cascade d'erreurs, c'est moins pour confondre tel ou tel que pour exhorter, dans les semaines qui viennent, à plus de modestie. Est-on sûr, par exemple, qu'il faille, comme on le fait déjà partout, sur-ethniciser l'armée dite « tadjik » des héritiers de Massoud ? Est-on bien certain de savoir ce que l'on dit quand, fort d'une science fraîche, puisée aux sources douteuses d'Al-Jezira (le « Radio-Paris » des talibans, piteusement reparti dans leurs bagages), on répète en boucle, depuis deux jours, que Massoud, de 1992 à 1996, provoqua lui aussi, et déjà, de terribles dégâts à Kaboul ? Quelles qu'aient été les erreurs de ce Massoud-là (j'y reviendrai, en détail), n'est-on pas en train de confondre la bataille politique qu'il mena, et perdit, contre les fondamentalistes d'Hekmatyar avec on ne sait quel combat ethnique, voire fratricide, qui ne demanderait qu'à renaître ?

L'idée d'une force d'interposition, enfin... Cette nouvelle idée, ressassée, elle aussi, sur tous les tons, à longueur d'ondes et de colonnes, d'une force d'interposition qui maintiendrait sous tutelle l'Afghanistan libéré... Tout est possible, bien entendu. Peut-être l'Alliance du Nord sera-t-elle incapable de tirer les leçons de ses erreurs passées. Et sans doute faut-il se tenir prêt à user de toutes les pressions pour la contraindre, dans ce cas, à partager son nouveau pouvoir. Mais n'est-il pas tout de même très étrange de tenir le pire pour acquis ? N'est-il pas, non seulement étrange, mais indécent de n'avoir pas envoyé un homme à Massoud du temps qu'il vivait et se battait, de n'avoir jamais formulé ne fût-ce que l'idée d'une force internationale protégeant les civils afghans de la barbarie des talibans – et de se réveiller aujourd'hui, au moment où ce malheureux pays se rend apparemment maître de son destin ? A suivre, donc. Mais, de grâce, avec un peu plus d'humilité.

16 novembre 2001.

Alliance du Nord : un point d'histoire.

Le débat sur l'avenir de l'Afghanistan ne fait que commencer. Il faudra, c'est l'évidence, contraindre ou encourager les vainqueurs à composer. Il faudra, à Bonn et ailleurs, peser de tout notre poids pour que les factions qui se disputent depuis vingt ans le pouvoir acceptent de s'entendre. Il faudra – à tout seigneur tout honneur – que l'Alliance du Nord donne le ton en commençant par exemple, comme elle vient de le faire dans la composition de sa délégation à Bonn, d'introduire des femmes dans ses instances représentatives. Bref, tout est à inventer à Kaboul. Tout est à repenser. Et ce sera la tâche, non seulement des Afghans, mais de la coalition internationale qui les a aidés à se libérer et dont on n'imagine pas qu'elle puisse, une fois encore, comme après le départ des Soviétiques, se désintéresser de l'avenir.

Pour l'heure, et pour ma part, je veux brièvement revenir sur ces fameuses années d'après la déroute soviétique où l'Alliance du Nord a déjà, une première fois, exercé le pouvoir et où il est devenu de bon ton de dire que l'expérience aurait, de son fait, tourné au désastre civil et militaire. D'abord, je l'ai annoncé (Le Point du 16 novembre). Mais c'est, surtout, l'argument massue de tous les rabat-joie qui nous serinent depuis trois semaines que les héritiers de Massoud seraient historiquement, donc structurellement, incapables de faire régner la paix dans le pays. Qu'en fut-il, au juste ? Que s'est-il passé, exactement, dans cette parenthèse entre l'ordre soviétique et taliban ?

1. Contrairement à ce que disent et répètent, en boucle, les commentateurs trop pressés, ce n'est pas Massoud mais Gulbuddin Hekmatyar, son rival, qui, en avril 1992, alors qu'un « comité de sécurité » de six membres représentant les principales forces de la résistance règne sur Kaboul, jette ses milices sur la ville et relance le processus de guerre.

2. C'est lui, Gulbuddin, l'anti-Massoud, le représentant de l'islam le plus obtus d'Afghanistan, l'homme qui, dans sa jeunesse, vitriolait les femmes dévoilées et qui, pour ces raisons et quelques autres, demeure jusqu'aujourd'hui l'ennemi numéro un des chefs de l'Alliance du Nord, c'est lui donc qui, ensuite, pendant les années 1993 et 1994, bombarde la capitale et la met à feu et à sang.

3. Loin d'alimenter cette guerre, loin de répondre aux roquettes des milices de Gulbuddin par une violence inverse et aveugle, Massoud hésite, d'abord, à entrer dans la ville (« si je rentre en ville, cela risque d'attiser les différences entre Pachtouns et non-Pachtouns » – déclaration à l'envoyé spécial du Monde, 18 avril 1992) puis, un an plus tard, après l'accord de Jalalabad entre les chefs des neuf partis d'Afghanistan, démissionne de son poste de ministre de la défense pour (Le Monde encore, 22 mai 1993) empêcher que son adversaire n'ait « le moindre prétexte pour continuer les combats ».

4. Plus tard encore, à partir de mars 1995, quand vient le tour des talibans et qu'ils prennent le relais

de Gulbuddin pour, depuis les mêmes positions, à Charasyab, canonner, affamer, terroriser la capitale martyre, Massoud et l'Alliance du Nord font tout pour rallier les chefs pachtouns modérés ; puis proposent le pardon à ceux des assaillants qui acceptent de déposer les armes ; puis, le 27 septembre 1996, quand une seconde offensive mène aux portes de Kaboul les étudiants en théologie, ils font retraite, quittent la ville et, pour empêcher le bain de sang fratricide, choisissent de continuer la résistance depuis Jabul Saraj, Charikar, puis le Panchir.

5. Il y a les quelques mois, enfin, de cette même année 1995 où, ayant vaincu les islamistes d'Hekmatyar, ayant provisoirement repoussé les talibans, et tenant en lisière les forces ouzbèkes de Dostom ainsi que les chiites du Wahdat, l'Alliance fait régner dans la partie du pays qu'elle contrôle une atmosphère de paix relative que les hommes et surtout les femmes de Kaboul se rappellent encore avec nostalgie. Je me souviens de lui, Massoud, me racontant l'histoire de Batcha-o-Saqao, ce chef tadjik qui, en 1929, s'était emparé de la capitale, avait renversé le roi Amanoullah et avait été chassé au bout de neuf mois car il n'avait pas su fédérer les ethnies diverses, notamment pachtounes, sans lesquelles « rien n'est jamais possible à Kaboul ». Et je me souviens de ce souci qui était le sien, obsessionnel : ne pas répéter « l'erreur de Batcha-o-Saqao » ; ne surtout pas tomber, à nouveau, dans ce terrible « piège de 1929 »...

Alors, bien entendu, Massoud n'est plus là. Et il n'est malheureusement pas dit que Younous Qanooni, Mohammed Fahim et Abdullah Abdullah, ses successeurs, aient hérité de son aura, de son intelligence stratégique et de sa conscience nationale. Mais faut-il, pour autant, parier sur le pire ? Va-t-on, au mépris de la vérité, continuer de caricaturer les libérateurs de Kaboul ? N'y aurait-il pas moyen de combiner l'indispensable vigilance avec un respect minimum de l'histoire et des faits ?

30 novembre 2001.

Arafat au pied du mur.

Les auteurs de la vague d'attentats-suicides de samedi et dimanche en Israël ne sont pas des combattants, mais des tueurs. Ce ne sont pas les militants d'une cause s'en prenant aux emblèmes d'un Etat honni, mais des hommes dont le seul but est de tuer des civils, encore et toujours des civils. Ils ne sont pas hostiles, ces hommes, à tel ou tel aspect de la politique israélienne et ne sont pas en train, par la force, de tenter d'en imposer une autre : ils haïssent Israël comme tel, ils le refusent et le réprouvent en bloc. Ils ne sont même pas, comme on dit souvent, des « désespérés » que l'intransigeance politique de Sharon, la multiplication des colonies, l'humiliation historique de la nation arabe ou palestinienne auraient fini par pousser à bout : ce sont, comme Ben Laden, comme les fanatiques d'Al-Qaeda, des amants de la mort pour la mort convaincus que, par le meurtre, ils iront au paradis. Vouloir un Etat palestinien est une chose : j'y suis, pour ma part, favorable depuis toujours. Vouloir l'apocalypse, penser, comme le leader du Hamas, Cheikh Ahmed Yassine, qu'Israël est « un corps intrus qui a été imposé de force et sera enlevé de force » (Le Figaro du 15 octobre 2000) est une autre chose : et confondre ceci et cela, établir le moindre lien entre les deux ordres est une injure, non seulement à Israël, mais à ceux des Palestiniens qui aspirent à un Etat laïque sur l'autre moitié de la Terre sainte. Al-Qaeda et Hamas, même combat. On ne peut pas accepter l'idée d'une guerre au terrorisme en Afghanistan et la refuser en Palestine.

On peut penser tout le mal que l'on veut de la politique d'Ariel Sharon. On peut débattre de la façon dont Tsahal riposte, depuis quinze mois, à la deuxième Intifada. On peut surtout – c'est mon cas – juger absurde et périlleux le pari sur un traitement purement militaire du problème palestinien. L'idée même de faire un parallèle entre les militaires israéliens et les bombes humaines palestiniennes, entre Sharon et le Hamas, l'idée de renvoyer dos à dos, selon la formule consacrée, « toutes les violences, d'où qu'elles viennent », est une idée obscène et qui tourne le dos, pour le coup, à tout ce que le 11 septembre et la suite sont censés nous avoir appris. Pas de symétrie, non, entre combat politique et extase de la mort. Pas d'équivalence entre l'action (fût-elle erronée) d'un gouvernement démocratique, démocratiquement élu pour assurer, notamment, la sécurité de ses citoyens, et la haine d'une secte d'assassins (fût-elle plébiscitée par une fraction hélas croissante de l'opinion palestinienne) qui ne se soucie que de tuer. Pas de commune mesure, en d'autres termes, entre les liquidations ciblées, les balles perdues ou les bombardements des uns et l'assassinat aveugle d'adolescents dont le seul crime est d'être nés juifs et de s'être trouvés, ce soir-là, dans la rue Ben Yehuda, à Jérusalem. La presse est dans son rôle quand elle pointe, sans se lasser, les fautes et les bavures de Tsahal. Les gouvernements occidentaux sont dans le leur quand ils admonestent toutes les parties et tentent d'imposer leur médiation. Mais encore faut-il, d'un côté comme de l'autre, veiller à la probité des mots. Encore faut-il, pour que les mots aient un poids, commencer par leur donner un sens et, donc, appeler un chat un chat. Encore faut-il, une bonne fois, rompre avec le discours convenu – pur asile d'ignorance, abécédaire du préjugé – sur cette violence « venue des deux bords », cet « engrenage » de la colère, cette « spirale de la haine et du crime », etc.

Arafat, enfin. Je n'ai pas d'information particulière sur le double jeu d'Arafat. J'ignore si les milices armées du Fatah sont toujours, comme je l'ai vu à Ramallah l'année dernière, au coude-à-coude avec les gens du Hamas. Et la question, au point où nous en sommes, n'est même plus de savoir si le président de l'Autorité palestinienne a sciemment ou non, au début de l'Intifada, fait sortir de leurs prisons les 112 islamistes chez qui se recrutent les kamikazes d'aujourd'hui. La question, la seule question, est de savoir s'il aura maintenant le courage de réparer l'erreur. La question, la seule question, est de savoir s'il lui est encore possible de faire ce que n'importe quel chef politique digne de ce nom ferait dans sa situation : dissoudre le Hamas et le Djihad islamique, arrêter d'urgence Cheikh Ahmed Yassine, empêcher de nuire des aspirants kamikazes qui nous annoncent eux-mêmes que le carnage ne fait que commencer. Ce n'est pas l'intérêt du seul Israël, c'est le sien. Ce n'est pas, comme le disent les commentateurs pressés, une demande de l'Etat juif, le prenant dans l'étau de ses exigences, c'est la condition de sa propre survie politique. De deux choses l'une. Ou bien le vieux leader fait le partage entre ce qui relève du combat politique et ce qui relève du meurtre, et il rétablira une « Autorité » que la montée en puissance de ses adversaires vide, pour l'heure, de tout contenu. Ou bien il ne le fait pas, et il prendra la terrible responsabilité de plonger, non seulement Israël, mais son peuple et, au-delà de son peuple, la région, dans le chaos et l'horreur.

7 décembre 2001.

Affaire Aussaresses, suite : un éditeur à la barre.

L'actualité proche-orientale m'a empêché, la semaine dernière, d'évoquer un événement plus lourd de sens qu'il n'en a l'air : le procès, devant la 17e chambre correctionnelle du tribunal de Paris, du général Paul Aussaresses qui fut, pendant la guerre d'Algérie, l'un des adjoints de Massu et a sur la conscience des centaines de cas de torture et d'exécutions extrajudiciaires.

Car que s'est-il passé, au juste, pendant ce procès ?

Qu'a-t-on, précisément, reproché au boucher de la bataille d'Alger, modèle, dans la vie réelle, du terrible « commandant O. » d'Yves Courrière et auteur, au soir de sa vie, d'un livre, « Services spéciaux, Algérie, 1955-1957 », où il raconte les tueries auxquelles il a présidé ?

A-t-on mis ces crimes au pilori ? A-t-on profité de l'occasion pour dénoncer la fraction de l'armée française et, au-delà, de la société qui composa avec le pire et se laissa gagner par la « gangrène » ? A-t-on posé le problème de la chaîne de commandement qui, partant d'Aussaresses pour monter jusqu'à Massu, puis de Massu jusqu'aux ministres Lacoste, Lejeune, Bourgès-Maunoury, Mollet, Mitterrand, a installé la pratique de la torture au cœur de la République et de l'Etat ?

Non.

Car la loi française est ainsi faite que, contrairement aux législations en vigueur dans la plupart des autres grands pays européens, elle prescrit les crimes de guerre et interdit donc – j'en sais quelque chose – de les dénoncer ou de les poursuivre. En sorte que les associations parties civiles (Ligue des droits de l'homme, MRAP), indignées par les aveux du vieux général, par son cynisme tranquille et sans remords, par la précision clinique de ses récits, n'ont eu la possibilité de le poursuivre que pour apologie de crimes de guerre ; et elles n'ont pu le faire – autre absurdité de la loi, effet pervers du droit de la presse – qu'en attaquant aussi, pour « complicité » avec Aussaresses, l'éditeur du livre, patron de la Librairie Perrin, Olivier Orban.

Mine de rien, cette affaire est extrêmement grave.

Elle aboutit à traîner devant un tribunal et à insulter un éditeur qui, disposant, pour la première fois, d'un témoignage privilégié sur quelques-uns des aspects les plus obscurs de la guerre d'Algérie, n'a fait que son devoir en le publiant.

Elle fait peser, au-delà de lui, une menace non dite sur tout éditeur qui, par hypothèse, tomberait demain sur les confessions d'un gardien d'Auschwitz, les aveux d'un kagébiste ou d'un ancien responsable khmer rouge, les Mémoires d'un Maurice

Papon ou celles d'un kamikaze repenti et ne pourrait les publier sans encourir le risque d'être accusé de complicité avec le crime.

Elle donne au juge le pouvoir sur l'historien ; aux tribunaux le dernier mot sur la circulation de l'archive ; à des instances de contrôle qui sont, en l'espèce, incompétentes le droit de décider quels sont les témoignages qui ont, ou non, le droit d'être produits pour alimenter la réflexion des chercheurs ; bref, quelle que soit la sagesse des magistrats, si décidés qu'ils soient à ne pas céder à l'arbitraire ou laisser parler leur caprice, elle réintroduit quelque chose qui ressemble à s'y méprendre à une censure.

Et puis en donnant à penser, enfin, que le vrai crime n'est pas d'avoir tué mais de le dire, en installant l'idée que le plus répréhensible n'est pas d'avoir exécuté de ses mains des « fellaghas » mais, au soir de sa vie, dans un journal puis dans un livre, de l'avouer sans fard ni détours et de violer une loi du silence qui, au fond, arrangeait tout le monde, ce procès ne peut qu'alimenter la tendance, constante dans l'histoire récente, à placardiser notre mémoire.

La guerre d'Algérie est aujourd'hui, au moins autant que Vichy, le trou noir de la mémoire française.

Ou bien nous l'admettons et, quitte à modifier la loi, nous regardons en face les monstres qui, comme Aussaresses, commencent de sortir des placards ; nous appelons de nos vœux la multiplication des témoignages, des actes de repentance, des Mémoires qui en prennent acte ; et, sans exclure, bien entendu, l'autre côté des choses, sans éprouver la moindre complaisance ou indulgence à l'endroit des crimes qui, au même moment, étaient commis par le FLN, nous permettons au travail du deuil, donc de la vérité, de se faire.

Ou bien nous nous y refusons ; nous persévérons dans la volonté, la passion, d'ignorer ; nous nous cramponnons à un supposé devoir de réserve qui n'est que l'autre nom de l'hypocrisie glauque, de la tartuferie, du mensonge d'Etat ; et, sous prétexte de « tourner la page », de « laisser les morts enterrer les morts » ou de ne pas « salir » la mémoire de l'armée française, nous prenons le risque du somnambulisme politique, de la schizophrénie – et nous salissons, pour le coup, ceux des militaires, des fonctionnaires ou des politiques de l'époque qui, aussi nombreux que les autres, peut-être plus, ne trempèrent pas dans l'infamie.

14 décembre 2001.

« Bosna ! » en Serbie.

Mon dernier voyage à Belgrade remontait à avril 1993, en pleine guerre de Bosnie, quand j'étais venu – clandestinement – soutenir les étudiants en grève contre Milosevic.

Aujourd'hui, les temps ont changé.

Je suis entré dans le pays avec un visa en bonne et due forme.

Je suis l'invité de B92, la chaîne de télévision, née dans l'opposition à l'ancien régime, qui a maintenant pignon sur rue.

Et l'idée est, avec Gilles Hertzog, mon coscénariste, de présenter « Bosna ! », le film tourné pendant le siège de Sarajevo, dans un cinéma de la ville.

Le Tout-Belgrade, depuis la veille, bruit de rumeurs contradictoires.

Coups de téléphone anonymes à notre hôtel.

Articles insultants dans une partie de la presse.

Cette journaliste de Blic qui vient carrément nous demander si nous avons été payés par les « islamistes », et combien.

Ces amis qui nous disent que nous sommes venus six mois trop tôt, que les gens ne sont pas prêts à regarder en face les crimes commis, pendant cette guerre, par un Milosevic plébiscité – ces autres qui pensent que c'est le moment, au contraire, et que le fait même que l'événement ait lieu, le fait que l'on puisse, un an après la chute du dictateur, diffuser pareilles images et en discuter prouve que les choses ont changé, que les esprits sont mûrs, que la révolution démocratique est en marche.

L'heure de la projection arrive.

La salle du Rex est archicomble.

Pas un mot, pas un murmure, pendant le film.

Pas un applaudissement, pas une huée non plus, quand la lumière revient et que défile le générique.

Et c'est dans un silence glacé que je me lève, traverse l'assemblée et monte rejoindre, à la tribune, les amis de B92 qui ont organisé le débat qui suit.

Les premières réactions sont de stupeur, d'incrédulité : d'où viennent ces images ? qui les a tournées ? qui nous dit que vous ne les avez pas truquées, que ce n'est pas un montage grossier ?

Puis, plus catégorique : ces images sont truquées ; BHL est un faussaire ; ces corps démembrés, ces charniers, cette ville de Sarajevo assiégée, bombardée, martyrisée, à demi détruite, ce ne peut pas être la faute des Serbes ! il est impensable, il est donc faux, que notre peuple saint soit responsable de pareilles horreurs !

Puis, à la limite du clash : la satanisation de notre peuple dans ce film tourné en 1993... six ans plus tard, les frappes sur Belgrade que les auteurs appellent de leurs vœux... tiens, tiens... comme c'est étrange... ne sommes-nous pas au cœur du complot – judéo-maçonnique pour les uns, judéo-islamique pour les autres – qui vise à détruire la Serbie ? n'êtes-vous pas, vous, intellectuel propagandiste et parisien, le maître à penser de l'Otan, le vrai criminel de guerre ?

Parfois, quand le ton dérape, ce sont les amis de B92 qui répondent.

Parfois, c'est moi qui, patiemment, reprends : je n'ai jamais satanisé « les » Serbes ; je prends bien soin, dans le film, de distinguer les collabos de Milosevic de la minorité qui résista et fut l'honneur de votre pays ; et quant au principe des frappes aériennes, le fait que les Américains aient bombardé la Normandie en 1944 les a-t-il empêchés d'être accueillis, ensuite, en libérateurs ?

Parfois, quand un groupe de nationalistes ou de skinheads semble au bord de l'intimidation ou du passage à l'acte, s'enclenche un bizarre petit mécanisme que je livre à l'interprétation des médiologues : une des caméras qui filment l'ensemble de la soirée pivote ; sa lumière rouge s'allume, prête à saisir l'incident ; et le groupe, alors, se ravise ; de mauvaise grâce, mais il se ravise ; comme si la présence même du média suffisait à calmer le jeu, refroidir les passions chauffées à blanc.

La discussion dure, sur ce ton, près de trois heures : un petite moitié, peut-être un tiers, des participants sont émus de ce qu'ils ont vu et que, souvent, ils découvrent – le reste, terriblement hostiles.

Je pense – et je le dis – au temps qu'il nous a fallu, à nous, Français, pour assumer la part noire de notre mémoire : combien de temps pour « Nuit et brouillard » ? pour « Le chagrin et la pitié » ? et la guerre d'Algérie ? sommes-nous prêts, quarante ans après, à regarder en face nos crimes en Algérie ?

Je pense – mais sans le dire, car les choses sont sans commune mesure – à ces images qui, enfant, m'avaient tellement frappé : les soldats américains et russes, libérateurs des camps de la mort, qui rassemblaient les habitants des villages, les faisaient défiler devant les fours et les obligeaient à voir, juste voir, les vestiges de ce qu'ils avaient, non pas fait, mais laissé faire.

Les Serbes en sont-ils là ?

A quoi ressemble un peuple qui revient d'un long cauchemar ?

Peut-il regarder en face la nuit dont il émerge ?

Réveille-t-on un somnambule, et comment ?

21 décembre 2001.

2002

Notes pour commencer l'année.

Une philosophie est un style avant d'être un système. Un ensemble de gestes et d'attitudes avant d'être une collection de textes et de concepts. C'est, disait Nietzsche, une ascèse. Au sens propre, des règles de vie.

L'année qui commence sera-t-elle celle du massacre silencieux des Tchétchènes ? des nationalistes ouïgours au Xinjiang ? Commencerons-nous l'année par un blanc-seing donné aux membres de la « coalition antiterroriste » qui profiteront du climat de l'après-11 septembre pour criminaliser leurs opposants ? A propos des Tchétchènes, cette observation que fait, je crois, Sophie Shihab dans Le Monde : on n'a, pour le moment, quasiment pas trouvé trace de Tchétchènes chez ceux des « combattants étrangers » d'Al-Qaeda que l'on a emprisonnés ou tués.

Conseil à un ami en quête d'une idée de biographie dont l'écriture lui permettrait, comme souvent, de se mettre au clair avec lui-même et avec son goût de la liberté. Le vrai penseur des Lumières, le philosophe, non de la tolérance (concept faible), mais du cosmopolitisme, de l'hospitalité (concepts forts, et modernes), ce n'est ni Voltaire ni Diderot : c'est Leibniz.

Dans « Ecrits d'un monomane », les textes de jeunesse de Klossowski heureusement réédités par Le Promeneur, cette question qui ne se lasse pas : le sexe est-il l'épiphanie de la vie ou de la mort ? est-il là pour exalter l'existence ou, au contraire, la déchirer, la détruire, peut-être la réduire à néant ?

Je lis que Noam Chomsky, vieille gloire de ma jeunesse car inventeur, à l'époque, de la grammaire transformationnelle, devient l'un des gourous de l'ultragauche. C'est toujours pareil. Pourquoi faut-il que, de ce genre de penseurs, on attende qu'ils ne pensent plus pour en faire des maîtres à penser ? De la non-pensée de Chomsky, ce bref mais édifiant aperçu dans « Deux heures de lucidité » (Les Arènes) qui vient de paraître : « pour autant que je puisse en juger, Faurisson est une sorte de libéral relativement apolitique ». Puis, un peu plus bas, commentant ce propos ancien, et à propos de l'« accusation d'antisémitisme » portée contre le négateur de la Shoah et inventeur du révisionnisme moderne : « j'ai réexaminé les preuves qui m'ont été présentées » et « la seule conclusion raisonnable était que cette accusation ne pouvait pas être justifiée ». Accablant.

Le contraire de la vérité, disait Deleuze, ce n'est pas l'erreur mais la bêtise. Ce pour quoi, à la fin de sa vie, il songeait à une « Analytique transcendantale de la bêtise ».

Non pas l'intrusion du Sud dans le Nord, la frontière qui craque, l'invasion. Mais : le Sud comme un revers ; le Nord vu depuis son envers, sa fracture fondatrice, son ombre portée.

Il y a des bons aimants : de Gaulle, allant dans toutes les familles politiques et sollicitant, en chacune, ce qu'elle a de plus noble et de meilleur – d'un social-démocrate sans vertèbres, d'un stalinien incertain, d'un maurrassien, il fait des hommes du

18 Juin. Il y a des attracteurs du pire : exactement le mouvement inverse ; le don, car c'est aussi un don, d'aimanter, dans chaque famille, ce qu'il y a de pire ou de plus bas – Chevènement par exemple, l'attracteur du pire par excellence, l'anti-de Gaulle, dont le succès ne s'explique que par cette façon d'aller, dans chaque famille, chercher et fédérer ce qu'il y a de plus rance, de plus navrant.

Les « Ecrits sur le théâtre » de Brecht en Pléiade. Son goût du secret. Sa dangereuse prédilection pour le travail clandestin, l'effacement des traces, le visage caché, l'identité dissimulée, le nom qui se perd en chemin, Arkadin philosophe, dramaturge, comédien, martyr. La tentation de Gary ? Celle de Pessoa ? Un autre Brecht.

Ne sont intéressantes, dans une vie, que les conversions, les grandes volte-face, les crises intellectuelles ou spirituelles majeures. Exemple ? Augustin dans le jardin de Milan. Rousseau sur la route de Vincennes. Descartes, son poêle, sa nuit de la raison aux environs d'Ulm. Sur le chemin de Sils Maria, la révélation de l'Eternel retour nietzschéen. Et puis, aujourd'hui, ces intellectuels juifs, anciennement révolutionnaires, dont je ne me lasse pas de me repasser le film de la « téchouva ».

L'aveuglement du philosophe qui consacre sa vie à penser, c'est-à-dire à la fois déconstruire et ressaisir, l'énigme obscure de l'Etre et qui ne voit pas, tout près de lui, en pleine lumière, l'horreur sans nom des déportations. C'est le thème d'un des livres les plus stimulants – il faudrait y revenir – parus ces derniers mois : « Heidegger, Primo Lévi et le séquoia » (Max Dorra, Gallimard).

Un intellectuel ne saurait être « qu'extrêmement en avance, ou extrêmement en retard, ou, si possible, les deux choses à la fois ». Pasolini. « Lettres luthériennes ». Programme pour l'année qui commence ?

4 janvier 2002.

Yves Saint Laurent comme un artiste.

Cette façon, contre les néomaniaques, contre les fanatiques de la nouveauté pour la nouveauté, contre les créateurs qui brûlent, chaque printemps, ce qu'ils ont adoré l'hiver précédent, cette façon, contre la dictature de la mode et ses tables rases programmées, de répéter ses modèles, de citer ses propres fétiches, de décliner un noyau d'idées fixes : cabans, blazers, blouses essentielles, sahariennes, robes safari, smokings – ces invariants qui sont, depuis quarante ans, la vraie griffe YSL.

Ce goût, justement, de la citation – cette façon de faire des robes avec des lambeaux, non seulement de sa mémoire, mais de celle de tous les autres : Matisse ; Mondrian ; les collections dédiées à Picasso, Apollinaire, Cocteau ; dans tel drapé savant, le souvenir d'une infante de Goya ; dans le rose trop vif d'un tailleur des débuts, l'écho d'une mesure de Verdi ; dans telle « Panne et mousseline », tel « Domino jaune », tel « Brocart lamé », telle « Robe portefeuille très décolletée », tel « Manteau de gazar », telle « Echarpe nœud de satin », tant d'« abolis bibelots » dont il a, en les citant, absorbé et comme brûlé la vivante inanité.

Cette impertinence, cette audace, ce sens de l'humour, de la dérision, parfois du gag, qui lui faisaient détourner les formes classiques, marier les étoffes nobles aux tissus plus ordinaires, les taffetas et les vinyles, les soies et les jerseys – ces « robes pop », ces « robes bulles », le « manteau tapisserie » de 1982, le « sirène look » de 1975, le « fit révolution », l'« imper serpent » : on pense à Schiaparelli, forcément, et à ses chapeaux à tiroir des années 30 ; on songe à Dior, son maître, et à ses robes « Lolita », « Coquine », « Motard », « Tricheuses » ; mais comment ne pas reconnaître, aussi, l'empreinte de ces autres maîtres qui osèrent, les premiers, faire œuvre d'une canette de bière, d'une boîte de soupe, ou de papiers coupés ?

Cette conversation avec Sagan, il y a vingt ans, où il expliquait, de façon très étrange, qu'une robe, c'est d'abord un geste, juste un geste, le sien, celui d'un mannequin ou d'une passante, et que c'est après, bien après, une fois le geste trouvé, qu'il décidera de la couleur, de la forme, du tissu : les mots mêmes du peintre Cy Twombly décrivant son travail ; les mots, plus exactement, de Barthes disant comment, au principe de chacune des toiles de ce maître de l'art abstrait, il y a un geste, rien qu'un geste – la suite (couleurs, formats, tracés définitifs, figures) n'étant jamais que le reste de ce geste.

Cette autre conversation, avec moi, plus tard, à la table de Pierre Bergé, un de ces jours de désespoir où il avait le sentiment que le temps va trop vite, que les modèles ne seront pas au rendez-vous, que c'est l'inspiration qui, pour de bon, va faire défaut : « c'est chaque fois comme une longue brume ; rien ne vient, vraiment rien, pas même un brouillon, un raté, un vêtement moyen ou perfectible ; et cela jusqu'au moment, souvent la toute dernière minute, où, miraculeusement, la lumière se fait et la collection vient d'un seul coup » – savait-il qu'il parlait, cette fois, comme parlent les écrivains ? pouvait-il ignorer que ce sont d'autres images pour dire la buée des mots qui ne prennent pas, le sable entre les doigts et puis, soudain, on ne sait pourquoi, la langue qui se fige, la cristallisation bénie ?

Et puis l'extraordinaire spectacle, enfin, du créateur à l'œuvre avec, en face de lui, au milieu du salon de l'avenue Marceau, la jeune femme sur le corps de laquelle il va coudre son geste, ses citations, etc. : corps à corps, épreuve du corps, mise en corps de son image élue, de son inaccessible rêve – Schuhl a raconté cela dans une très belle page de son « Ingrid Caven » ; j'ai tenté moi-même, naguère (« YSL par YSL », éditions Herscher, 1989), de dire ce moment très physique où il faut, pour qu'advienne la robe, modeler, torturer, arraisonner, faire avouer un corps d'abord rétif ; presque, cette fois, le geste de la statuaire ; « je hais ce corps qui me sépare de mon modèle »...

Voilà, oui, qui est Yves Saint Laurent. Voilà pourquoi il n'est qu'en apparence le rival ou même le contemporain des autres couturiers qui ont, avec lui, habillé les femmes de la seconde moitié du XXe siècle. Voilà pourquoi ce qui disparaît avec son départ, ce n'est pas, comme on l'ânonne partout, un « âge » de la mode, une « époque », éventuellement une « espèce », celle des « libres créateurs » brimés par les méchants « financiers ». Yves Saint Laurent, qui dit lui-même avoir eu des rapports « harmonieux » avec son dernier mécène, était une bête sans espèce, un monstre, un prototype ; c'est quelqu'un qui n'avait pas grand-chose à voir, finalement, avec ces histoires d'époque, d'âge de la mode, de mode ; c'était un artiste, en un mot, entouré d'autres artistes, pris dans une logique d'artiste et qui, lorsqu'il choisit, en pleines gloire, lucidité, maîtrise de son œuvre et de son destin, de s'éteindre de son vivant, connaît la fin rêvée des artistes dignes de ce nom.

11 janvier 2002.

Quand Tahar Ben Jelloun explique l'islam aux musulmans – et aux autres...

Que Dieu, dans le Coran, interdit formellement le suicide, donc le geste du kamikaze, et que l'homme qui, pour tuer, se tue et défie donc la volonté divine se condamne à refaire le même geste, en enfer, jusqu'à la fin des temps ;

qu'il n'y a (sourate II, verset 256) « point de contrainte en religion » et que nul imam, nul ayatollah, nul docteur ou savant n'a, en ce monde, le pouvoir de contraindre tel ou tel à se conduire en « bon musulman » ;

qu'à chacun « revient » (sourate CIX, verset 6) sa religion et que les religions, disparates certes, concurrentes, se doivent considération réciproque, tolérance ;

que les fidèles de l'islam, qui doivent amour à leur prophète, doivent respect à Ibrahim, Moussa, Issa (Abraham, Moïse, Jésus), les autres prophètes, glorifiés à chaque prière ;

que « djihad » ne veut pas dire « guerre sainte » mais « ascèse », effort « sur le chemin de Dieu », et ne prend cette connotation dérivée de « guerre » que plus tard, en un second temps, celui des Croisades (jusque-là, et encore après, un mot de la morale, non de la politique, encore moins de l'art militaire) ;

qu'une « fatwah » n'est pas un ordre, un imprescriptible commandement, ou qu'elle ne l'est, plus exactement, que par abus de sens et de pouvoir – cf. Khomeyni ;

que la « charia » au nom de laquelle, dans nombre de pays, on continue, aujourd'hui encore, de lapider les femmes adultères – cf. le cas de la nigériane Safiya Husaini, condamnée à Sokoto, en sursis à l'heure où j'écris – ne revêt pas la forme d'obligation que croient les fanatiques ;

que le port du foulard chez les jeunes filles n'est lui aussi, quand on lit vraiment les textes, qu'une recommandation circonstanciée et que la question ne mérite pas, en tout cas, la crispation, le déchaînement idolâtrique que l'on a vus, récemment, en France ;

que, même s'il n'est, à l'évidence, « pas très favorable à ce que la femme soit l'égale de l'homme », même s'il permet la polygamie et le régime de soumission qui s'y attache, rien, en islam, n'interdit que soient formées des lois donnant aux femmes leur place dans la société, leurs droits ;

qu'il y a des pages du Coran qui prônent le métissage culturel, la rencontre, l'impureté – par exemple la sourate IL verset 13 : « nous vous avons constitués en peuples et tribus pour que vous puissiez vous connaître les uns les autres » ;

qu'Ibn Khaldoun invente la sociologie ;

que La Fontaine, pour ses « Fables », s'inspire d'Ibn al-Muqaffa, un écrivain arabe du VIIIe siècle, autant que d'Esope ;

que les musulmans ont produit l'algèbre, le zéro et, dès le IXe siècle, les observatoires du ciel, l'astronomie ;

que, de Damas à Palerme, Grenade, Samarkand, l'essentiel de la philosophie grecque, donc du logos occidental, se perpétue à travers les textes, donc la langue, des savants des « Maisons de la sagesse » arabes – n'est-ce pas à Averroès, au XIIe siècle, que nous devons, en Occident, la transmission de l'essentiel de l'héritage d'Aristote ?

qu'il n'y a jamais eu, en islam, contrairement à ce que voudraient faire croire les obscurantistes, d'interdit sur la traduction ni, encore moins, la représentation – cf., en Perse, la tradition d'enluminures, de peinture, de dessin ;

qu'il y eut, entre les IXe et XIe siècles, un âge d'or de la culture arabe et qu'Abd al-Rahman III, le calife qui régna sur l'Espagne musulmane durant un demi-siècle, s'entourait de savants indifféremment juifs, chrétiens, arabes ;

qu'il s'est, à l'aube de la modernité, encore trouvé des réformateurs pour, comme Jamal al-din al-Afghani et Mohammed Abduh, continuer de dire la nécessité, non seulement du dialogue entre les mondes, mais de l'amendement de textes sacrés jugés à tort impeccables, intouchables ;

que l'acquisition du savoir en général, et du savoir religieux en particulier, est, selon un « dire » du prophète, jugée assez importante pour être mise sur le même plan que ces piliers de la foi que sont le jeûne du ramadan et la prière quotidienne ;

bref, qu'il y a un islam dur, terriblement noir, assassin, qui engendre les talibans et règne en Arabie saoudite, mais qu'il y en a un autre, éclairé, en guerre avec le premier, riche d'une tradition dont tout indique qu'elle a, dans les textes mêmes, autant, sinon plus, de titres à l'orthodoxie et, donc, de légitimité – voilà ce que montre l'écrivain franco-marocain, prix Goncourt 1987, Tahar Ben Jelloun dans un petit livre simple, limpide, fort : « L'islam expliqué aux enfants » (Seuil) : dois-je insister sur l'importance de cette lecture, aujourd'hui ? faut-il dire à quel point elle s'impose en ces heures où tant de voix s'élèvent pour dire l'inévitable choc des cultures, des civilisations, des religions ? Précieux Ben Jelloun.

18 janvier 2002.

La mort de Jean-Toussaint Desanti.

J'étais parti pour consacrer ce bloc-notes au beau livre (« La liberté nous aime encore », éditions Odile Jacob) que Jean-Toussaint Desanti vient, avec Dominique, sa femme, de consacrer à sa traversée du siècle. J'étais en train de chroniquer cette autobiographie à deux voix, inédite dans sa forme, où, sous l'impulsion d'un tiers, Roger-Pol Droit, deux êtres qui s'aiment depuis soixante ans témoignent, confrontent leurs souvenirs et, en racontant leur temps, se livrent. Je voulais dire l'adolescence non conformiste de l'une, la naissance corse de l'autre, la guerre ensemble, la Résistance, l'illusion communiste et son avenir, l'amour comme deux aventures singulières mais partagées, le refus de la transparence, la révolte, la générosité, la colère. Et puis voilà. C'est dimanche. Un ami m'appelle. Jean-Toussaint, « Touky » pour ses amis, est mort. Il avait 87 ans. Une œuvre immense et rare. Et il ne me reste à dire que ma peine, les images de lui qui me reviennent, son influence sur ma génération et sur moi – au lieu du livre qu'il venait d'écrire, le vide qu'il laisse déjà.

Touky, à l'Ecole normale, dans le rôle de passeur secret, sans dogmes, devenant, au fil des ans, le maître des maîtres de l'époque – Althusser, Foucault, d'autres : qui sait ce que serait la pensée française d'aujourd'hui sans la trace presque silencieuse de ce Socrate moderne ? qui peut dire ce que nous serions sans cette initiation têtue, continue, aux disciplines conjointes de l'histoire des sciences façon Bachelard, de l'épistémologie version Canguilhem, de la phénoménologie merleau-pontienne ?

Touky, à mi-chemin de Husserl et de Spinoza, ou de Platon et de Plotin, nous éduquant, non plus comme dans la philosophie des sciences traditionnelle à surplomber les savoirs pour en reconstituer la carte et tenter d'y percevoir des lignes de fuite ou de traverse, mais à creuser au contraire, percer leur sol supposé sûr et, en creusant, en fouillant, en allant ainsi vers la racine, trouver peut-être le point de leur engendrement logique et commun.

La lenteur de Touky, son obstination dans le concept, sa façon d'opposer le travail philosophique et la contention d'esprit qu'il suppose à l'éparpillement du jour le jour – une œuvre rare, oui, incroyablement mince par son volume quoique d'un incomparable rayonnement : comme Althusser ? oui, si l'on veut, comme Althusser ; sauf que, de ces deux spinozistes, l'un avait la rareté sombre, désespérée, tragique, quand l'autre l'avait heureuse, sans trace de « passion triste ».

La langue de Touky, réputée obscure, exagérément spéculative : des fables au contraire ; les paraboles du prêtre, du soldat, du bagnard de Biribi ; ce qu'implique, métaphysiquement, le fait, pour un intellectuel, d'avoir passé sa jeunesse avec un revolver dans sa poche ; l'invention, pour éclairer les classiques questions de la croyance, des rapports de l'âme et du corps ou bien, entre elles, des âmes incarnées, des jolis concepts de « bassin de capture », de « champ symbolico-charnel », de « semblant solide » – peu de langues philosophiques furent plus littéraires, plus poétiques !

Logicien alors, ou poète ? Matérialisme conséquent ou mathématiques sévères ? Et que sont, au juste, ces « idéalités mathématiques » dont il suggérait lui-même qu'elles ne sont ni tout à fait du ciel ni tout à fait de la terre, et auxquelles, depuis son premier grand livre, en 1968, il a attaché son nom ? L'énigme Touky telle que l'avait formulée, juste avant de mourir, dans une forte lettre à laquelle répondit un autre très grand livre, l'ami Maurice Clavel.

Touky chez lui, les yeux mi-clos comme un vieux chat, la bouche mince, réduite à une fente, et qui l'empêchait presque de sourire, le jour où, pour la première fois, il me raconta ce matin d'été 1942 où il vit, au Panthéon, assis sur leurs petites valises, des enfants juifs que la police française allait emmener : l'envie de tuer, à cet instant ; l'arme qui, par exception, n'est ce jour-là pas dans sa poche ; et la décision, alors, dans le feu retenu de cette violence, de transformer le parti pris éthique en politique.

Touky – pardon de ce souvenir plus personnel – volant, il y a vingt ans, au secours du livre, « L'idéologie française », où je tentais une archéologie de notre fascisme national : les chiens étaient lâchés ; les excommunications pleuvaient ; et ils ne furent pas nombreux ceux qui, alors, firent barrage – Semprun, Revel, Sollers et donc lui, Touky, antifasciste par réflexe et logique, à la façon de son maître Jean Cavaillès, le modèle du Saint-Luc, incarné par Paul Meurisse, de « L'armée des ombres » de Melville, son film fétiche.

Touky répondant, lorsqu'on l'interrogeait, comme Dominique-Antoine Grisoni – avec Roger-Pol Droit, son dernier compagnon de dialogue – sur ce qu'était la philosophie : un rêve de flambeur ; un poker ; une façon de tout miser, vraiment tout, la vie, les textes, les expériences de l'intelligence et celles de la chair, sur le tapis de la pensée et de ne jamais savoir, d'avance, si l'on va un peu gagner ou tout perdre.

25 janvier 2002.

Affaire Aussaresses : c'est Olivier Orban que l'on condamne !

Le verdict du procès Aussaresses – condamnation légère pour le tortionnaire ; condamnation lourde, assortie d'attendus d'une violence extrême, pour Olivier Orban, son éditeur – est une honte.

Je passe sur les attendus.

Je passe sur l'image du pauvre vieillard, manipulé par les médias, sénile, qu'un éditeur indélicat aurait poussé au crime – pardon : aux aveux.

Je passe sur l'idée folle selon laquelle la maison Perrin, en versant aux dossiers de l'Histoire ce témoignage de première main, aurait – c'est ainsi que les juges parlent – incité les jeunes générations à prendre exemple sur des « actes brutaux et inhumains » et favorisé, donc, « l'émergence de nouveaux tortionnaires ».

Le plus grave, c'est qu'il nous est clairement dit, par ce jugement, que l'on est moins coupable, en France, quand on commet un crime que lorsqu'on le révèle.

Le plus grave, le plus honteux, c'est de voir ainsi affirmé que le vrai crime n'est pas d'avoir torturé, que ce n'est pas d'avoir tué de ses propres mains des civils, hommes et femmes désarmés, que ce n'est même pas d'avoir défenestré Ali Boumendjel, pendu Larbi Ben M'Hidi et rédigé le procès-verbal de son « suicide » la veille de son exécution (pour ces forfaits-là, et pour quelques autres, sur lesquels le livre fait, pour la première fois, toute la lumière, la 17e chambre trouve, apparemment, des circonstances atténuantes et estime que, de toute façon, il n'est plus temps de juger) – le plus grave, c'est d'apprendre que l'inexcusable n'est pas d'avoir fait tout cela, mais de le dire et de le faire dire.

Le plus grave, en un mot, c'est qu'en condamnant l'éditeur, en lui reprochant de faire son métier et d'apporter la preuve, enfin, de ce que tout le monde soupçonnait sans bien le savoir, en criminalisant un geste qui a, entre autres mérites, celui de nous faire visualiser la chaîne de commandement qui partait d'Aussaresses et Massu pour arriver jusqu'aux ministres Lacoste, Lejeune, Bourgès-Maunoury, Mollet, Mitterrand, bref, en clouant au pilori une démarche éditoriale qui permet d'établir, par exemple, qu'un certain François Mitterrand, alors ministre de la Justice, travailla la main dans la main avec les tortionnaires et leur demanda de

« neutraliser tous les agents du terrorisme liés au FLN » et d'utiliser pour cela « tous les moyens appropriés », la justice française fait un immense bond en arrière, verrouille l'accès à la vérité et réinvente, qu'on le veuille ou non, une forme de censure.

Qu'adviendra-t-il, demandais-je ici même, il y a quelques semaines, pendant le procès, et alors que nul n'imaginait encore son incroyable dénouement, qu'adviendra-t-il d'un éditeur qui, demain, tomberait sur les Mémoires d'un kamikaze repenti, ou sur le témoignage d'un ancien membre d'Al-Qaeda, et qui, comme Orban avec Aussaresses, déciderait d'en faire un livre ?

Que se passera-t-il s'il publie, comme tous les éditeurs du monde n'ont cessé, pour le plus grand bonheur des historiens, de le faire depuis cinquante ans, un ancien SS, un gardien de camp nazi, un kagébiste, qui, au soir de leur vie, pour une raison ou pour une autre, décideraient de tomber le masque – que se passera-t-il s'il a le malheur, de surcroît, et comme c'est, encore une fois, la règle, de chercher le concours d'un journaliste qui aidera le témoin à mettre en forme son ignoble récit, qui sollicitera sa mémoire défaillante, qui le forcera aux aveux les plus nauséeux, les plus horribles et, par définition, les plus difficiles ?

Sera-t-il condamné, lui aussi, cet éditeur ? Devra-t-il, avant de publier, demander la permission du tribunal ? Appartiendra-t-il à Mme Catherine Bezio, la présidente, de faire le partage entre ce qui relève (sic) du « ton historique » et ce qui n'en relève pas ? Faudra-t-il, en publiant de pareils textes, en alimentant, tant que les témoins vivent, l'archive de l'histoire vivante, faudra-t-il, quand on pense, comme Henri Marrou, le grand historien catholique, fondateur, en 1957, d'un Comité de résistance spirituelle à la guerre d'Algérie, que l'Histoire trouve son bien partout, même dans l'ordure – faudra-t-il, quand on pense cela, craindre de se voir, comme Orban, traîné devant les prétoires, insulté, déshonoré ?

On croit rêver. Mais non. Nous en sommes là. C'est bien ainsi que seront traités tous ceux qui, si ce jugement fait jurisprudence, estiment que le premier devoir d'un éditeur de documents historiques est d'informer. C'est ainsi que l'on essaiera de faire taire les imprudents qui, à propos de l'Algérie et du reste, continueront de croire qu'il faut, coûte que coûte, rendre à la France sa mémoire, chercher dans ses trous noirs, déplacardiser la vérité. Pureté dangereuse. Hypocrite imbécillité. Il faut que ce jugement soit cassé.

1er février 2002.

Konop remet les pendules à l'heure.

Voici un petit livre – Guy Konopnicki, « La faute des juifs », Balland – qui, traitant d'Israël, des Palestiniens, du droit légitime des uns à la sécurité, des autres à un Etat souverain, a le très grand mérite de repartir de zéro et de déblayer quelques-unes des idées reçues qui paralysent, sur le sujet, la réflexion.

On y rappelle comment l'actuelle Intifada, par exemple, commença au moment même où Israël, par la voix d'Ehoud Barak, proposa un plan de paix qui, même s'il n'était pas parfait, reconnaissait aux Palestiniens 95 % des territoires et la souveraineté sur une partie de Jérusalem.

On y démontre qu'Israël, cet Etat « sûr de lui et dominateur », parangon de l'« impérialisme », est le premier vainqueur de l'Histoire qui, s'étant emparé de terres à la suite d'une série de guerres où il fut, chaque fois, l'agressé, les a intégralement rendues (hier, à l'Egypte de Sadate) ou a accepté de les rendre (aujourd'hui, aux Palestiniens, négociations de Camp David, puis de Taba).

On y comprend que les Israéliens ne sont pas des saints ; qu'ils peuvent, comme tous les peuples, commettre des erreurs tragiques et qu'ils sont évidemment capables, notamment, de se donner de mauvais leaders ; mais que Sharon, puisque c'est de lui qu'il s'agit et que son nom est en passe de devenir, plus que celui de Castro, de Pinochet ou de tous les seigneurs de la guerre asiatiques ou africains réunis, le symbole planétaire numéro un du crime et de l'infamie –, que Sharon, donc, est, non la cause, mais la conséquence d'une guerre qui n'en finit pas.

On y voit comment, quelles que soient les responsabilités d'Israël dans le tort fait aux Palestiniens, l'autre faute initiale, celle qui, depuis 1948, empoisonne la région et est à l'origine de ses guerres, tient dans le refus arabe d'admettre l'existence d'un Etat juif, donc de partager la terre avec lui et d'envisager ce compromis territorial, politique, militaire, culturel qui, depuis que le monde est monde, est la seule façon d'éteindre les conflits.

On y observe comment les grands Etats arabes, plutôt que d'intégrer les réfugiés palestiniens de 1948, plutôt que de leur donner un niveau de vie et un statut décents, ont choisi de les confiner dans des camps devenus, avec les années, autant de citadelles d'un nouveau désert des Tartares d'où était censée partir la reconquête future – et on s'y avise que l'Autorité palestinienne elle-même, peut-être pour les mêmes raisons, peut-être parce qu'elle n'ose dire à ces millions de pauvres gens qu'elle leur ment depuis cinquante ans et que c'est ici, en Cisjordanie, à Gaza, qu'ils auront à bâtir leur destin et leur Etat, maintient les camps en l'état et réalise le tour de force de faire d'eux des réfugiés dans leur propre pays.

On y découvre que, de même qu'Israël était, du temps des Soviétiques et de leur soutien aux Etats arabes dits progressistes, le seul Etat de la région où un parti communiste avait pignon sur rue, de même, aujourd'hui, alors que la guerre fait rage, on trouve des mouvements palestiniens qui publient à Jérusalem-Est, c'est-à-dire sous contrôle israélien, des revues interdites à Gaza, sous administration de Yasser Arafat – on y vérifie, autrement dit, qu'Israël reste, malgré la guerre, malgré les bavures, les morts, le bouclage des territoires, la seule démocratie de la région.

Konopnicki nous parle de Durban, cette ville d'Afrique du Sud où toutes les dictatures du monde se sont réunies pour, avec la bénédiction, non seulement des démocraties, mais, hélas, de certaines ONG, s'exempter de leurs propres forfaits, les faire presque oublier et nous dire que rien n'est plus urgent que de lutter contre le vrai, le seul, le plus grand crime de l'époque, assimilable à la traite des Noirs, au racisme, ou même à l'extermination des juifs : le sionisme.

Il nous parle du naufrage de ces ONG qui furent

l'avant-garde de l'antitotalitarisme et qui, portant soudain sur leurs épaules toute la bêtise du monde, ânonnant un antisionisme de principe qui fut le cri de ralliement des staliniens, en sont à nous dire que « Saddam est l'avocat des pauvres », que le vrai crime fut moins la destruction des Twin Towers que la présence à Manhattan d'un « centre de la finance mondiale » et que peu importe, pourvu que l'on dénonce Israël, le massacre des Soudanais, Burundais, Angolais et autres Sri-Lankais, les incomptés des guerres oubliées de ce début de XXIe siècle.

L'auteur démontre, au passage, comment la mise en exergue des seuls morts de l'Intifada fonctionne comme un écran cachant que les vrais bourreaux du peuple palestinien ont souvent été ces « alliés », ces « frères », qui, lors même qu'ils brandissaient son drapeau et lui promettaient la reconquête de Nazareth et de Jaffa, déclenchaient les massacres de Septembre noir, puis de Tall al-Zatar au Liban – sans oublier le crime des phalangistes libanais dans les camps de Sabra et Chatila.

Bref, voilà un petit livre vif, lumineux, véhément, que devraient s'empresser de lire tous ceux qui, au Proche-Orient et ailleurs, veulent penser l'après-11 septembre.

8 février 2002.

Avant de partir pour Kaboul...

Chirac en campagne. L'affrontement, dit-on, sera dur. Je crois surtout qu'il sera physique. Presque athlétique. Corps contre corps. Deux corps, autant que deux discours, lâchés l'un contre l'autre. Mission afghane oblige, je ne serai pas là pour le voir, c'est dommage.

Bourdieu ? Non, je n'ai pas réagi à la mort de Bourdieu. Superstition. Respect des morts, même adversaires. Et puis la cause me semblait entendue depuis longtemps. Sur ce mandarin parlant au nom de la « basse intelligentsia », sur ce pur produit de l'élite dénonçant la « distinction », sur cette star des médias théorisant inlassablement son allergie à la « télévision », je ne me posais qu'une vraie question : était-il Alceste ou Tartuffe ? Mais, en même temps, à quoi bon...

Qui a dit : « l'œuvre d'un écrivain, c'est un placard où se trouve un cadavre » ? Peut-être Céline.

Chirac encore. Portrait, par Joseph Macé-Scaron, du président-candidat (« Pour ou contre Jacques Chirac », avec François Taillandier, Bayard) : le Salon de l'agriculture comme « épiphanie du chiraquisme » ; ce « président sans divertissement s'ennuie comme un personnage de Giono ; à ce hussard sur le moi, il faut vite un cheval » ; et puis, tout dernier mot (l'intéressé l'aurait-il lu, avant son dernier dialogue avec Patrick Poivre d'Arvor ?) : l'Histoire n'est faite « ni par les peuples ni par les rois, mais par la passion »...

Foucault sur son lit de mort : « dites à Canguilhem de venir : lui sait mourir ! ». On songe au « faites venir Bianchon » de Balzac. Sauf que ce n'est pas Canguilhem qui était la créature de la comédie humaine foucaldienne, mais l'inverse.

Scruter, à la télévision, le visage impassible de Milosevic. Pourquoi Shakespeare s'intéresse-t-il à un roi déchu et non à Fortinbras ? à Richard III,

Lear, etc., et non à leurs vainqueurs ? Voilà. Parce que ce sont les chefs vaincus qui ont le plus à nous dire de l'énigme du surpouvoir, de l'extrême barbarie, de la servitude volontaire ou non, du crime, bref, du métal politique chauffé à blanc.

Faire la guerre sans l'aimer : ce mot, que je cite depuis des mois en l'attribuant soit à Malraux, soit à Massoud, je le retrouve chez Bataille quand il passe de Contre-Attaque (« mouvement dirigé avant tout contre la guerre ») à Acéphale (« il faut envisager la question de la guerre avec autant d'ironie que de brutalité devant la terreur des autres »). Critique, n° 636, mai 2000.

Nietzsche : « la lutte contre les juifs a toujours été la marque des nations basses ». Bizarre, cet homme cerné par les antisémites et qui ne cesse de répéter que seuls les juifs allemands sauveront l'Europe de la « catastrophe ». L'exact contraire de Heidegger, entouré de juifs – Arendt, Löwy, Husserl... – et qui eut, comme dit Max Dorra, moins d'intelligence sur la question qu'un séquoia.

Bourdieu toujours. Ces bataillons de disciples partant déjà en guerre pour les reliques de la vraie croix. Je pense à Deleuze, que je n'aimais pas non plus, mais que je tenais pour un grand. Je pense à ce métaphysicien qui mourut, lui, sans disciples et qui professait que l'apparition d'une école est toujours mauvais signe pour une pensée. Que faut-il souhaiter ? L'importance d'une philosophie se mesure-t-elle au nombre de ceux qui s'en réclament ? Ou les philosophies majeures sont-elles des philosophies moins visibles, clandestines, furtives, empêchées par leur radicalité même de s'agréger aux blocs d'opinion constitués et qui, si elles agissent sur leur temps, le font sans vraiment s'y mêler ? Image du fleuve Alphée. Image d'un poison qui attaquerait le corps du siècle, mais en secret.

Annuler, pour cause de mission afghane, un voyage à Jérusalem. Annuler le débat annuel, avec Benny Lévy et Alain Finkielkraut, de notre Institut d'études lévinassiennes. Renoncer, surtout, à ces quelques jours avec mes amis israéliens plongés, comme jamais, dans la tourmente, et en recherche de la voie juste. Tristesse. Mais, bien entendu, partie remise.

Relu, pour ce débat à Jérusalem, une biographie du plus mystérieux des philosophes juifs contemporains, Franz Rosenzweig. Ces taches dans l'histoire de sa vie. Ces zones d'ombre. C'est toujours ce que je préfère dans l'existence d'un penseur : ces moments dont on ignore tout et dont on ne sait s'il faut conclure qu'il y a trop vécu ou plus du tout – si le peu de traces laissées tient à l'extinction du moteur biographique ou au fait qu'il s'est mis à tourner, soudain, à plein régime.

Qu'est-ce qu'un intellectuel juif laïque ? Celui qui peut dire : « je ne connais pas le Talmud mais le Talmud, lui, me connaît ».

15 février 2002.

Mission afghane.

J'interromps ce bloc-notes. Un mois. Peut-être plus. Le temps de cette mission afghane que viennent de me confier le président de la République et le Premier ministre et dont j'ai, avec Gilles Hertzog, accepté le grand honneur.

L'objet de cette mission ?

Nouer, dit la lettre-programme que m'adresse Hubert Védrine, un « dialogue avec les nouvelles autorités afghanes ».

Recueillir, auprès desdites autorités, mais pas seulement, « à Kaboul » mais aussi « en province », « les attentes et les besoins du peuple afghan » dans ces « domaines prioritaires » que sont, non seulement la culture, mais – je cite – « l'éducation, la santé, le développement social et économique, la construction de l'Etat de droit ».

Sur la base de « cette évaluation », la lettre de mission dit aussi de « cet état des lieux », établir une « liste de recommandations et de propositions » destinées à « orienter », voire « définir » un « projet de coopération français » à court et à plus long terme avec un Afghanistan libre mais en ruines et où, de Kessel à Massoud, la présence française a été si forte.

Bref, en liaison avec « les principaux programmes de coopération mis en place par les pays ou organismes multilatéraux » déjà présents sur le terrain, en tenant compte, aussi, des innombrables « initiatives » qui n'ont, depuis la déroute des talibans, cessé de se multiplier et qui témoignent du pacte séculaire noué, depuis les années 20 et le pari français du roi Zaher Chah, entre nos deux pays, en liaison donc avec tout cela, imaginer l'ébauche d'un plan de reconstruction culturelle, paraculturelle et politique.

Qu'un écrivain ne soit pas absolument dans son rôle lorsqu'il part ainsi travailler à la reconstruction d'un pays en ruines, c'est possible.

Qu'il y ait quelque paradoxe dans l'image d'un

gouvernement confiant une mission de cette nature à un intellectuel critique (Chirac... Jospin... : je ne me dois ni à l'un ni à l'autre), incontrôlable (cf. ma vive polémique, ici même, l'an dernier, avec Hubert Védrine : il prônait une doctrine, dite depuis « doctrine Védrine », dont je n'aimais pas la part de realpolitik), voire hostile (cf. au moment de la Bosnie, dans les articles, puis dans un livre, le procès de ceux que j'appelais les « Norpois » et chez qui je doute que, s'ils se sont reconnus, j'aie laissé un bien bon souvenir), c'est probable.

Et, pour être franc, je dois avouer que je ne suis pas le moins dérouté de faire, pour la première fois de ma vie, un voyage de ce type avec responsabilité officielle, passeport diplomatique, mandat : trois fois, sous les Soviétiques, puis sous les talibans, je suis entré en Afghanistan, comme j'entrerai plus tard au Sud-Soudan ou dans les zones de guérilla de la jungle colombienne, c'est-à-dire clandestinement ; trois fois j'ai été un électron libre, ne représentant que moi-même, ne m'autorisant que de mes propres convictions et venant transmettre à Massoud l'hommage d'une opinion publique en avance sur les gouvernants ; me voici, pour ce quatrième voyage, « voix de la France », et cela fait tout drôle...

Mais bon. Pour un amoureux de l'Afghanistan et de son propre pays, pour un homme qui rêve, comme en Bosnie, de voir ses deux amours se retrouver et la France se porter donc au premier rang des secours à un peuple plusieurs fois martyr, pour un intellectuel qui, de surcroît, a passé sa vie à récuser le faux partage entre éthique de conviction et éthique de responsabilité, pour quelqu'un qui, en Afghanistan mais aussi en Bosnie, n'a cessé de refuser l'opposition si bête de l'intellectuel aux mains blanches et de l'expert supposé savoir, l'occasion était trop rare et ne pouvait se refuser.

Je n'ai rien oublié, bien sûr.

Je pourrais, à la nuance près, retrouver mon état de colère d'il y a un an, quand Massoud vint à Paris, que ni Chirac ni Jospin ne daignèrent le recevoir et que seul Védrine sauva l'honneur.

Mais raison de plus. Si, à défaut de moi, les choses changent, comment ne pas se réjouir ! Si je peux, main dans la main avec des diplomates et des politiques que je sens, pour la première fois, sur la même longueur d'onde, modestement contribuer à ce que la France soit, dans cette affaire, à la hauteur de sa vocation et de son Histoire, comment ne pas jouer le jeu ?

A l'heure où ces lignes paraîtront, je serai à Kaboul, plongé dans des problèmes de génie civil et de réseaux satellitaires, de statuaire détruite et de journaux sans papier. Je serai auprès de vieux amis du Panchir retrouvés dans leur nouveau rôle d'apprentis hommes d'Etat et je pleurerai, avec eux, Massoud et son rêve afghan. Que tout cela puisse, un jour ou l'autre, donner matière à récit, pourquoi pas ? Mais l'honnêteté, la rigueur, le souci de l'efficacité veulent que je m'en tienne, pour l'heure, à l'action et, ici, au silence.

22 février 2002.

Conférence à Kaboul (extraits).

J'ai parlé, sous les bombes, aux combattants de Sarajevo. J'ai parlé, après leur libération, aux amis de Belgrade, en Serbie.

Je suis heureux, et ému, de parler aujourd'hui au peuple libre de Kaboul. Et je voudrais avant tout saluer les artisans de cette liberté. (...)

Je salue le peuple de Kaboul, ses résistants de l'ombre, qui ont tenu bon sous la dictature des Soviétiques, puis sous la pluie de bombes des seigneurs de la guerre, puis la férule enfin, sanglante et absurde, de l'ordre taliban.

Je salue en particulier les femmes, celles qui sont ici et celles qui n'y sont pas encore – je les salue parce qu'elles furent doublement martyres, parce qu'elles furent doublement opprimées, et qu'elles sont en première ligne de votre combat pour la dignité des droits humains. (...)

Il y a, entre votre pays et le mien, une longue et belle histoire d'amour.

De votre côté, un roi éclairé qui, au début du siècle dernier, dans le respect des traditions afghanes, ouvrit l'Afghanistan sur le monde et la modernité. Un autre roi, que vous attendez tous ici, Zaher Chah : il a fait ses études en France, il œuvra pour que s'ouvrent, à Kaboul, deux magnifiques lycées français, il fit appel à des Français pour aider à la rédaction d'une Constitution démocratique qui donnait, entre autres, le droit de vote aux femmes. Et puis Massoud enfin, ancien élève du lycée Istiqlal, admirateur d'un autre résistant, Charles de Gaulle, dont je me souviens lui avoir offert, un jour, dans le Panchir, les « Mémoires de guerre » et les « Mémoires d'espoir » – Ahmed Chah Massoud qui, lorsqu'il jugea venue l'heure d'alerter le monde sur la menace que faisaient peser les talibans et Al-Qaeda, choisit, comme vous le savez, la France pour délivrer son message.

De notre côté, les archéologues de la Dafa, amoureux fous de votre pays et de sa culture, lui consacrant parfois leur vie et bâtissant avec vous, ici, le musée de Kaboul, à Paris le musée Guimet, double volet d'un même patrimoine, aujourd'hui vandalisé, et que nous allons restaurer ensemble. Des médecins, venus de toutes les régions de France, admirables French Doctors qui venaient, à travers les montagnes, secourir les populations martyres du Panchir. Et puis les écrivains enfin, qui, depuis Joseph Kessel, n'ont cessé de rendre hommage à ce pays de l'insolence, ce Yaghestan, ce peuple de paysans, de guerriers indomptables, mais aussi de lettrés, de poètes, de théologies, de mystiques. (...)

Mes impressions du nouvel Afghanistan ? Un pays détruit mais libre.

J'ai parcouru Kaboul. J'ai visité Bamiyan. J'ai traversé la plaine de Chamali. Partout, je n'ai vu que ruines, cendres, désolation. Partout, j'ai vu les cicatrices de ces guerres interminables dont nous ne savons pas encore tout, dont on mesurera un jour l'ampleur et l'horreur – et dont vous sortez à peine.

Mais, en même temps, j'ai vu, je vois tous les jours, le bouleversant spectacle d'un peuple libre qui, avec un courage inouï, presque sans exemple, entreprend de refermer ses plaies. (...)

Nous vous devons beaucoup, car vous avez représenté un exemple pour le monde, bien avant que le monde ne songe à vous apporter ses lumières.

L'image de votre lutte contre les impérialismes russe et britannique, le spectacle de votre courage face à tous ceux qui, au fil des siècles, tentèrent de vous asservir ont forcé le respect des mouvements de libération du XXe siècle. Et puis l'Europe elle-même, la partie de l'Europe qui, en tout cas, vécut cinquante ans sous la botte communiste, vous doit une part de sa liberté : n'est-ce pas les moudjahidine qui, les premiers, ont montré que l'Armée rouge n'était pas invincible ? n'est-ce pas ici, dans vos montagnes, que l'empire soviétique a entamé son crépuscule ? Pour cela, oui, le monde occidental est en dette. Et pour cela aussi, je crois que c'est justice de vous aider.

Comment ? (...) Sachez que la France maintiendra vraisemblablement l'essentiel de son contingent au sein de la force multinationale et participera à la formation de la future armée afghane. Sachez encore – je ne résiste pas à la joie de vous l'annoncer – que j'ai appris, à Bamiyan, l'existence d'un troisième grand Bouddha, un Bouddha couché, enterré depuis des siècles, dont témoignèrent jadis des pèlerins chinois : les talibans, grâce au ciel, en ignoraient l'existence, et le musée Guimet envisage une mission archéologique française destinée à le retrouver. Sachez enfin – car il s'agit d'un engagement que je prends, cette fois, à titre personnel – que je compte aider l'ONG française Aina, éditrice du nouveau Kabul Weekly, à créer un journal en français, en dari et en pachtou, qui verra le jour en mai prochain et qui, dans notre esprit, s'appelle déjà Les Nouvelles de Kaboul.

Un écrivain français disait que la France n'est jamais aussi grande que lorsqu'elle l'est pour tous les hommes. Un de vos sages a dit, comme en écho, que l'Afghanistan n'est jamais aussi grand que lorsqu'il est fidèle à toutes les cultures qui le façonnent. Puissions-nous, ensemble, illustrer ce double précepte.

8 mars 2002.

Retour de Kaboul : José Saramago, José Bové, etc. – halte aux incendiaires des âmes.

L'Afghanistan au cœur, et dans la tête, pendant toutes ces semaines. Et puis, à peine rentré, l'actualité proche-orientale et le terrible vent de folie qu'elle fait souffler sur les esprits.

Je suis de ceux – est-il nécessaire de le redire une fois encore ? – qui plaident depuis trente ans pour un Etat palestinien de plein droit, à côté de l'Etat d'Israël.

Je suis de ceux – je l'ai écrit, ici même, à maintes reprises – qui savent qu'il n'y a jamais, nulle part, de réponse purement militaire au terrorisme et qu'en n'offrant à ses adversaires aucune espèce de perspective, en ne disant rien de son projet politique et du monde qu'il entend construire avec eux, Ariel Sharon se fourvoie et égare son pays.

Je me sens proche, en d'autres termes, de ceux, et ils sont nombreux, qui, en Israël même, estiment qu'il n'y a pas d'autre issue à la tragédie que de démanteler les implantations, évacuer la Cisjordanie et Gaza, se libérer du fardeau politique et moral que représentent ces territoires – je me sens proche de ceux qui, là-bas, se sont résolus à cette « séparation unilatérale » qui permettrait, avec l'accord ou non des Palestiniens, d'arrêter les combats, de dégager l'espace pour un Etat palestinien viable et d'assurer la sécurité d'Israël.

Cela étant dit, ce n'est pas là-bas, mais ici, que je suis et j'entends, ici, à Paris, des choses qui, depuis mon retour, me semblent intolérables et folles.

Intolérables, les propos de ce grand écrivain européen, prix Nobel de littérature, José Saramago, expliquant, au bout de quelques heures passées en Palestine, que Ramallah, c'est Auschwitz.

Intolérables, les déclarations d'un José Bové osant insinuer, comme le premier négationniste venu, ou comme les salopards qui, le 11 septembre, expliquaient sur Al-Jezira que « les juifs » étaient les probables auteurs de l'attentat contre les tours de New York, que ce sont les Israéliens eux-mêmes qui, parce que le crime leur « profite », brûlent en France les synagogues.

Intolérables, ces commentateurs (pas tous, bien entendu ! et gare au procès, injuste, irresponsable, des médias « en général » !) qui, reprenant les mots mêmes de la propagande, baptisent « martyrs » ou « résistants » les auteurs des attaques-suicides contre des civils juifs dont le seul crime est de s'être trouvés là, dans tel restaurant, telle pizzeria, tel autobus à Haïfa, tel hôtel de Tel-Aviv où ils s'étaient réunis pour fêter Pâque.

Intolérable, car contraire à la vérité, l'idée selon laquelle les Brigades al-Aqsa et les autres commandos, liés ou non au Fatah, qui programment ces attaques contre les civils n'auraient « pas vraiment le choix », car il s'agirait d'un acte ultime, dicté par la détresse, le désespoir : c'est, évidemment, l'inverse ; c'est au moment même où l'espoir renaissait, c'est-à-dire après que Clinton et Barak eurent enfin reconnu aux Palestiniens l'Etat auquel ils ont droit, que fut mise en œuvre cette stratégie de guerre par la terreur.

Intolérable, quoi que l'on pense de la politique de Sharon et même si, comme moi, on la désapprouve, la béatification d'un Arafat dont tout le monde a l'air d'oublier l'écrasante responsabilité dans ce refus du plan Clinton-Barak et, donc, dans la perpétuation du malheur de son peuple.

Intolérable, en fait, cette hystérie sémantique et politique qui hitlérise Sharon, sharonise Israël, transforme l'armée israélienne en une armée fasciste visant les civils comme tels, massacrant indistinctement hommes, femmes et combattants, procédant à des exécutions massives, voire à une épuration ethnique ; et intolérable, au bout de la chaîne, l'assimilation des juifs de France à cet Israël diabolisé, accusé des pires forfaits – jusques et y compris, quand il encercle l'église de la Nativité qu'ont investie deux cents combattants palestiniens en armes, la profanation des lieux saints de la chrétienté.

Alors, j'entends aussi, bien sûr, des choses justes et belles.

Je vois, sur le même pavé parisien, des manifestations de soutien à la cause israélienne ou palestinienne qui se déroulent, l'une comme l'autre, dans la dignité.

Je rencontre, sur un plateau de télévision, des hommes émus, comme nous le sommes tous, par les images venues de Naplouse, mais sans verser, pour autant, dans l'amalgame ou l'injure.

Je lis, dans Le Monde du 10 avril, un texte sans équivoque, signé d'intellectuels arabes de renom, appelant à « ne pas se tromper de combat » et à ne pas oublier que les « partenaires les plus précieux » des Palestiniens sont ceux des Israéliens qui « œuvrent pour la coexistence de deux Etats ».

Mais je dis : halte aux incendiaires des âmes ; gare à ceux qui jettent, en ce moment, le feu dans les esprits ; ils sèment le fanatisme, la haine, au lieu de faire avancer la cause de la paix.

12 avril 2002.

Arlette et les révisionnistes. Michel Peyrard, hôte des taliban. Honneur à di Falco, le prêtre jeté aux chiens.

L'événement de la campagne ? La percée, non pas, comme on dit, des « petits candidats », mais bien des deux extrêmes. Sur Le Pen, sur sa démagogie, sa vulgarité, l'insulte à l'esprit de la démocratie qu'est la moindre de ses apparitions, tout a été dit. Le problème, en revanche, c'est Laguiller. Comment 10 %, peut-être plus, des électeurs peuvent-ils s'apprêter à voter pour une organisation semi-clandestine, dont on ne connaît ni les dirigeants, ni les ressources, ni le programme ? Qui sont ces 10 % ? Est-il vrai (sondage CSA-Marianne, 4 mars 2002) que près de la moitié des électeurs du Front national se déclarent « proches » de leurs idées ? Est-ce un vote frivole ? Un pur effet de mode ? D'où vient que tant de démocrates, à droite autant qu'à gauche, du côté de Miss France autant que des bobos en mal de radicalité, aillent partout répétant « Arlette, je vote Arlette », car « voter

Arlette » c'est « voter sympa » ? D'où vient que tant de prétendus non-conformistes tombent dans le panneau de la seule responsable politique, avec Le Pen, qui ait osé déclarer « Bush-Ben Laden, même combat » ? Pourquoi tant d'indulgence à l'endroit d'une candidate qui peut, lors de telle fête de Lutte ouvrière, accepter un stand où l'on vend « Auschwitz ou le grand alibi » (Le Monde du 19 mars) ou, en marge de tel meeting, tolérer la présence d'un ténor du négationnisme (Pierre Guillaume distribuant, le 17 mars, à l'entrée de la Mutualité, la dernière livraison de La Vieille Taupe) ? Pour ma part, je vote Jospin. Sans passion – mais je vote, dès le premier tour, Jospin. Et je n'ai, à dire vrai, qu'une crainte : le voir, tout au souci de la course aux « voix d'Arlette », être tenté de durcir le ton et de tourner ainsi le dos à ce « blairisme à la française » qui est, pour la gauche, la seule issue.

Je sais que l'ensemble de la presse en a parlé. Mais comment ne pas donner mon sentiment sur le livre que Michel Peyrard a rapporté de sa captivité en Afghanistan (« Poste n° 3, hôte des taliban », Pauvert) ? Je suis de ceux qui, à l'époque, ont milité pour sa libération. J'ai signé des pétitions. Enregistré des messages de soutien. J'ai fait cause commune tant avec la rédaction de Paris Match qu'avec Reporters sans frontières pour que soit reconnue sa qualité de journaliste, et les droits qui vont avec. Mais je n'imaginais pas que cet homme, qui était alors une « cause », puisse être aussi l'auteur d'un pareil livre. Tout y est. La vie rêvée des grands reporters. L'air de la guerre. Les ruses et déguisements auxquels nous avons tous recouru pour forcer les verrous de l'information. Les souvenirs de l'époque Massoud. L'arrestation. La prison. Les rêves d'évasion. L'effroi comique des geôliers quand leur prisonnier entame une grève de la faim. Leur volonté bizarre, en pleine guerre, de rappeler au monde qu'ils ont une vraie justice. Bref, le portrait, de première main, d'un groupe de talibans dont on ne sait, une fois le livre refermé, s'ils effraient par leur bêtise, leur folie, leur brutalité ubuesque, leur naïveté, leur dogmatisme sanguinaire, ou le mélange de tout cela. Et puis les toutes dernières pages qui évoquent la fuite de Ben Laden dans des termes dont on s'étonne qu'ils n'aient pas encore suscité réactions et polémique. J'ajoute que le livre est beau. Superbement écrit. Et – ce qui ne gâte rien – haletant, plein d'humour.

L'émission « 7 à 8 », dimanche soir, sur TF1. Le beau visage amaigri, défait, de Jean-Michel di Falco, évêque auxiliaire de Paris, qui vient de tomber dans le plus effroyable des traquenards. Que répondre, en effet, à un « intermittent du spectacle » qui vous accuse d'avoir eu, il y a trente ans, des relations pédophiliques avec lui ? Que faire quand le délateur reste anonyme, donc insaisissable, et ne fournit, à l'appui de son dire, pas l'ombre d'une preuve ? Que ressent-on quand un grand hebdomadaire, d'abord, puis l'essentiel de la presse s'emparent de ce qui est devenu une « affaire », jettent votre nom sur la place publique et vous offrent, à la fin, de « répondre » à un scandale que l'on a monté de toutes pièces ? « Le mal est fait », répète di Falco. « Mon nom est jeté en pâture, le mal est fait. » Et ce n'est ni la « prescription » des faits, ni la décomposition d'un dossier dont on savait, d'avance, qu'il serait « classé sans suite », ni la perspective d'engager un procès en « dénonciation calomnieuse » (qui, lorsqu'il sera gagné, occupera dix fois moins de place que les juteuses suspicions d'aujourd'hui) qui effaceront le sentiment d'opprobre, la colère impuissante, voire la sourde envie, certains soirs, en se couchant, de « ne pas se réveiller le lendemain matin ». Logique de la rumeur moderne et de ses armes absolues. Passage des « corbeaux » de la France rurale aux trompettes de la vertu spectaculaire et à leurs caisses de résonance. Intrigue et situation bernanosiennes dans une société démocratique, soumise à la dictature du soupçon, de l'émotion, et où le moindre racontar trouve un écho immense et peut déboucher sur un lynchage. Un seul espoir, mais je n'y crois guère : que la vitesse de propagation de la rumeur n'ait d'égale que celle de son évaporation et qu'un peu de zapping suffise là où, au Moyen Age, il eût fallu des siècles. Je ne puis, pour l'heure, que dire ma fraternelle amitié au prêtre jeté aux chiens.

19 avril 2002.

Noyer Chirac sous les voix. Transformer le second tour en un grand référendum en faveur des principes républicains.

Tragédie que ces 17 % de Français qui, quelles que soient leurs raisons, ont voté pour le parti de la haine, de la guerre civile, du racisme.

Honte au pays qui fait la leçon aux Autrichiens quand ils votent pour Haider, aux Italiens quand ils votent pour Berlusconi, et qui se retrouve avec Le Pen, le pire des trois, face à Chirac.

Honte, et colère, face aux irresponsables qui jouent avec le feu depuis vingt ans et qui, à force de renoncements, atermoiements, accommodements, à force de nous répéter que Le Pen est un homme politique comme les autres et que le vote FN n'est qu'un vote protestataire dont il ne faudrait entendre ni les troubles nostalgies ni les appels à la violence, l'ont banalisé, inscrit dans le paysage et mené donc, cette nuit, sur l'avant-dernière marche de sa résistible ascension.

Honte, colère encore, face aux salopards qui, aujourd'hui, brûlent des synagogues et qui, hier, saccageaient des stades de foot et sifflaient « La Marseillaise » ; nous leur disions, à ceux-là : « vous parlez comme Le Pen ; vous vous comportez comme Le Pen ; vous faites le lit de Le Pen et des repris de justice qui l'entourent en leur apportant sur un plateau la France dont ils rêvent, tout en leur permettant, en plus, de jouer les hommes de modération, les sauveurs » ; eh bien voilà ; nous y sommes ; les défenseurs de Vichy, ces gens qui n'aiment la France que malade, défaite, humiliée, ces représentants d'une extrême droite qu'un ancien Premier ministre gaulliste qualifia, naguère, de « raciste, antisémite, xénophobe », ces autres casseurs (mais des institutions, et des âmes), ces hommes qui ne se sont jamais caché de haïr la République, sont en situation de voir l'un des leurs briguer sa charge la plus symbolique.

Colère toujours face à l'extraordinaire légèreté des millions d'électeurs qui, confondant démocratie et spectacle, se déterminant sur un geste, une gifle, une crise de larmes, un jet de ketchup, choisissant l'une parce qu'ils la trouvaient « sympa », rejetant l'autre au seul motif qu'ils le jugeaient trop « guindé », trop « raide », trop « gris », élisant des visages plus que des idées, des physiologies et non des programmes, renonçant pour la première fois à voter avec leur mémoire et acceptant, dans l'ivresse, cet écrasement du champ de la mémoire, de l'histoire et des convictions au téléobjectif des médias et de leurs clichés – colère, oui, contre tous ceux qui, en jouant avec les petits candidats comme on zappe avec les chaînes de télé, ont mis la France à l'index, dans cette situation de cauchemar.

L'heure, cela dit, n'est plus vraiment ni à cette colère ni à cette honte.

Le moment n'est pas encore venu, non plus, de faire l'histoire de cette lèpre lente, de cette décomposition du politique et du social dont nous venons d'atteindre le stade ultime.

L'urgence, la seule urgence, est de se ressaisir, d'effacer l'opprobre de ce qui vient de se produire, de faire que le second tour rachète l'ignominie du premier – la seule véritable urgence est d'agir en sorte, non seulement que Chirac passe, mais que Le Pen soit écrasé.

Pas une voix ne doit manquer.

Pas un bulletin ne doit, cette fois, s'égarer.

Il faut transformer le vote pour Chirac en un vote contre Le Pen.

Il faut que ce vote soit si massif, si limpide, qu'il devienne, non un quitus au président sortant, mais un message sans ambiguïté pour l'aventurier dont la présence même, pendant quinze jours, sur les tréteaux de la campagne, fera de nous la risée du monde.

Il est vital, non pas exactement de « barrer la route au Front national » (on ose espérer que cela va de soi !), mais de susciter, dans le pays, un sursaut le ramenant aux 10 ou 15 % où il aurait dû se cantonner, n'étaient l'abstention sans précédent et le climat délétère qui ont marqué ce premier tour – il est vital de changer, dans les esprits, la nature même du scrutin en transformant le second tour en un grand référendum en faveur des principes républicains que les lepénistes conchient et qui sont notre sol, notre ciment, notre constitution communs.

Que Jacques Chirac soit, ou non, l'homme de la situation, qu'il ait ou non l'autorité requise pour le rôle, qu'il y ait quelque difficulté, aux yeux des ténors de la défunte « gauche plurielle », à le voir en rempart de la démocratie et du droit, ce sont des questions dont le moins que l'on puisse dire est qu'il aurait mieux valu se les poser avant. Il est là, voilà tout. Et nous n'avons, donc, plus le choix.

Certains des battus (Fabius, Mamère, Hue, Strauss-Kahn) l'ont compris dès les premières minutes et c'est leur honneur de l'avoir dit.

D'autres (Besancenot, Jospin) devront se reprendre, le comprendre, le dire à leur tour ; et ils devront le faire avec le minimum d'arrière-pensées, de calculs, de rancœurs – il sera toujours temps, dans deux semaines, de songer aux législatives !

Pour ma part, je n'ai, en trente ans, jamais voté à droite. Je le ferai le 5 mai. Dans l'esprit que je dis. Et, au fond, sans états d'âme.

25 avril 2002.

Le vrai visage du Front national.

Quand ces lignes paraîtront, il nous restera très exactement quatre jours, soit un peu moins de cent heures, pour convaincre nos proches de voter en masse, sans état d'âme, pour Jacques Chirac.

Il nous restera quatre jours pour rappeler à ceux qu'inquiète, à juste titre, l'insécurité dans les villes que le Front national, c'est la violence, les milices et les polices parallèles, les zones de non-droit, les procès pour port d'armes illégal, les fusils à pompe qui sortent des caves, la mort de Poulet-Dachary à Toulon, les manifestations qui tournent au drame, les colleurs d'affiches qui se suicident d'une balle dans le dos – que, partout où le FN est passé, dans toutes les villes où il a gouverné, ce n'est pas moins, mais plus, d'insécurité qu'il a apporté.

Il nous restera quatre jours pour dire à ceux qui ont mal à la France et qui, à juste titre aussi, ont la nostalgie de sa grandeur, que Le Pen n'aime pas la France : il a fondé le Front national – il faudrait dire le Front antinational – avec des hommes qui ont servi sous uniforme allemand et furent condamnés, à la Libération, pour « intelligence avec l'ennemi » ; il est l'ami du très anti-français Vlaams Blok flamand ; il se lie à Saddam Hussein quand nous entrons en guerre contre lui ; il prend le parti de Mladic et Karadzic quand, sur les ponts de Sarajevo, ils transforment nos soldats en boucliers humains ; des assassins du FIS égorgeant des hommes dont le vrai crime est de parler français il ose dire que c'est la revanche de la « djellaba nationale » contre le « jean cosmopolite » ; il nous restera quatre jours, oui, pour dire et répéter que ce saboteur n'a cessé, sa vie durant, de prendre méthodiquement parti pour les ennemis de son pays.

Il nous restera quatre jours pour convaincre ceux que la montée de la corruption décourage d'aller voter que le plus affairiste de tous les partis est le parti de Jean-Marie Le Pen : quelle autre organisation politique, en France, a-t-elle noué des liens si étroits avec la secte Moon ? dans quelle autre a-t-on vu des argentiers qui, comme Laurent Mirabaud ou Jean-Pierre Aubert, ont pu être condamnés et emprisonnés pour trafic de narco-dollars ou exercice illégal de la profession de banquier ? où, dans quel parti, a-t-on jamais fait du racket des candidats un mode normal de financement du parti ?

Il nous restera quatre jours pour dire aux plus démunis que le programme du FN est un programme terrible pour les faibles, impitoyable pour les laissés-pour-compte et les exclus.

Aux petits et grands patrons que si Le Pen obtenait, dimanche prochain, un score élevé, l'image de la France en serait si visiblement ternie que les investisseurs prendraient peur, fuiraient notre pays et nous précipiteraient dans une crise financière, économique, sociale, sans précédent depuis longtemps.

Il nous restera quatre jours pour rappeler aux gaullistes que Le Pen fut l'ami, dans les années 60, de ceux qui tentèrent de tuer le général de Gaulle ; qu'il fut (cf. les Mémoires de Constantin Melnik – patron, à l'époque, de nos services spéciaux) surveillé pour cela, inquiété, arrêté.

Aux catholiques que, comme l'avait solennellement dit, peu de temps avant sa mort, l'archevêque de Lyon, Mgr Decourtray, le FN est le parti de la « défiance », du « mépris », de la « violence » ; que c'est le retour à ce « paganisme antichrétien » où l'Eglise a toujours reconnu le plus redoutable de ses ennemis.

Aux juifs que le Front national a été bâti, entre autres, par des anciens de la Waffen SS ; que le maître à penser de Le Pen, Victor Barthélemy, fut un des hommes de confiance, spécialisé dans la chasse aux juifs, du SS Alois Brunner ; que Le Pen lui-même, bien avant ses petites phrases ordurières contre Simone Veil ou ses dénonciations de « l'Internationale juive », édita dans sa jeunesse les chants de guerre de l'Allemagne hitlérienne ; qu'il y eut des notables du FN pour faire alliance, plus tard, avec des représentants des groupes Habache, Abou Nidal, Ahmed Jibril ou pour se faire les propagandistes des thèses négationnistes.

Il reste quatre jours pour convaincre ceux de nos amis qui, dimanche dernier, ont voté à gauche de ne pas répéter l'erreur fatale de ces aînés qui, à force de finasser, à force de soutenir qu'entre droite et extrême droite la différence est, non de nature, mais de degré, ont fait le lit de la barbarie – il reste quatre jours à Jospin et aux jospiniens qui n'auraient pas encore franchi le pas pour être beaux joueurs, prononcer le nom de Chirac et inviter à voter, clairement, en sa faveur.

L'adversaire, dimanche, ce sera, bien sûr, le Front national. Mais ce sera aussi le parti des abstentionnistes, qui, en choisissant de ne pas choisir entre le démocrate et le fasciste, feront, comme Laguiller, la politique du pire. Abstention, piège à cons. Il reste quatre jours, pas un de plus, pour plébisciter la République et faire rentrer Le Pen dans sa boîte.

3 mai 2002.

Face à Le Pen : pour un serment républicain.

Le Pen battu dans les urnes après l'avoir été dans la rue. Jacques Chirac réélu par l'ensemble du peuple français, gauche et droite confondues, dans le même sursaut citoyen. Tout est bien qui commence bien. Car le combat n'est pas terminé et il reste à remporter, maintenant, la vraie bataille du terrain – il reste à mener et gagner, à partir de ce lundi matin, et jusqu'aux 9 et 16 juin, 577 batailles de proximité où se jouera, pour de bon, la défaite, le reflux et, peut-être, la marginalisation de l'extrême droite en France.

Chacun sait comment c'est sur le terrain que l'on a fait, dans le passé, le lit du lepénisme.

Chacun sait comment des apprentis sorciers ont instrumentalisé, à gauche, François Mitterrand en tête, la capacité de nuisance d'un Front national dans l'enfance.

Chacun sait comment d'autres mauvais démocrates ont banalisé, à droite, les thèses d'un parti dont ils savaient déjà qu'il était l'expression contemporaine d'un vieux fonds fasciste refoulé par le gaullisme.

Et chacun se souvient, notamment, de cette droite de courtoisie, de ces Charles Millon, de ces Jacques Blanc, de ces Jean-Pierre Soisson – chacun se souvient de tous ces faux libéraux qui ont pactisé avec le pire ; qui ont cru ou voulu croire à l'existence, entre la droite et l'extrême droite, de valeurs ou de principes communs ; et qui ont jugé surtout que Paris (c'est-à-dire, dans leur cas, Auxerre, Lyon, le Languedoc) valait bien une messe noire avec le diable lepéniste.

Eh bien, c'est avec tout cela qu'il faut rompre

à nouveau, dans la campagne législative qui commence, si nous ne voulons pas que le sursaut des quinze derniers jours ne soit qu'un entracte entre deux séismes.

C'est à cette culture de la connivence et de la combinaison que doivent tourner le dos, s'ils sont conséquents avec eux-mêmes, tous ceux qui, depuis le 21 avril, affirment haut et fort leur foi en la République.

Et il n'y a, pour cela, qu'une voie : que la droite et la gauche républicaine réaffirment, sans tarder, leur volonté de ne plus jouer avec le feu ; qu'elles prennent l'engagement solennel, maintes fois pris par le président Chirac et auquel il n'a, pour sa part, jamais failli, de refuser les cuisines électorales de second tour dont l'expérience a prouvé qu'elles font le jeu, chaque fois, des adversaires de la démocratie ; bref, qu'elles fassent le serment, partout où leurs candidats seront en situation de triangulaire avec un représentant du Front national, partout où ce Front antinational sera en mesure de tirer les marrons du feu de leur jusqu'au-boutisme, de se désister réciproquement en faveur du républicain le mieux placé.

Ce serment républicain n'est évidemment pas un front républicain.

Il n'empêchera en aucune façon le débat, le dissentiment démocratiques, de s'exprimer.

Il n'exigera d'aucun des candidats et des partis l'abandon de son identité, la renonciation à ses choix, la mise au rancart de la bonne querelle des programmes et des idées.

Et je sais bien surtout que le diable est, aussi, dans les détails, c'est-à-dire dans les situations particulières et que ce pacte devra, comme tous les pactes bien noués, prévoir les cas litigieux ou incertains, les circonscriptions où il sera légitime d'additionner les voix des diverses gauches ou celles des diverses droites, les exceptions, les éventuelles instances d'arbitrage.

Mais, que ce pacte soit, il le faut absolument.

Il faut, sur le principe, que les choses soient nettement dites.

Il faut tout faire, en clair, pour empêcher que le Front national, battu, le 5 mai, par les peuples de droite et de gauche confondus, ne se retrouve, au troisième tour, en position d'arbitre de la vie politique locale, donc nationale.

Et il n'y a, pour cela, d'autre formule qu'un acte refondateur par lequel tous les candidats affirmeront, devant leurs électeurs et devant le peuple français : oui, bien sûr, il est normal que les apôtres de la haine et de la guerre entre Français s'expriment ; oui, en démocratie, il y a liberté pour les ennemis de la liberté ; mais tout républicain, de droite comme de gauche, a le devoir de garder la République avant de faire campagne pour son parti ou son camp.

Voter pour la droite quand on est de gauche : c'est difficile ; c'est briser avec deux siècles de tradition, de fidélités, de réflexes ; mais c'est ce qu'une majorité d'électeurs de gauche a fait, hier, dimanche, pour la première fois depuis longtemps.

Voter pour la gauche quand on est de droite : ce sera difficile ; ce sera briser, aussi, avec deux siècles de tradition idéologique et politique ; mais c'est ce qui sera demandé aux partisans de Nicolas Sarkozy, d'Alain Juppé, de François Bayrou, d'Alain Madelin, s'ils entendent continuer, jusqu'au bout, de faire front contre le Front.

A cette condition, le sursaut de ce dimanche n'aura pas été une extase sans lendemain – et il rendra, en France, sa dignité à la politique.

7 mai 2002.

Oriana Fallaci : l'inacceptable provocation.

Je connais Oriana Fallaci. Je l'ai rencontrée, il y a un peu plus de vingt ans, à New York, au temps où elle achevait « Un uomo », le roman d'amour et de passion politique dont je devais être l'éditeur en France. J'ai admiré, avant cela, la correspondante de guerre qui, pour moi comme pour tous les correspondants de guerre du monde, a été un modèle de curiosité et d'audace. Je me souviens de la grande Italienne, adolescente à la fin du fascisme, élevée dans le culte de Carlo et Nello Rosselli, les deux frères assassinés par les cagoulards, en 1937, sur ordre de Mussolini – je me souviens de l'antifasciste résolue avec qui je pensais partager la même culture, les mêmes principes, les mêmes réflexes politiques et moraux. Elle publie, aujourd'hui, un livre terrible. Elle donne, plus exactement, la traduction française d'un livre écrit au lendemain du 11 septembre, dans les heures qui suivirent l'attaque contre les tours de New York – elle donne la version française, donc corrigée, mûrie, de ce texte rédigé, alors, sous le coup de la colère et de l'urgence ; et je ne peux le lire, ce texte, sans stupeur, effroi, tristesse.

Comment une femme raisonnable peut-elle parler, par exemple, de la « prétendue » culture de l'islam ?

Comment peut-elle écrire du Livre qui enseigne aussi miséricorde et charité à un milliard de fidèles dans le monde qu'il n'a jamais prêché – je cite – que « le mensonge, la calomnie, l'hypocrisie » ? Comment une journaliste de métier a-t-elle pu se laisser aller, comme le premier révisionniste venu, à des considérations oiseuses sur l'imposture séculaire qui reconnaît aux Arabes un rôle dans l'invention de la mathématique moderne ou dans la transmission vers l'Europe de la philosophie grecque ? Comment ose-t-elle décrire les « fils d'Allah » – l'expression revient sans cesse, de façon obsessionnelle – comme des êtres abjects et ridicules qui « passent leur temps le derrière en l'air à prier cinq fois par jour » et « se multiplient comme des rats » ? Quand, dans un autre accès de haine et presque de folie, elle dépeint les immigrés musulmans (p. 144) comme des « hordes » de « sangliers » qui « transforment en casbah les villes glorieuses de Gênes et de Turin », quand elle décrit (p. 138) l'alignement de « sandales » et de « babouches » qui « souillent » la Piazza del Duomo de Florence, quand elle évoque (p. 139) « les miasmes nauséabonds des excréments déposés à l'entrée d'une exquise église romane » ou les « dégoûtantes traces d'urine qui profanent les marbres d'un baptistère », quand elle s'écrie (p. 138, encore) : « parbleu ! ils ont la giclée bien longue, les fils d'Allah », quand, dans une note spécialement rédigée pour l'édition française (p. 188), elle ose répondre à Tahar Ben Jelloun qu'« il y a quelque chose, dans les hommes arabes, qui dégoûte les femmes de bon goût », l'effroi, la stupeur, la tristesse le cèdent à la nausée. Il y a du Céline dans cette Fallaci-là. Le pire Céline. Celui qui, dans « Bagatelles pour un massacre », utilisait le même lexique pour lancer son long cri de haine contre les fils, non d'Allah, mais de Moïse.

Faut-il discuter un pareil texte ? Doit-on débattre avec un auteur qui emploie, pour dire « l'invasion » de nos villes par les boucheries halal et les mosquées (p. 37) ou la façon qu'ont les Albanais d'inoculer aux Italiens la « syphilis » et le « sida » (p. 141), des mots à faire pâlir d'envie les plus enragés de nos lepénistes ? Sans doute pas. A ceux (ils furent des dizaines de milliers, en Italie) qui seront néanmoins tentés de voir dans ces pages insupportables un salutaire « pavé dans la mare », à ceux (car il y en aura, on les entend déjà !) qui lui reconnaîtront le mérite de briser la loi du « politiquement correct » et, par-delà ses « outrances », de lever le soi-disant « tabou sur l'islam », je veux juste dire une chose. Je crois, moi aussi, que l'intégrisme est l'un des pires dangers qui menacent le monde depuis la chute du communisme. Je crois, moi aussi, qu'il faut combattre sans merci les hommes qui, d'Alger au World Trade Center, de Kaboul à Karachi et Jérusalem, égorgent, torturent, massacrent, au nom de Dieu. Mais j'en sais assez, il me semble, sur le monde musulman d'aujourd'hui pour dire que la pire façon de mener ce combat serait de faire l'amalgame et de confondre dans le même torrent d'insultes et insanités Sadate et ses assassins, Massoud et les talibans, les musulmans éclairés de Sarajevo et les disciples de Ben Laden ; j'ai passé assez de temps en Bosnie, en Afghanistan, dans l'Algérie des égorgeurs du FIS et, bien avant cela, au Bangladesh où nous avons dû, Fallaci et moi, nous croiser il y a trente ans, pour savoir qu'il existe deux islams ; que la guerre qui s'annonce passera entre ces deux islams autant qu'entre l'Islam et l'Occident ; et que c'est un trop beau cadeau à faire, vraiment, aux fidèles de Ben Laden que d'accepter leur idée d'un Occident tout entier dressé contre un Islam indistinctement obscurci. Ceux qui procèdent ainsi sont des ignorants doublés d'irresponsables. Ce sont, eux aussi, des incendiaires des esprits.

24 mai 2002.

Dominique de Villepin dans le texte, et pris au mot.

Autant le dire franchement : rien ne m'est plus étranger que la métaphysique à l'œuvre dans le livre de Dominique de Villepin (« Le cri de la gargouille », Albin Michel).

Je n'aime pas ses appels incantatoires à l'élan, à l'ardeur, au sursaut, à l'enthousiasme.

Je n'aime pas cette évocation du « mystère français » sur fond de cathédrales, de bruissements de gargouilles, de « sens inné de la lignée ou de l'honneur », de grondement des « terroirs » et des « souches ».

Et il y a dans cette vaste synthèse historique qui nous mène de Saint Louis à Colbert et Turgot, de Jeanne d'Arc à Clemenceau, du « désastre » de Roncevaux à Mai 68 ou du Mémorial de Sainte-Hélène aux « Mémoires d'espoir » de De Gaulle une façon d'incarner la France, de la personnifier – il y a une vision presque anthropomorphique d'un grand corps national, addition de ses corps individuels et de ses âmes, dont le lyrisme enchanté rappelle, au pire Maurras et Barrès, au mieux Michelet : le premier Barthes, dans son texte sur Michelet justement, a tout dit sur les vertus, mais aussi sur les limites, de cette « poétique » de l'Histoire, de cette « polyphonie de lueurs et d'obscurités », bref de ce mélange de « mythe » et de « magie » qui structure « La sorcière » et aujourd'hui, donc, la « Gargouille »...

Reste que Villepin n'est pas seulement l'auteur grand style de ce nouveau roman de l'énergie nationale. Il est aussi ministre, en charge des Affaires étrangères du pays, et c'est évidemment à ce titre qu'il faut lire les 250 pages si singulières qu'il consacre à ce « désir d'Histoire », cette « flamme », cette volonté de volonté, dont notre « grande nation », selon lui, brûlerait encore dans ses profondeurs.

Ainsi de sa phénoménologie d'un pouvoir chancelant, impotent, s'épuisant à courir après une opinion convulsive et volage, s'essoufflant dans des querelles stériles, ne brassant, finalement, que des leurres.

Ainsi de son appel à une refondation de la politique, humiliée par les corporatismes, abaissée par les communautarismes et les populismes, gangrenée par le venin d'un esprit de cour dont il décrit, en observateur averti, la ronde féroce et les appétits.

Ainsi de cet « esprit de mission » – le mot, qui revient quatre fois, était visiblement de lui – qui, seul, rendra au gouvernement de la République un peu de sa légitimité perdue, de son aura et de son aptitude surtout, pour peu qu'un « passeur » s'en empare et s'en fasse un étendard, à peser sur l'ordre des choses, réformer, transcender les égoïsmes et les intérêts particuliers qui font au pauvre et vieux pays ce corps tout couturé de cicatrices et de plaies.

Ainsi des pages que ce nostalgique de la religion nationale consacre à l'Europe, cette « noble et ancienne idée », dont il montre bien qu'elle est née de l'esprit des Lumières et des projets kantiens de paix perpétuelle, mais à laquelle il revient à notre génération, dit-il, de redonner un souffle, un idéal, une existence spirituelle, une âme.

Et ainsi – plus étrange encore et, dans la fonction qui est la sienne, assez exceptionnel... – de cette main tendue aux « proscrits » et aux « damnés » dont la France, selon lui, devrait être la servante : à qui pense-t-il ? aux Afghans ? aux femmes algériennes vitriolées ou égorgées par leurs bourreaux du FIS ? aux Tchétchènes massacrés par M. Poutine, notre nouvel ami ? à ces peuples d'Afrique auxquels nous lie, écrit-il, une communauté de devoirs et de destin ?

Sur ces points, et quelques autres, Villepin n'est pas seulement lyrique, mais émouvant, audacieux, inattendu : on croirait Barrès à Londres ; Saint-John Perse en visite dans la France d'en bas ; on croirait un fils naturel de Mitterrand – celui (mais on croyait qu'il était le dernier du genre !) qui savait encore vivre ses mots, écrire sa vie, faire de la politique plume à la main.

Sur tous ces points, ce ministre hors normes qui ne peut évoquer la place de la France dans le monde, ou la dégradation de l'esprit public, sans citer Celan, Char, La Fontaine, Henri Michaux, les bestiaires de Lautréamont, Condorcet, prend un risque majeur : celui, le jour venu, d'être jugé sur pièces et de se voir reprocher une montagne littéraire accouchant d'une souris diplomatique.

Puisse la nouvelle voix de la France se montrer à la hauteur de sa langue. Puisse-t-il donner corps, pour le coup, à cet ambitieux programme dont il expose, ici, le cahier des charges. Littérature oblige. Ses maîtres en ferveur l'observent. La gargouille, qu'il a tirée de son silence, veille.

31 mai 2002.

Romain Goupil fait son cinéma. Le Pen en Himmler Malapartien. Brecht et le Loft. Non, il ne fallait pas interdire le livre d'Oriana Fallaci. Oui, il faut toujours défendre les forts contre les faibles. David Khayat, romancier. Les deux Islams. Les derniers prophètes. Le lepénisme vu par Leibniz.

Ces romans contemporains que l'on dirait dopés, et comme sous perfusion. Ce dopage-là, que l'on me pardonne, me préoccupe bien plus que l'autre.

On a tout dit de Romain Goupil et de son film. Sauf ceci : que c'est le moins théâtral des cinéastes français contemporains. Dit autrement : humour, mouvement, court-circuit du rire et de l'émotion, lenteur réinventée, montage affectif, rythme, poésie extrême du cadrage – la caméra dans le landau, version cinématographique du geste de Kafka proposant, dans les « Lettres à Felice », de mettre les « machines à fantômes » (cinéma, téléphone...) dans les « appareils de translation » (train, bateau...). Dit encore autrement : aller, sans tarder, voir « Une pure coïncidence », depuis hier sur les écrans.

La dernière de Le Pen sur le président de la

République : « si Chirac avait présenté son bilan devant une assemblée générale... » On n'ose poursuivre tant le propos est vil, insultant pour la fonction presque autant que pour l'homme, indécent. Je regarde Le Pen. J'observe ce côté rageur et mou qu'il a, comme chaque fois qu'il passe à la télé. Et je ne peux m'empêcher de penser, une fois de plus, au célèbre portrait de Himmler, par Malaparte, dans « Kaputt ». Le même air de stupidité repue. La même jactance. La même façon d'enfler la poitrine et de lever le menton quand il se prépare à vomir sur l'adversaire. Et la même sourde violence, enfin, qui vient à fleur de lèvres et laisse deviner l'autre Le Pen, terrible, révélé par l'enquête du Monde daté du mardi 4 juin. Le Pen, ou le cauchemar français.

L'époque de « Loft Story » ? Le désir de visibilité frénétique dont cette affaire est l'expression ? Ce mot génial de Brecht : « l'homme pauvre, désormais, c'est l'homme invisible. »

Eût-il mieux valu ne pas publier le livre d'Oriana Fallaci, me demandent de nombreux lecteurs après ma chronique d'il y a quinze jours ? Non, bien entendu. On n'a jamais intérêt à ne pas publier un pareil livre. Et la politique de l'autruche est, par principe, si odieuse que soit une thèse, la pire des manières de la combattre. La règle vaut pour Céline dont j'ai dit, à maintes reprises, qu'on devrait rééditer « Bagatelles pour un massacre ». Elle vaut, toutes proportions gardées, pour Fallaci dont le livre est un hoquet, un lapsus, un symptôme, de l'époque et de ce qu'elle charrie de pire, mais qui ne devait, pour cette raison même, sûrement pas être censurée. Le livre est détestable, je le répète. Mais la dernière des solutions eût été de l'interdire au public français.

François Hollande déjà candidat à un poste de Premier ministre dont il n'est, pour l'heure, aucunement question – et cela, contre Fabius et Strauss-Kahn, les deux responsables socialistes qui disposent d'une culture de gouvernement en même temps que d'une forte stature nationale. On songe au mot de Nietzsche : on a toujours à défendre les forts contre les faibles. On songe à toute la problématique nietzschéenne de la puissance : qui veut la puissance au sens trivial du terme ? qui veut les valeurs établies, les honneurs, le pouvoir ? eh bien les faibles de cette sorte ; ceux que Nietzsche appelle les esclaves.

« Le coffre aux âmes », du cancérologue David Khayat (XO). Un « thriller médical », dit-il. Une intrigue médico-policière bouclée sur elle-même et son secret. Sauf qu'on comprend très vite que l'histoire ne commence pas là, à la première page du livre, mais avant, bien avant – un peu comme ces tableaux dont on sent que le cadre ne les cerne pas mais les ouvre sur le dehors. C'est un vrai roman. Le narrateur, double de l'auteur, y est un vrai narrateur. Mais le sujet, c'est ce hors champ qui vous fait sauter dans la marge du livre en direction de l'infini de la souffrance des hommes qui est, on l'imagine, l'ordinaire de la vie de David Khayat. C'est, évidemment, ce qui rend l'ensemble de l'aventure passionnant.

A ceux qui doutent de la distinction entre les « deux islams », à ceux qui ne comprennent pas bien ce que je veux dire quand je demande que l'on ne confonde pas Sadate et ses assassins, Massoud et les kamikazes venus le tuer, je recommande deux livres : « Son mari a tué Massoud », de Marie-Rose Armesto (Balland) ; et « Ils ont assassiné Massoud », de Jean-Marie Pontaut et Marc Epstein (Laffont). La vraie scène primitive de l'époque qui, en principe, commence le 11 septembre.

Les seuls prophètes d'aujourd'hui, les derniers que l'on écoute encore religieusement, sont-ils les traders, brokers, et autres prophètes de la Bourse ?

Reçu, encore, le « Jean Cavaillès » d'Alya Aglan et Jean-Pierre Azéma (Flammarion), où l'on voit se nouer le nœud, souvent évoqué ici, de la doctrine de la science et de l'esprit de résistance. Y revenir ?

Les antilepénistes, en cette veille d'élections, sont une multitude mais ils ne font plus nombre. C'est, en langue leibnizienne, l'autre nom d'une démobilisation.

7 juin 2002.

Musil, Proust et Viollet-le-Duc, New York, Guénaire, Adriano Sofri et Kant à Königsberg, Proust et les bouddhas.

L'histoire de Kafka adressant « La métamorphose » à une revue que dirige Musil. « D'accord, répond Musil. Mais c'est trop long. Il faut couper. »

La voix, c'est la moitié de l'âme. Ou du corps, je ne sais pas.

De quoi est faite la mémoire d'un écrivain ? De ce qu'il a vécu ? Ou, au contraire, pas vécu ?

Kant à Königsberg. Aristote et les péripatéticiens. Le Rousseau des « Promenades ». Hobbes. Guyotat.

J'en oublie. Toute une tradition où l'on ne pense qu'en marchant, au rythme de la marche et du pas. Et si un livre était, toujours, un carnet de route ?

La littérature est comme un incendie, elle naît de ce qu'elle brûle. La littérature parle d'une vie, d'un monde, qui existent – mais ne sont pas encore visibles.

Comment faut-il vivre ? Assis ? Couché ? Debout ? Michaux dit : de travers.

Des bloc-notes homogènes (Proust dirait : « monotones »). Ou, comme ici, disparates, en miettes, en mosaïque (la plus haute condensation, disait Barthes, non de vérité, mais de musique).

Débat sur la restauration, ou non, des deux bouddhas détruits de Bamiyan. La réponse est dans Proust (lettre à Mme Strauss, du 9 octobre 1907) : « Viollet-le-Duc a abîmé la France en restaurant avec science mais sans flamme tant d'églises dont les ruines seraient plus touchantes que leur rafistolage archéologique avec des pierres neuves qui ne nous parlent pas et des moulages qui sont identiques à l'original mais n'en ont rien gardé. »

La question qu'il faudrait, systématiquement, poser à un écrivain : si ce n'était pas un livre, ce serait quoi ? un tract ? un testament ? un rapport de police ? un rêve ? un sermon ?

Des idées, tout le monde en a. Mais une, oui, une idée, une vraie pensée, c'est autre chose – c'est le plus rare.

L'obscurité chez un philosophe : une façon de dérouter le lecteur, de casser ses automatismes, de le tenir en haleine, de l'obliger à écouter et à lire.

Ah ! si seulement la bêtise pouvait être muette. Ou aveugle.

Ces fonctionnaires de la subversion. Ces professionnels de l'imprécation, de l'anathème.

Où sont passés les lepénistes ? Envolés ? Terrorisés ? Réinfiltrés dans les partis de droite – et de gauche – traditionnels ? Eclairés par nos vaillantes lumières antifascistes ? Convaincus ? Peu importe. Le principe moral kantien n'est pas : « juge, mais agis, en sorte que la maxime de ton action puisse être érigée, etc. ». Peu importe, autrement dit, ce qu'ils pensent. Peu importent les âmes, leurs états, leurs mobiles – la psychologie.

New York. Ground Zero. Que font tous ces gens ? Badauds du crime ? Curieux de l'espace vide ? Ou activistes de l'imagination reconstituant, en esprit, les tours disparues ?

Ce cri d'effroi d'un homme – Michel Guénaire, « Déclin et renaissance du pouvoir », Gallimard – que son métier oblige à sillonner la planète : ce monde n'est pas gouverné ! partout des nouvelles puissances, nulle part le principat qui, naguère, aidait les peuples à vivre et faire leur propre histoire.

Le fond du fond du judaïsme : la lettre précède l'être. L'art juif par excellence : au lieu du roman, le judan, où les mots jaugent l'être, ou l'être se déduit des mots.

La tolérance, cette forme raffinée de la condamnation.

La gauche post-hégélienne ? La politique réduite à la philologie – la politique faisant de la « philologie sacrée » la source de son droit et de la morale (Adriano Sofri, « De l'optimisme », éditions L'Auberge de l'Europe – beau livre de liberté, écrit du fond d'une prison).

Ces philosophes dont on se dit : il manque l'essentiel – une œuvre secrète, ésotérique, qui s'est perdue.

Message de Heine aux intégristes de son temps et du nôtre : « abandonnons le ciel aux anges et aux moineaux ».

De quoi avons-nous le plus besoin ? De plomb ou d'ailes ?

14 juin 2002.

Quand Renaud Camus se démasque.

Le grand argument de Renaud Camus, sa ligne de défense, au moment de « La campagne de France », c'était : je n'ai pas écrit un essai, mais un journal ; et le propre d'un journal, c'est que l'on y dit tout – le meilleur et le pire, l'avouable et l'inavouable, les opinions les mieux assurées mais aussi les idées folles, scabreuses ou scandaleuses qui vous traversent parfois la tête... « Du sens », son nouveau livre, n'est, lui, pas un journal. Il n'a plus cette circonstance atténuante, cette excuse. Or, revenant sur les péripéties de l'affaire, réexplorant jusqu'au vertige, et avec une inextinguible vanité, les propres citations de l'auteur ainsi que les moindres commentaires qu'elles ont alors inspirés, il persiste, signe et, croyant se disculper, passe aux aveux.

Ainsi de la façon faussement naïve, cauteleuse, qu'il a de raconter le jour où, alignant « trois ou quatre noms de personnalités » pour lesquelles il « éprouve peu d'attirance », il découvre, tout étonné, qu'elles « se trouvent être juives ».

Ainsi de la feinte innocence avec laquelle il nous explique que, dans la « petite liste de juifs » qu'il n'aimait « vraiment pas » et qu'il venait d'établir, il avait « oublié le psychanalyste Gérard Miller » mais que, faisant un rapide « sondage » autour de lui, il vérifia, soulagé, que l'on pouvait être « agacé » par celui-ci « en toute indépendance – sic – de la moindre considération d'origine ».

Ainsi de l'aplomb avec lequel il affirme, sans rire, que, dans cette fameuse page de « La campagne de France » où il dressait la liste des collaborateurs juifs de France-Culture, il se contentait de « reproduire le générique de l'émission » dont il parlait – ou, plus loin, à propos de l'historien Henry Rousso et des raisons qui « l'ont poussé » à travailler sur Vichy, que « l'origine joue fréquemment un rôle dans le choix des sujets d'étude » et que les juifs sont les premiers, donc, à en convenir et à se compter.

Ainsi de ces autres pages où il consent, bon prince, à « renoncer » au mot de « race » pour décrire le « génie » de l'art français ou « l'inégalité » du « degré de civilisation » entre groupes humains – mais attention ! pas parce que ce mot de race serait infâme ou inadéquat ; c'est un mot du « français traditionnel », au contraire ; c'est un mot d'une grande « richesse sémantique » ; mais il présente l'inconvénient, ce mot, de « mettre tout le monde en fureur » et vous expose, de ce fait, à « tomber sous le coup de la loi » : ah ! comme les choses seraient simples (c'est toujours lui, Camus, qui parle ; c'est toujours le même ton mielleux, cagot, de fausse évidence) si l'on pouvait, au commissariat, dans le « procès-verbal » qui suit une « agression », faire preuve d'un peu plus de

« cratylisme », faire usage, autrement dit, de mots qui ressemblent un peu plus aux choses qu'ils désignent, et avoir le droit de parler, donc, sans encourir les foudres des grands prêtres de la nouvelle religion antiraciste, du « type » physique de l'agresseur !

Ainsi, d'une façon générale, de sa manière de nous rappeler à tout propos qu'il y a des mots proscrits, des formules et des tournures bannies, que la France est un pays où une nouvelle censure veille à ce que les « vraies questions » ne soient pas posées ou qu'elles ne le soient qu'en « marchant sur des œufs » – ainsi de cette paranoïa sémantique qui est un des marqueurs les plus fiables de la phraséologie de l'extrême droite d'après-guerre et qui lui fait dire qu'il est devenu « dangereux », voire « interdit », voire « impossible », d'aborder « certains sujets ».

Et quant au fond de l'affaire enfin, quant à la question – pour autant qu'il y ait question – du nombre de juifs présents sur les ondes du service public, comment qualifier le tartufe qui s'exclame, main sur le cœur : « à aucun moment » je n'ai contesté le « droit absolu » de « journalistes et intellectuels juifs » à « occuper une place dans une émission officielle » (on respire !) – mais pour ajouter aussitôt (on rirait si ce n'était ignoble) : « il m'est arrivé, et c'est abyssalement différent, de m'interroger sur l'opportunité de les voir y occuper toutes les places ou presque toutes les places » ?

Toutes ces lignes ne sont pas seulement douteuses, elles sont odieuses. Ecrites à froid, avec le recul, elles n'ont, je le répète, plus l'excuse du journal et de ses lapsus. On peut, après cela, trouver du talent à Renaud Camus. On peut, dans ce livre même, trouver belles ses pages sur Proust, Barrès, le monde « d'après la littérature », l'inévitable « éparpillement » de la subjectivité des écrivains. On ne peut pas, face à tant de perversité ratiocineuse, réprimer une constante et diffuse nausée. On ne peut pas, surtout, continuer de prendre des mines graves pour se demander si ce rhétoricien-là, ce monomane d'une « question juive » qui ne semble, tout au long de ces cinq cents pages, pas le laisser un instant en repos, est, ou non, antisémite. On peut être écrivain et antisémite. On peut être bon écrivain et obsessionnellement antisémite. C'est le cas, sans doute possible, de Renaud Camus.

21 juin 2002.

Ce que je sais des hommes-bombes.

L'excellent film d'Ilan Ziv et Serge Gordey, sur Arte, mardi dernier, consacré aux bombes humaines...

Le retour, via la chaîne Al-Jezira, de Ben Laden, de ses porte-parole et de leurs menaces apocalyptiques...

Occasion de redire, ici, les deux ou trois choses que je sais d'eux – occasion de redire les quelques leçons rapportées de Ramallah il y a deux ans et, surtout, l'année suivante, de Colombo, à Sri Lanka, dont on oublie toujours qu'il fut le vrai berceau des hommes-bombes.

1. Le phénomène n'est pas nécessairement lié à l'islam. Témoin Colombo, justement. Témoin la naissance, à Colombo, dans un univers non isla-

mique, de la première armée de kamikazes modernes inventant, je le répète, cette façon de faire la guerre. Il y a des musulmans, naturellement, à Colombo. Mais c'est contre eux, c'est contre les musulmans et contre, aussi, les bouddhistes que frappe, là-bas, une armée du crime liée à l'hindouisme.

2. L'homme-bombe n'est pas nécessairement un « fanatique », ni un « illuminé », animé par le fol espoir d'accéder plus vite au paradis. Il peut l'être, sans aucun doute. Et c'est bien un bloc de croyance et de foi qui apparaît sur les vidéos enregistrées avant les attaques suicides : « la vie n'est rien... elle n'est qu'un chemin vers l'autre monde... je sais que, par mon acte, je me soumets à Dieu... » Mais les hommes et femmes-bombes de Colombo sont des êtres bien plus froids, des militants bien plus déterminés, chez qui l'on ne sent guère cette dimension mystique. Et quant à la Palestine, plus le temps passe, plus les candidats au suicide y viennent, autant que du Hamas, des Tanzims et autres Martyrs Al-Aqsa qui sont l'aile militaire du Fatah, le parti de Yasser Arafat, d'inspiration plutôt laïque.

3. Les hommes-bombes ne sont pas toujours des « désespérés ». Ou, s'ils le sont, c'est d'un désespoir qui ne se dit plus dans les termes de la raison politique traditionnelle. Les premiers hommes-bombes palestiniens n'apparaissent-ils pas en 1993, soit au moment d'Oslo et au moment donc où, pour la première fois, se dessine un espoir de paix ? Le phénomène ne prend-il pas toute son ampleur au lendemain de Camp David, soit au lendemain du jour où, pour la première fois encore, la direction palestinienne se voit offrir un Etat dont Arafat lui-

même admet, aujourd'hui, qu'il aurait dû, alors, s'en saisir ?

4. L'arme des pauvres, dit-on ; des hommes frustes, dénués de tout ; des prolétaires des armes qui, ne possédant que leur propre corps, réintroduiraient, de la sorte, l'archaïsme le plus extrême dans le siècle nouveau. Oui et non. Car on peut dire aussi : instrumentalisation du corps ; mécanisation de ses ressources et de ses organes ; transformation non seulement du « propre », mais de l'« être-là » de ce corps, en un « ustensile », un « en-soi », dont l'« employabilité » deviendrait, pour parler comme Heidegger, le trait le plus caractéristique ; non pas le contraire, autrement dit, mais le comble de ce délire technique où le même Heidegger voyait, non la fin, mais l'achèvement de la modernité.

5. On a dit et répété que le sens des guerres modernes est qu'elles font, en proportion, de moins en moins de victimes militaires et de plus en plus de victimes civiles. Eh bien, là aussi, modernité. Là aussi, mouvement qui va dans le sens non de la régression, mais de l'accomplissement de l'esprit moderne. Le propre de l'attaque suicide n'est-il pas que l'on n'y distingue plus du tout entre les militaires et les civils ? Son innovation stratégique ne tient-elle pas à ce qu'elle voit en tout homme, femme, enfant, une cible, donc un front ? N'est-ce pas l'idée même de front qui vole en éclats puisque le front est où je suis, où vous êtes, à l'instant de l'attaque suicide ? Fin du XXe siècle. Vrai début du XXIe.

6. Dernière illusion, enfin : celle du jeune kamikaze qui se lèverait un beau matin et qui, écœuré par ce qu'il a vu, la veille, à la télévision, enfile sa

ceinture piégée et décide de se faire exploser dans une pizzeria de Tel-Aviv. Absurde, là encore. Car tout ce que l'on sait de son acte indique qu'il y faut, au contraire, une longue préparation technique, logistique, psychologique. Tout ce que j'en sais atteste que l'on n'apprend pas comme cela, du jour au lendemain, à porter une ceinture ou une veste de 15 kilos, à se déguiser en étudiant, à marcher comme si de rien n'était, à déjouer l'infiltration et la surveillance des services de sécurité – sans parler de l'autre science, la plus difficile, et qui suppose des instructeurs, presque des maîtres, à l'ascendant extraordinaire : celle qui enseigne à mourir, à rompre les liens qui vous attachent au monde de la survie, à ne pas faiblir à l'instant décisif, à transgresser toutes les limites qui font la volonté propre du sujet. Alors ? Alors, des écoles de la mort et du crime. Des West Point de l'esprit kamikaze. Des académies de l'excellence suicidaire vouées à ce double dressage technique et spirituel. Je les connais, ces académies, à Sri Lanka. Les connaît-on en Palestine ?

28 juin 2002.

Avant l'anniversaire du 11 septembre, un numéro de la revue Lignes *(Surya, Brossat, Badiou, Nancy, Rancière et Cie).*

Il y a, dans la dernière livraison (éditions Léo Scheer) de Lignes, la revue de Michel Surya, biographe de Georges Bataille, un concentré de tout ce que l'on voudrait ne plus entendre au sujet du 11 septembre et de ses suites.

On y apprend, par exemple, que rien ne permet, à ce jour, « d'affirmer ni de croire » qu'Oussama Ben Laden soit le « responsable » de l'attaque contre les tours jumelles de New York.

On y lit, sous la signature du directeur, un portrait terrible et désastreux des « quelques-uns » qui, « prodigues » de leur vie, montrant « une hardiesse qui sidéra », surent, en une fraction de seconde, mettre le monde occidental à genoux.

Comme l'ensemble est cohérent, bien orchestré, on y trouve, sous une autre plume, celle d'Alain Brossat, un développement sur le « Billy Budd » de Melville qui donne une forme furieusement sophistiquée à la vieille thèse selon laquelle les tueurs d'Al-Qaeda seraient des « vaincus », des « incomptés », des hommes qui, ayant « perdu leur voix », n'auraient d'autre moyen que le terrorisme pour répondre à la violence qui leur est faite.

Et je ne parle pas, enfin, du texte d'ouverture, signé Alain Badiou, et qui, écrit sur le double mode, logique et véhément, qui fit frémir notre jeunesse et qui demeure, trente-cinq ans après, la marque distinctive de l'ancien inspirateur des Groupes Foudre, constitue la charge la plus folle que l'on ait vue depuis longtemps contre une Amérique, non pas exactement criminelle, mais identifiée au crime même.

Fallait-il, compte tenu de cela, faire de ce recueil l'objet d'une chronique ? Je le crois. D'abord parce qu'il n'est jamais mauvais, quand on a le goût de la confrontation des idées, de mettre sa pensée à l'épreuve de la pensée adverse. Ensuite, parce que l'honnêteté oblige à dire que l'on y trouve aussi, entre deux idées fausses, ou deux égarements, au fil de ces pages où l'on semble ériger la malpensance au rang d'impératif et de style, des observations fortes, ou simplement stimulantes, et qui, dans certains cas, offrent matière à réflexion.

Les remarques du derridien Jean-Luc Nancy, par exemple, sur le concept jüngérien de « mobilisation totale » remis au goût du jour par les tout premiers discours de George W. Bush.

L'étonnement de Jacques Rancière, autre revenant des années 60 puisque coauteur, avec Althusser, de « Lire le Capital », face à l'empressement que l'on a mis à caractériser la nouvelle « guerre civile mondiale » dans les termes « éthiques et religieux » – le Bien contre le Mal, la Croisade, etc. – imposés par la langue des attaquants.

Le mot même de « justice infinie », contradiction dans les termes, injure à l'idée même de droit et à l'inévitable finitude qu'elle suppose : « le droit illimité », demande Rancière, n'est-il pas « identique au non-droit » ? cette idée de « réparation sans limite », cette façon de baptiser « justice infinie » une opération de représailles, ne trahissent-elles pas le détournement frauduleux d'un concept qui n'a et ne doit avoir de sens que dans la réflexion philosophique sur le crime contre l'humanité ? et n'est-ce pas ainsi, finalement, n'est-ce pas au bout de détournements de sens de cette espèce, qu'une démocratie prend, à Guantanamo par exemple, le risque de mettre en suspens ses propres règles et principes ?

Il faudrait évoquer encore les pages de Brossat sur l'effet de sidération que produisirent dans les consciences les images des tours détruites, sur leur régime de propagation planétaire, sur la mise en scène de l'attentat comme un pastiche du jugement de Dieu.

Il faudrait, au-delà même de l'événement et du crime, citer les « extraits » du « Journal d'un tranquille désespoir » où Fethi Benslama dit la façon qu'a l'Occident, en s'« universalisant », en repoussant toujours plus loin ses « frontières », ses « limites » et son « terme », à la lettre en s'« exterminant », de s'exténuer, de se perdre et de signer, ainsi, sa fin.

Ces analyses, je le répète, ne sont évidemment pas toutes « justes ». Mais elles sont parfois fortes. Elles donnent à réfléchir, à débattre. Et c'est à ce titre que je veux, ici, leur faire écho.

L'anniversaire du 11 septembre approche. Il sera l'occasion, n'en doutons pas, de grandes commémorations consensuelles. Puissions-nous ne céder, alors, ni sur un terrain ni sur l'autre. Puissions-nous ne transiger ni sur la sûreté de nos réflexes ni sur les exigences de la pensée complexe. On a toujours raison de compter, penser, jusqu'à deux. Mener la juste guerre contre le fondamentalisme et ses tueurs n'exclut ni la nuance ni l'audace – ni, surtout, l'intranquillité.

5 juillet 2002.

Souvenirs des années-Obs : défense de Jean Daniel.

J'appartiens à une génération qui, dans les années 60 et 70, ne concevait pas de plus noble ambition que de publier son premier article dans Le Nouvel Observateur.

Le journal de Jean Daniel était alors le « côté de Guermantes » de la jeunesse intellectuelle. Le chic et la conviction. La mode et le sens de l'Histoire. L'historico-mondial et l'anecdote tissés dans le même écheveau. La certitude, en un mot, de voir sa prose voisiner avec celle des maîtres à vivre et à penser du moment. Deleuze et Clavel, Foucault et Jean-Louis Bory, le Castor et Fidel Castro, Pierre Mendès France et Roland Barthes ou Sartre.

Alors, pieusement, modestement, on apportait sa copie dans les locaux vétustes de la rue d'Aboukir. Et commençait un parcours initiatique dont chacune des étapes rappelait les grandes scènes de « L'éducation sentimentale » ou des « Illusions perdues ».

Il fallait obtenir les faveurs de Guy Dumur, ce gentleman-critique qui circulait en Triumph décapotable, qui portait du tweed même en été et qui, dans ses bons jours, vous donnait le sentiment que Ionesco, Beckett et même Brecht étaient déjà des intimes.

Il y avait Jacques-Laurent Bost, ce sartrien mélancolique, ce pilier de la gauche tendance « Nausée », ce mauvais coucheur adorable et délicieusement dogmatique qui s'interrogeait, à voix haute, sur ce que telle virgule, si étrangement placée dans le texte que vous lui tendiez, révélait de votre relation au pratico-inerte ou au sériel.

Il y avait Lafaurie, Hector de Galard, Bénichou – oui, le même, le Bénichou de chez Drucker, conscience goguenarde des « Grands Documents » du journal, champion du monde de récitation de vers d'Apollinaire et d'Aragon, qui n'avait pas son pareil pour vous donner à penser que vos articles étaient déjà des chapitres de livre, et qui semblait doté d'une sorte de radar, de détecteur infaillible de tricherie, part de comédie, truc.

Mais ce n'était rien encore. Car, une fois passés ces obstacles, restait l'ultime examen, l'ordalie, la lice décisive où se jouait votre destin : Jean Daniel, jeune mais déjà majestueux, qui était le Gaston Gallimard du journalisme et qui, distant, un peu sévère, vous faisait passer, dès le premier rendez-vous, l'interrogatoire d'affinités : avait-on lu Guilloux ? où en était-on avec Stendhal ? que pensait-on de Frantz Fanon ? connaissait-on par cœur les stations de Chateaubriand dans son itinéraire vers Jérusalem ? était-on de son côté dans la querelle titanesque entre Edmond Maire et Georges Séguy, Lumumba et Moïse Tschombé, le major Antunes et les amis français d'Alvaro Cunhal ?

Ceux qui triomphaient de cette série d'épreuves étaient définitivement cooptés et entraient, enveloppés dans son murmure narcissique et généreux, dans la catégorie des « amis de l'Observateur ». Les autres, obscurs à jamais, restaient aux portes de cet empyrée, un peu comme Virgile abandonné par Dante sur le seuil du Paradis.

Alors, bien sûr, les temps ont changé. Le Nouvel Observateur est devenu un hebdomadaire comme les autres, parfois meilleur, parfois moins bon. Et la parole politique ambiante s'est, peu à peu, démocratisée – faisant de Jean Daniel une sorte de Bourbon d'une gauche devenue orléaniste et définitivement prosaïque. Si j'évoque, néanmoins, cette époque, si je mentionne ces souvenirs d'un temps où l'entrée dans la Compagnie d'Aboukir était comme un noviciat laïque, c'est que l'homme qui en fut l'âme vient de publier ses œuvres autobiographiques complètes et que je ne suis pas certain que les jeunes chroniqueurs qui en rendent compte ici et là – Lançon, Beigbeder... – sachent bien la place qu'il occupa et que, souvent, il occupe encore dans notre surmoi idéologique et dans nos vies.

On peut – ce n'est pas mon cas – ne pas apprécier ces livres.

On peut ne pas goûter cette littérature très particulière où l'intime le dispute à l'extime, la confidence à l'Histoire, et où tout se mêle : l'enfance à Blida et la blessure à Bizerte, la fondation d'un journal et l'amour de Michèle, l'homme qui ferraille – déjà – avec Chevènement et celui qui correspond avec François Furet ou Octavio Paz.

Mais je n'aime pas le ton ricaneur qu'ont certaines de ces descentes en flammes.

Je n'aime pas l'exercice de style obligé que semble en passe de devenir la danse du scalp autour de ce camusien hédoniste et, disent-ils, mégalomane.

Et je m'étonne, surtout, de l'étrange aveuglement qui dispense de voir comment cet homme qui fut, dans sa première vie, un modèle de journaliste, un professionnel exemplaire, un patron, est parvenu, sur le tard, à naître une seconde fois, dans la peau d'un écrivain dont je défie tous ceux qui prétendent, aujourd'hui, lui faire la leçon de dire ce que la postérité voudra ou non retenir.

L'auteur a l'âge où, en France, désarment habituellement les adversaires et où la célébration totémique de vos vertus finit, à l'ancienneté, par apurer les comptes. Avec lui, Daniel, rien de tel. Il est traité avec l'injustice, l'insolence, parfois la cruauté, habituellement réservées aux jeunes loups qui entrent dans la carrière. Quelle bizarrerie ! Et, d'une certaine façon, quel privilège, quelle chance !

12 juillet 2002.

La mort de Paul Guilbert. Justice infinie ? De l'art d'avoir les justes réflexes en politique. La plus grande ruse de Dieu. Les mains de Hitler selon Heidegger. Mitterrand et les mimétons. Le Shakespeare de Jean-Michel Déprats. Le demeuré de la France Libre. Picasso, à la mort de Braque.

Le Figaro, ce mercredi, reproduit le texte que j'ai prononcé, à l'église Saint-Germain-des-Prés, en hommage à mon ami Paul Guilbert et que je devais publier ici. Soit. C'était son journal.

Oui, bien sûr, je maintiens que « Justice infinie », la formule de George Bush pour la juste guerre en Afghanistan, est une formule qui n'avait pas de sens. La justice des hommes n'est jamais infinie. Le principe même du droit est d'être limité.

D'Antonio Tabucchi, ce mot qui convenait si bien à Paul Guilbert et à son refus discret, mais têtu, de donner les livres qu'il portait en lui : « penser des histoires sans les publier, à l'heure où chacun ne pense qu'à publier ses histoires ». Lacan, plus radical, ne disait jamais « publier » mais « poublier ». Il disait « poubellication » au lieu de « publication ». J'avais, une fois, cité le mot devant Paul. « C'est trop, m'avait-il répondu dans un de ses éclats de rire magnifiques, beaucoup trop. »

La guerre d'Afghanistan était juste. Mais justice infinie, non, n'est décidément pas le mot qui convenaît. Ce genre d'erreurs, de confusions sémantiques et conceptuelles, ont l'air, comme ça, minuscules. Elles sont, en fait, décisives. Au bout, il y a Guantanamo et les très sérieuses questions posées par les organisations américaines de défense des droits de l'homme.

« Ah bon », aurait dit Chirac à l'annonce de l'attentat manqué contre lui. Simplement « Ah bon ». Le mot juste, pour le coup. Comme toujours quand il s'agit de l'extrême droite, cet homme a le mot juste, le sang-froid de la situation, le réflexe. Les réflexes en politique ? La voie royale de l'opinion droite. Le radar du caractère.

J'écris, donc je suis.

La force paradoxale des photos ratées qui veulent sortir de leur cadre.

La plus grande ruse du Diable, dit-on, est de faire croire qu'il n'existe pas. Et si, pour Dieu, c'était l'inverse ? Et si sa ruse majeure était de faire croire qu'il existe ? L'hypothèse, prise au sérieux, ruinerait toutes les prétentions du fondamentalisme, de l'intégrisme.

Heidegger à Jaspers qui s'émeut de l'inculture de Hitler : « la culture ne compte pas ; regardez ses admirables mains. »

Les grands livres sont affaire, moins de littérature, que de vie. Telle fut, longtemps, ma conviction. D'où se déduisait que ce n'était pas tout de les lire, qu'il fallait encore les vivre, les convertir en existence.

J'écoute ce jeune socialiste déjà gagné par l'esprit de secte. Le signe qu'il y a secte ? Esprit de secte ? Un tic. Un micro-mimétisme. Barthes aurait dit un « miméton ». Hier, le geste, comme Mitterrand, de se caresser distraitement le dos de la main pendant que l'on discourt. Aujourd'hui, cette inflexion de voix – bouderie légère, gouaille, affectation de simplicité – prise à Laurent Fabius. Ou cette autre – innocence affectée, voyez comme je suis bon garçon, un côté post-synchro ratée – prise à François Hollande.

Heidegger encore. Ce mot de Löwith. On ne savait jamais, quand on l'écoutait, s'il fallait courir s'inscrire chez les SA ou relire les présocratiques.

Cette façon de plus en plus nette qu'il a, tandis que les heures, puis les jours, passent, de s'imposer dans mon souvenir. Souvent, les morts sont comme les fleurs coupées : ils vivent, mais peu de temps. Pas lui. Pas Paul.

Il y a l'inverse. Les sectes qui disparaissent. Les mimétons qui s'effacent – sanction, en général, de la défaite du parrain. Plus personne n'a, dans la voix, l'onctuosité, les chuintements, de Chevènement. Plus personne, non plus, les impatiences, les stridences, la fraîcheur surjouée des intonations de Lionel Jospin.

Les traducteurs sont les poètes des poètes. Le mot est de Novalis, je crois. Il vaut pour Jean-Michel Déprats et sa nouvelle traduction de Shakespeare dans la Pléiade. Y revenir.

L'ami Gary, quelques jours avant son suicide, sur le trottoir, devant chez Lipp, avec, ce jour-là, un grand manteau de cuir un peu ridicule et un chapeau à la Jean Moulin : « que voulez-vous que je devienne ? un vieillard adapté ? un académicien ? un écrivain démodé et indéfiniment emmagaziné ? je préfère, à tout prendre, un demeuré de la France Libre ».

On demande toujours aux lecteurs ce qu'ils pensent des livres et de leurs auteurs. On devrait, parfois, faire le contraire : demander aux auteurs, et même aux livres, ce qu'ils pensent de leurs lecteurs.

Parfois, quand un ami meurt, on se dit (mot de Picasso, il me semble, à la mort de Braque) : « il n'y aura plus personne, maintenant, pour comprendre certaines choses. »

19 juillet 2002.

Lettre ouverte à José Bové.

Un ami commun, Marc Jolivet, me suggère de joindre cette lettre à celles de tous les amis ou adversaires qui vous écrivent depuis quelques semaines – cf. Libération du 10 juillet – dans votre cellule de Villeneuve-lès-Maguelone.

Je le fais, bien entendu. Et si je le fais, si, malgré tout ce qui nous sépare, j'accepte cette idée d'engager le débat avec vous, c'est pour au moins trois raisons.

Votre style, d'abord. Ce que je devine de votre honnêteté, de votre intégrité morale, politique. Cette image, que vous donnez, d'un homme qui semble ne céder ni sur son désir ni sur les idéaux de sa jeunesse.

Votre volonté de faire, à la place des politiques, quand les politiques désarment ou démissionnent, le boulot qu'ils ne font plus. J'aime bien cette démarche. J'aime l'idée qu'un citoyen vienne dire que la gauche a trahi, qu'elle a renoncé à prêter sa voix aux sans-grade, aux démunis et qu'il faut, donc, réinventer la gauche. Je trouve importantissime que l'on entende des gens nous expliquer, à l'âge de l'argent roi et de la spéculation déchaînée, que le capitalisme est en train de devenir fou et, ce qu'à Dieu ne plaise, de prendre le risque de se saborder.

Et puis votre internationalisme enfin. Oui, votre internationalisme. Je ne suis pas de ceux qui, en effet, vous voient comme un nouvel Astérix, nationaliste, franchouillard, crispé sur les valeurs de la France traditionnelle. Et je prends au sérieux, voyez-vous, l'écart que vous ne cessez de marquer, sur ce terrain, avec la droite souverainiste ou extrême – je prends très au sérieux les textes où vous vous réclamez des mouvements de désobéissance civile américains ou des associations de paysans pauvres type Via Campesina, pour opposer, en gros, une bonne mondialisation à la mauvaise.

Reste, cher José Bové, qu'il y a, dans vos déclarations récentes, des choses qui ne vont pas, qui m'ont parfois même scandalisé, et je suis d'autant plus à l'aise pour vous dire qu'elles déshonorent votre combat.

Je passe sur l'objet même du délit qui fait que vous êtes là – je passe sur la drôle de démarche qu'est, pour un non-violent, pour un disciple de Martin Luther King et d'Henry David Thoreau, le fait de « démonter », c'est-à-dire, en clair, de saccager un McDonald's.

Je passe aussi sur ce que vous dites de la « malbouffe » et, notamment, des OGM. Je ne suis, pas plus que vous, expert en la matière. Mais je connais les analyses de ceux qui, tout en déplorant, comme nous tous, l'arrogance de la technoscience, nous disent que les organismes génétiquement modifiés sont peut-être, au contraire, la chance des pays pauvres. Et je trouve que vous en prenez bien à votre aise avec l'exigence toute simple – et à laquelle nul, depuis le tristement célèbre Lyssenko, ne devrait pouvoir se dérober – de mettre ces techniques à l'épreuve, de les soumettre à l'expérimentation.

Non. Ce qui ne passe pas et qui, pour moi, est inacceptable, c'est la façon que vous avez eue, par exemple, au moment de votre voyage à Ramallah, en avril, de prendre, sans enquête, sans précautions, sans un mot de compassion, surtout, pour les victimes civiles, en Israël, des attentats suicides palestiniens, c'est cette façon que vous avez eue, donc, de prendre fait et cause pour l'un des deux camps sans la moindre considération des arguments et de la souffrance de l'autre.

Ce qui ne passe pas, ce qui passe, si j'ose dire, encore moins, ce sont les déclarations indignes que vous fîtes quand, à votre retour, interrogé sur les attentats antisémites qui venaient d'endeuiller la France, vous avez osé poser la question de savoir « à qui profite le crime » et, répondant qu'il profitait, sic, aux « services secrets » israéliens, expliquant que ceux-ci avaient « intérêt », re-sic, à « créer une certaine psychose » pour mieux « détourner les regards » des crimes commis en Cisjordanie, vous avez osé insinuer que ce sont les juifs eux-mêmes qui posaient les bombes dans les synagogues.

Et puis, ce qui ne passe pas non plus, c'est toute cette phraséologie qui, depuis le temps du Larzac, accompagne votre combat et fleure, ne vous en déplaise, le pire XIXe siècle. Proudhon, cher José Bové, n'est pas le bon révolté, l'esprit libre que vous croyez. Bakounine et Kropotkine, je vous expliquerai pourquoi si nous nous rencontrons un jour, ne sont ni moins fanatiques, ni moins totalitaires que les pires des staliniens. Et quant au thème des « maîtres du monde » posant leur sale main sur une planète innocente, quant à l'idée d'une conspiration ourdie, à l'ombre des tours de verre de Wall Street, contre les nouveaux damnés de la terre, quant à cette idéologie du complot que l'on trouve dans vos textes les plus récents et dont les organisations multilatérales seraient les principaux suppôts, tout cela ressortit à la magie, à la sorcellerie, pas à la politique – et c'est avec la magie, c'est avec cette « marée noire » de la pensée, avec ces « causalités diaboliques » que l'on fait (j'aimerais, aussi, pouvoir vous en convaincre) les politiques qui, à l'arrivée, seront les plus réactionnaires.

Parlons de tout cela, cher José Bové. Discutons. Je vous souhaite, pour l'heure, une prompte libération.

26 juillet 2002.

La grande aventure d'Arte. Pour un CNN européen. Hegel et la nation allemande. Fichte, Michelet et la France.

Schwerin. En marge du sommet franco-allemand de Schwerin, un symposium sur les médias et la culture où s'expriment quelques-uns de nos modernes européens.

L'un – Jérôme Clément – rappelle ce que fut l'improbable, l'incroyable, la folle et magnifique aventure d'Arte. Qui, il y a dix ans, croyait qu'une télévision puisse émettre par-delà les frontières de langue et de culture ? Qui, fors la petite troupe des pères fondateurs de la SEPT, pouvait concevoir cette chimère qu'était une grande chaîne à la fois allemande et française ? Et pourtant nous y sommes. Arte est la grande réussite de l'Europe. Quand on cherche à nommer, figurer, l'Europe concrète et vécue, ce sont le nom, le visage d'Arte qui surgissent.

L'autre – Marc Tessier – plaide pour cette autre aventure que serait la transformation de la petite chaîne Euronews en un CNN européen. Nous voulons, dit-il, une opinion publique européenne ? Demain, une citoyenneté ? Nous voulons que l'Europe prenne enfin conscience de ce qui fait son rapport commun au monde ? Eh bien, c'est possible. En attendant l'armée, la politique étrangère, la Constitution européennes, nous avons ici, à portée de main, l'opportunité d'inventer ensemble, Français et Allemands de nouveau, un outil d'intelligence des grands enjeux politiques qui font notre destin. Comment se dérober ? Qui laisserait passer cette chance ?

D'autres encore, hommes de radio, de cinéma, de presse, mais aussi responsables politiques, en appellent à la multiplication, entre nos deux peuples, non seulement de « passerelles », mais de paroles, oui, juste de paroles – mais fortes, bien formées, et qui fassent écho. L'Europe a un corps, insistent-ils. Il lui arrive d'avoir une âme. D'où vient qu'elle n'ait pas de voix ? Doit-elle continuer d'être cette belle muette, cette enfant, que l'on n'entend s'exprimer que dans la rhétorique des lois, règlements, directives ? Et quelle plus noble tâche alors, pour la coopération franco-allemande, que de nous doter, sinon d'une langue, du moins d'un verbe partagé ?

En les écoutant tous, en écoutant ces plaidoyers pour le dialogue franco-allemand renoué, en voyant se croiser ces initiatives et projets innombrables (et tellement plus féconds, hélas, que les propositions maussades, minimales, qui seront avancées, le lendemain, lors du sommet officiel), je songe, une fois de plus, à cette règle si étrange, et dont nul n'a plus l'air de s'étonner, qui veut que l'Europe ne nous soit concevable que dans cette relation privilégiée, presque unique, entre Berlin et Paris.

Car il y avait d'autres choix possibles, après tout.

Il était, il serait, possible d'imaginer une Europe centrée, plus à l'Ouest, sur l'axe franco-anglais.

Il était, il a été, possible de concevoir – ce fut, au lendemain de la guerre, le titre d'un projet peu connu, mort-né, d'Alexandre Kojève – un nouvel Empire latin, centré sur la Méditerranée et la solidarité de la France avec l'Italie, le Portugal, l'Espagne.

Mais non. L'Allemagne. Le pivot franco-allemand. Cette bizarrerie, oui, qui veut que l'Europe ne semble devoir se construire qu'autour des deux nations qui, non contentes de s'être, en moins d'un siècle, livré trois guerres terribles, sont, de celles qui composent l'Union, les plus apparemment étrangères.

Une hypothèse, alors. Les rapports de l'Empire et de l'Eglise. Le lien brisé, et inlassablement renoué, de la romanité et de la germanité. Cette synthèse théologico-politique qui fut, dès le haut Moyen Age, enfouie au cœur du continent et qui en est, depuis, l'impensé. Cette ligne de partage, cette brisure, qui fendent l'Europe en son milieu, et dont le couple franco-allemand n'en finirait pas de traiter la blessure fondatrice.

Hegel, dans « La constitution de l'Allemagne », insistait sur le « défaut d'Etat » constitutif de la nation allemande. Il disait, et Fichte dira après lui, que, comme à la Grèce devenue grecque dans le miroir de l'invasion perse, le « patriotisme » est venu à l'Allemagne du dehors, c'est-à-dire, en fait, de la France et de ses armées révolutionnaires.

La constitution de la France, à l'inverse, coïncide avec la montée du centralisme, puis de ce que l'on a appelé le jacobinisme. Or nul historien, depuis Michelet, n'ignore que le triomphe de ce centralisme et, donc, la construction de l'Etat français moderne se sont notamment faits à travers le traitement – massacres, édit de Nantes, révocation de l'édit, etc. – de cette autre révolution, venue d'Allemagne, celle-là, que fut la Réforme.

Eh bien voilà. Peut-être l'explication est-elle là. L'Allemagne est une mésaventure française. La France est une mésaventure allemande. C'est pour cette double raison que l'Europe ne pouvait être qu'une grande aventure franco-allemande.

2 août 2002.

Quand l'Europe n'existait pas. Comment l'Europe peut disparaître. Hegel et Kant, ou Husserl ?

Il y a des âges de l'Histoire où l'Europe n'existait pas. On disait « Chrétienté ». Ou « Romanité ». Ou, comme chez Hérodote, « Terre d'en face ». On ne disait pas « Europe ». On ne pensait pas « Europe ». On a pu se figurer le monde – le monde s'est, de fait, longtemps figuré – en l'absence de toute considération de ce que nous appelons Europe. Et Europe, chez les Grecs, a pu n'être que le nom de cette princesse asiate ravie par Zeus déguisé en taureau ailé et transportée jusqu'en Crète, face à ce lieu innommé qui n'était pas encore l'Europe. L'Europe, autrement dit, n'est pas un fait de nature. Ce n'est pas une donnée de la géographie et du monde. L'Europe, comme toutes choses, et comme nous le savons – au moins – depuis Heidegger, ne peut se soustraire à l'historial. Elle a un acte de naissance. Elle aura, donc, un acte de décès.

L'Europe est déjà morte, d'ailleurs. Plusieurs fois, oui, l'Europe est née, morte, renée et morte à nouveau. Je ne parle pas des tentatives de Justinien, ni des papes, ni de Charlemagne – ce n'était pas encore, tout à fait, l'Europe. Mais Charles Quint. Les Lumières. Napoléon. L'Empire austro-hongrois. Les grandes heures de l'idée européenne. Ces moments d'euphorie où l'on semblait fondé à dire : « voilà, c'est fait, l'Europe s'est constituée, vive l'Europe » et où, chaque fois, l'édifice s'est délité, disloqué, embrasé. L'Europe est une idée fragile. L'Europe n'est pas cet irrésistible élan que croient ses doctrinaires. L'Europe n'est pas, absolument pas, cette belle endormie qui n'attendrait que d'être tirée des limbes par ses rêveurs, ses bâtisseurs. La preuve est faite – plusieurs fois faite – qu'on peut construire l'Europe et la voir, dans la même génération, se déconstruire et disparaître.

L'Europe est-elle, au moins, la patrie de l'Universel ? Est-elle cette région, sinon du monde, du moins de l'être sans laquelle il n'y aurait plus, en ce monde, trace de l'Universel ? C'est la thèse de Husserl (conférences de Prague et de Vienne). Ce n'est pas celle de Kant (il donne le manifeste des

Lumières en faveur de l'Universel et pas une fois il n'y mentionne l'Europe). Ce n'est pas celle de Hegel (le « continent du commencement » ? celui de « la conscience d'un élément universel » ? l'Asie ; oui ! quand Hegel, dans « La raison dans l'Histoire », décrit le lieu où apparaît « la lumière de l'esprit » et, donc, « l'Histoire », c'est l'Asie qu'il nomme, pas l'Europe !). Si Hegel dit vrai, cela implique que l'Universel précède conceptuellement l'Europe ; si Hegel et Kant ont raison contre Husserl, cela signifie, non seulement que nous pourrions être en train, mine de rien, de vivre un nouveau faux départ de l'Europe, mais – plus grave, plus inquiétant – que le monde, tout bien pesé, pourrait persévérer dans son être en se passant absolument d'Europe.

Et puis le théorème de Gödel, enfin. La loi qui veut qu'un ensemble, donc un continent, ne se structure qu'à partir de ses marges et de ses frontières. C'est l'extérieur qui fait l'intérieur. L'écorce, le noyau. Dis-moi ce que tu écartes, je te dirai celui que tu es. Dis-moi quel est ton bord, là sera ton fondement. Or il s'est, au fil des siècles, produit ce premier événement : la frontière nord de l'Europe a disparu ; il n'y a plus eu, très vite, de Nord extérieur pour l'Europe ; le Nord n'est plus ce qui sépare l'Europe de son autre puisque l'Europe a avalé son Nord. Il vient de s'en passer un second : l'effacement de la frontière à l'Est ; l'avalement de cette autre limite qui séparait les deux Romes, les deux Empires, les deux Europes ; il s'est produit ce fait décisif que, avec la fin du communisme, c'est le bord oriental de l'Europe qui s'est, à son tour, dérobé. En sorte qu'il ne reste à l'Europe qu'une frontière : celle du Sud, face à la mer, ou, comme disaient les Grecs, aux Détroits – nouvelle et périlleuse situation qui, non contente d'alimenter, face au monde de l'islam, les pires spéculations des apôtres de la guerre des civilisations, met l'Europe, une fois de plus, face à sa terrible, ruineuse, fragilité.

Tout cela pour dire qu'il est urgent de se défaire de l'optimisme de principe qui préside, depuis cinquante ans, à tous les discours sans exception des constructeurs de l'Europe. Tout cela pour dire que rien n'est plus urgent que de tordre le cou à l'illusion progressiste, donc paresseuse, qui fait de l'Europe une idée inscrite dans l'Histoire, nécessaire, susceptible, certes, de tarder, reculer, hésiter, entrer en sommeil – mais jamais, au grand jamais, de cesser d'être ou de s'éteindre. L'Europe sera contre nature ou ne sera pas, voilà le vrai. L'Europe se fera au forceps ou ne se fera plus, voilà ce que j'ai essayé, la semaine passée, de dire à Schwerin. L'Europe ne peut être que le fruit d'une politique, c'est-à-dire d'une volonté, capable, s'il le faut, d'opérer par coups de force, voilà ce qu'il faut rappeler à tous les euphoriques qui, plus que jamais depuis Maastricht, se croient irréversiblement embarqués dans le train d'une Europe qui, à la limite, se ferait sans eux. L'euro fut un de ces coups de force. Mais il en faudra d'autres, beaucoup d'autres, très vite, de même ampleur. Faute de quoi le XXIe siècle sera celui, non de l'Europe, mais du retour des patriotismes, des chauvinismes et des régressions les plus détestables.

9 août 2002.

Avant d'attaquer l'Irak. Ostrowski et le Soudan. David Gritz à Jérusalem. Renaud Camus persiste. Robbe-Grillet sur le berceau de Laurent Fabius ?

Attaquer Saddam Hussein ? Oui, bien sûr. Ce n'est pas ici que l'on défendra ce massacreur de Kurdes et de chiites, ce terroriste, ce mégalomane suicidaire, ce fou, ce Néron actionniste dont, en 1998 déjà, Massoud me confiait qu'il était en possession d'armes chimiques et bactériologiques massive auxquelles il ne manquait que des vecteurs fiables. Reste que cette attaque sera une tragique erreur si elle n'est précédée par deux opérations décisives. Une opération diplomatique, d'abord, assurant les Etats-Unis, comme avant la guerre du Golfe, de la neutralité, voire du soutien logistique et tactique, d'un ou plusieurs Etats arabes modérés. Une action proprement politique ensuite, renforçant, comme en Afghanistan, les opposants intérieurs à Saddam, la relève possible, l'alternative, bref l'équivalent irakien de cette Alliance du Nord sans qui l'ordre taliban régnerait toujours sur Kaboul. Peut-être George Bush est-il un bon chef militaire. Il lui reste à faire la preuve – et d'urgence – qu'il est aussi un vrai responsable politique.

Coup de téléphone de Zygmunt Ostrowski, l'homme avec qui nous avions, l'année dernière, affrété le monomoteur qui nous avait posés au cœur des monts Noubas assiégés par l'armée islamiste de Khartoum. Ça y est, me dit ce médecin franco-polonais, africain de cœur, qui est devenu l'auteur, entre-temps, d'un des meilleurs livres sur le Soudan, « Coulisses d'une guerre oubliée » (L'Harmattan) ! Ça y est ! Le président el-Bashir vient de rencontrer John Garang à Kampala. Et c'est peut-être la fin du calvaire pour nos amis animistes et chrétiens bombardés depuis trente ans par les « Arabes » du Nord. Mais non... La trêve aura été de courte durée. Et les combats, aux dernières nouvelles, auraient repris de plus belle. Je repense à Garang. Je le revois, avec ses yeux d'enfant vieilli, agrandis et fixes quand il parlait. Je revois ce Kurtz, au cœur de ses ténèbres, me dire, dans un souffle, que cette guerre durerait autant que sa propre vie. Guerre totale. Guerre civile mondiale. Etat de siège généralisé et état d'exception planétaire. Le visage du siècle qui commence ?

Il faut essayer d'imaginer l'arrivée de David Gritz à Jérusalem. Il faut imaginer son éblouissement de jeune intellectuel laïque face au premier mystère de la Ville sainte. Il faut imaginer sa joie. Ses coups de téléphone rassurants à ses parents. Il faut l'imaginer déballant ses livres sur Lévinas et sur l'histoire du totalitarisme. Il faut imaginer sa dernière conversation, à la cafétéria, dans la chaleur extrême de l'été, juste avant que l'homme-bombe ne le tue. La paix. Dans ce haut lieu de la cohabitation entre toutes les communautés et confessions, dans ce temple du judaïsme libéral et moderne qu'est l'Université hébraïque de Jérusalem, David a forcément parlé de la paix : il était brillant et modéré, savant et courageux, il était le parfait représentant de ces jeunes juifs français qui arrivent à l'âge d'homme décidés à être fidèles à la double injonction de défendre inconditionnellement Israël et de tendre néanmoins la main à leurs frères palestiniens – et c'est la raison pour laquelle je suis à peu près certain qu'il était en train de parler de la paix et de sa détermination, comme la plupart de ses camarades, à vaincre les forces de la haine. C'est cela que l'on a atteint à travers lui. C'est un peu de tout cela qui est mort, la semaine dernière, avec lui.

Renaud Camus, pendant ce temps, défend sur son site Internet (Le Monde, 13 août) une conception « raciale » de la nationalité. Les notions de « race » et de « nation » n'ont cessé, regrette-t-il, de « perdre du terrain » tout au long du XXe siècle. Et si elles perdent du terrain, c'est « en partie », insiste-t-il sur ce ton cauteleux dont j'ai eu l'occasion de dire, à propos de son dernier livre, qu'il rend plus odieux encore son antisémitisme obsessionnel, si elles perdent du terrain, c'est en partie « sous l'influence des intellectuels, des journalistes et des hommes politiques juifs qui pouvaient difficilement s'en accommoder si leur famille ou eux-mêmes étaient d'immigration récente ». Médiocre pensée. Ecrivain pathétique, navrant. Mais signe des temps.

J'avais oublié (mérite des relectures de vacances !) que, dans « Les Gommes » de Robbe-Grillet, les deux commissaires chargés de l'enquête s'appellent « Laurent » et « Fabius », le « commissaire général Laurent » et le « super-commissaire Fabius » – j'avais oublié que, page 65 par exemple, quand Wallas « débouche sur la place de la Préfecture », c'est une « lettre d'introduction de Fabius » qui lui donne accès au « commissaire général Laurent ». Le livre, je le rappelle, est de 1953 – date à laquelle le « vrai » Laurent Fabius n'a encore que 7 ans. Witz littéraire ? Coïncidence ? Obscur clin d'œil – mais à qui, pourquoi, et dans quelle très ancienne circonstance ? Ou le réel qui, comme d'habitude, finit par ressembler aux livres ?

16 août 2002.

Reste avec nous, Wojtyla.

Il y a un mot de Nietzsche – il me semble que c'est dans « Aurore » – qui m'a toujours fait rêver et qui, pour définir le Christ, parle de « gladiateur agonisant ».

Ce mot, je l'ai eu à l'esprit d'un bout à l'autre de la dernière visite – il faudrait dire le dernier calvaire – du vicaire du Christ, Jean-Paul II, sur sa terre natale de Pologne.

Ce mot, cette formule étrange et magnifique, ils ne m'ont jamais mieux paru s'appliquer qu'à cet homme de 82 ans que l'on appelait jadis l'athlète de Dieu et que l'on aura vu, pendant ces quatre jours, rongé par la maladie, affaibli, recourant à un nombre grandissant de béquilles (estrades mobiles, pupitres amovibles) pour se déplacer, cassé en deux, presque sourd, et trouvant néanmoins la force de descendre jusqu'au sanctuaire de la Divine Miséricorde, d'adresser une prière ardente à la vierge de Kalwaria Zebrzydowska, ce haut lieu de la Passion du Christ où il allait dans son enfance, de multiplier les rencontres politiques, d'aller se recueillir sur la tombe de son frère et de ses parents, de dire une longue messe, sous un soleil de plomb, dans le parc de Blonia, à Cracovie, bref, de remplir jusqu'au bout, sans faiblir, sa tâche d'évangéliste.

Je ne suis pas particulièrement sensible, c'est le moins que l'on puisse dire, à l'Evangile en question.

Et je suis de ceux qui, par ailleurs, pour mille raisons que l'on devine, ne manquent jamais d'entendre avec grande anxiété ce qui se dit dans ce beau mais très inquiétant pays que reste la Pologne.

Mais comment ne pas être impressionné, en même temps, par le message de cet homme qui, après avoir, il y a vingt ans, ouvert la première brèche dans l'idéologie de granit du communisme, trouve, au crépuscule de sa vie, avec le très peu de forces qui lui restent, les mots les plus justes pour, dès son arrivée, grimaçant de douleur, titubant, dire au président Kwasniewski sa pleine solidarité avec les laissés-pour-compte de l'ordre néocapitaliste et marchand ?

Comment ne pas se sentir en plein accord avec cet orateur immense et inspiré qui, de même qu'il trouvait, à Toronto, les justes mots pour mettre en garde la jeunesse contre un monde régi par les seules lois « de l'argent, du succès, du pouvoir », de même que, au Mexique, puis au Guatemala, il s'est si clairement rangé aux côtés des Indiens en voie de liquidation culturelle et parfois physique, de même qu'à Jérusalem, il y a quelques années, il a pris de court les bien-pensants de toutes les confessions pour dire la dette de son Eglise à l'endroit de ses frères aînés, les juifs, de même encore que, l'année passée, au Kazakhstan musulman, il prenait le contre-pied des idées en vogue sur la guerre des civilisations entre la chrétienté et l'islam – comment ne pas être d'accord, oui, avec le geste de ce combattant du Droit et de l'universalisme vrai qui, ici, à Cracovie, devant un parterre d'anciens apparatchiks communistes reconvertis au nationalisme, retrouve les accents d'autrefois pour mettre en garde les Européens contre la tentation du repli identitaire et chauvin ?

Mieux, plus émouvant encore, plus bouleversant : comment rester insensible au spectacle de ce pèlerin harassé, les jambes et les genoux usés, dit-on, par les exercices spirituels et la prière et qui, en avril dernier, à bout, était contraint de confier aux cardinaux Sodano et Etchegaray le rite du lavement des pieds – comment ne pas être saisi par l'image de cet homme qui, aujourd'hui encore, à sa descente d'avion, a eu besoin, pour embrasser la terre de son pays, qu'on la lui porte aux lèvres dans un panier mais qui, ignorant sa propre faiblesse, porté, presque électrisé, par l'amour qui lui est adressé et dont tout son être paraît rayonner, répond à ceux qui, jusqu'au cœur de la Curie, murmurent que sa souffrance est trop grande, qu'il lui faut penser à se retirer et que, de Benoît IX à Grégoire XII et Célestin V, la jurisprudence canonique a fini par prévoir ce type d'empêchement : « le Christ est-il descendu de sa croix ? les apôtres Pierre et Paul n'ont-ils pas suivi Dieu jusqu'au martyre ? je ne suis là que par la grâce du Saint-Esprit et je remplirai donc ma mission, si intolérables que soient les misères du corps, jusqu'à mon dernier souffle » ?

Il y a dans ces scènes toute la douleur, mais aussi toute la noblesse, du monde.

Il y a, dans cette présence, dans cette façon de dire que seul le repos éternel peut couper une Parole qui ne tient son autorité que du Ciel, l'image d'une force intérieure, d'un courage, dont je ne vois, aujourd'hui, guère d'autre exemple en ce monde.

Qu'il soit permis à un écrivain juif, pétri de culture juive, mais qui n'a jamais douté, depuis vingt ans, de tout ce que l'époque doit au long règne du « gladiateur agonisant » et de tout ce que, si Dieu le garde, elle lui devra encore, qu'il me soit permis, oui, de redire, moi aussi, comme les millions de fidèles en larmes qui, l'autre matin, sur les bords de la Vistule, redoutaient de ne plus le revoir : « reste avec nous, Wojtyla ».

23 août 2002.

Leni Riefenstahl, ou l'esthétique même du nazisme.

Leni Riefenstahl a 100 ans. Mais fallait-il, sous prétexte qu'elle a 100 ans et qu'elle revient, à 100 ans, avec « Impression sous-marine », un nouveau film, lui dresser ce panégyrique étrange et sans nuances : cinéaste immense... invention du documentaire... le metteur en scène le plus moderne (George Lucas) du xxe siècle... l'Eisenstein de la contre-plongée... etc. ?

Leni Riefenstahl, il faut toujours commencer par là, fut la cinéaste de Hitler. Son égérie. Sa muse. Elle avait fait d'autres films, sans doute, quand Hitler la rencontre et décide d'en faire son metteur en scène officiel. Mais son grand film, celui où elle donne, en effet, toute la mesure de son art, s'appelle « Le triomphe de la volonté ». Et « Le triomphe de la volonté », tourné en 1934, à Nuremberg, est un film qui met en scène le grand congrès fondateur de la fureur nazie au pouvoir.

Filmer n'est pas adhérer ? On pouvait faire des images des retraites aux flambeaux hitlériennes sans nécessairement les glorifier ? C'est ce que Riefenstahl a toujours dit pour sa défense. Sauf que ce n'est pas ce qu'elle fait dans ce film étrange où toutes les ressources de la caméra, sa passion de la belle image, son art du montage et du travelling n'ont d'autre fonction que de grandir, exalter, transfigurer pour l'éternité, wagnériser, ces vrais moments de bêtise petite-bourgeoise qu'étaient aussi les messes nazies. Les SS passent, « Le triomphe de la volonté » demeure. « Le triomphe de la volonté », précisément parce qu'il est un beau film, est le plus grand, le plus terrible, des films de propagande du xxe siècle.

La cinéaste n'avait pas le choix ? Elle serait tombée dans le piège où tous ses compatriotes, et notamment les gens de cinéma, tombèrent ? C'est faux, bien entendu. D'autres, au même moment, savaient de quoi il retournait. D'autres, comme son amie Marlene Dietrich, sollicitée, elle aussi, par Goebbels, prenaient le chemin de New York et disaient non. La preuve par Marlene. Riefenstahl ou l'anti-Marlene. L'existence même de Marlene suffit, comme toujours, à éclairer la scène. D'un côté l'ange bleu, l'honneur de l'Allemagne et de l'Europe. De l'autre Leni, qui ne sortit de « La lumière bleue », son pauvre premier film, qu'en mettant son art au service du pire.

S'est-elle au moins repentie ? A-t-elle, comme tant d'autres, fini par découvrir, et par dire, l'abomination dont elle s'était faite le chantre ? Oui et non. Enfin, oui. Elle l'a fait. Mais il y a deux ans, à 98 ans – et dans des termes qui, je le crains, ne suffiront pas à ceux pour qui l'extermination de quelques millions de juifs et de Tsiganes n'est pas un point de détail de l'Histoire de la Seconde Guerre mondiale. « Hitler était comme une jolie pomme, dit-elle, pourrie de l'intérieur par sa haine des juifs ». Aimable variante du « Hitler a déshonoré l'antisémitisme » de Bernanos. Condamnation minimale de la part d'une artiste qui ne manque jamais, à côté de cela, de raconter avec émotion ses promenades nocturnes, sur la plage, près de Hambourg, avec la « jolie pomme »...

La grande cinéaste peut-elle au moins se targuer de n'avoir pas trempé dans le crime ? Peut-elle dire : « j'ai filmé les idées, glorifié les corps et l'idéologie aryenne – mais jamais, au grand jamais, mon cinéma ne fut directement mêlé au crime » ? Pas même. Non, même cela elle ne peut pas le dire. Et s'y essaierait-elle qu'il y aurait ces vieux Tsiganes, rescapés de l'extermination, qui sont venus rappeler, à quelques jours de son anniversaire, l'affaire des 120 figurants qui, entre 1940 et 1942, furent sélectionnés à Dachau pour les besoins de son film « Tiefland » et qui, une fois le tournage achevé, retournèrent mourir à Auschwitz.

Les juifs ? N'a-t-elle, comme elle le prétend, jamais été directement confrontée à la destruction des juifs ? Cela encore est faux. Et il y a un épisode au moins qui l'atteste. Nous sommes en septembre 1939. La cinéaste officielle part en Pologne tourner « Le Führer au front ». Et voilà que, sur la place du Marché de Konskie, un bataillon d'élite rassemble les juifs de la ville et les fusille. La grande cinéaste a toujours dit qu'elle n'avait entendu les coups de feu que de loin. Il existe une photo d'elle, prise par un soldat, et qui montre le contraire. « Leni Riefenstahl tombe évanouie à la vue des juifs morts », a écrit le soldat au dos de la photo...

Bref. Je ne rappellerais pas ces faits s'il ne flottait autour du personnage ce mauvais parfum d'indulgence, de complaisance et de fascination ignorante. Que « Le triomphe » et « Les dieux du stade » soient esthétiquement réussis, nul, encore une fois, ne songe à le nier. Mais que cette esthétique soit l'esthétique même du nazisme, voilà qu'on ne peut pas non plus ignorer ; que l'invention d'une part du cinéma moderne soit inextricablement mêlée à cette part noire, tragique, du XXe siècle, voilà l'autre question qu'on n'a pas le droit de ne pas poser ; sans parler de la « dernière » Riefenstahl – sans parler de la Riefenstahl qui crut, après la guerre, en allant filmer les corps des Noubas, puis les grands fonds marins, en militant pour Greenpeace et pour la beauté du monde, rompre avec son passé alors qu'elle en demeurait sans doute plus solidaire qu'elle ne le croit. Ruses de la volonté de pureté. La pureté dangereuse et ses pièges. Toute la question Riefenstahl.

30 août 2002.

Rentrée.

C'est une rentrée où les gens sont de mauvaise humeur parce qu'il a plu tout l'été.

C'est la rentrée où les faits divers semblent mieux scénarisés que la plupart des films. Une exception : « L'adversaire », de Nicole Garcia.

C'est une rentrée où Jospin, qui était le totem de la gauche, est devenu son tabou.

C'est la rentrée où John Malkovich devient un metteur en scène français : il monte « Hysteria », la pièce de Terry Johnson, au théâtre Marigny, à Paris, avec le merveilleux Pierre Vaneck – nostalgie d'une autre rentrée, il y a dix ans, où il interprétait mon Anatole dans « Le jugement dernier ».

C'est la rentrée où l'on ne nous parle, à la radio, que de l'effondrement du Cac 40 et du Nasdaq ; il y a des gens, à Paris, dont l'humeur semble quotidiennement indexée sur l'évolution des indices boursiers.

C'est la rentrée où la formule la plus tendance

semble être : « j'te calcule », ou « j'te calcule pas » (avant l'été : « c'est plié »).

C'est la rentrée où une rumeur de pédophilie sur un roman – « Rose bonbon », de Nicolas Jones-Gorlin – suffit à le faire interdire. Quid, alors, de l'autre roman (« Il entrerait dans la légende », de Louis Skorecki, éd. Léo Scheer), passible, chacun le murmure, du même procès en sorcellerie ? Va-t-on réinventer la censure par précaution ? Va-t-on trouver, pour les livres, l'équivalent de la jurisprudence Balladur pour les ministres – un soupçon, une rumeur et, dans l'indifférence générale, sans que nul, et surtout pas l'éditeur, y trouve à redire, vous quittez la devanture des librairies ?

C'est la rentrée où les esprits libres, rétifs au conformisme et à l'esprit de meute, prendront la défense de Jospin et de son bilan.

C'est la rentrée où Sollers publie un roman qui ne figure pas sur la liste du Goncourt – j'y reviendrai.

C'est la rentrée des revenants amis : Barthes, Michel de Certeau, le « Lévinas » de Salomon Malka (Lattès), Pauwels vu par sa fille (Albin Michel).

C'est la rentrée où les socialistes semblent vouloir s'enfermer dans cette alternative bizarre : perdre leur âme avec Fabius, ou les élections avec Emmanuelli ; consentir à l'ascendant du premier mais en ayant le sentiment de se renier – rester fidèles à l'image archaïque, infantile, d'eux-mêmes qu'incarne le second et se marginaliser.

C'est la rentrée où Jean-François Revel publie un livre remarquable pour démontrer ce qu'il avait déjà prouvé dans « Ni Marx ni Jésus » : ainsi va l'époque ; ainsi, la confusion des temps ; est-ce là ce que l'auteur, jadis, nommait la « connaissance inutile » ?

C'est la rentrée où on lira un autre livre, il faudrait dire une somme, sur le même sujet, la même exception française qu'est l'antiaméricanisme idéologique – mais prise d'un autre point de vue, celui de la construction des discours, de la généalogie d'un imaginaire et d'une tradition : « L'ennemi américain », de Philippe Roger (Seuil) ; ce livre-là non plus, il ne faudra le manquer à aucun prix.

C'est la rentrée où, aux Etats-Unis, un distributeur courageux programme enfin, à New York, le film de Christophe de Ponfilly, « Massoud l'Afghan », que je tiens pour l'une des meilleures armes contre l'intégrisme – un an déjà, comme Massoud manque !

C'est la rentrée où Olivier Roy, expert en islamisme, explique – dans « L'islam mondialisé » (Seuil) – que, loin d'être le signe d'on ne sait quelle « guerre des civilisations », les perversions de l'islam sont le signe, au contraire, de son « occidentalisation mal vécue » : il a peut-être raison.

C'est une rentrée que je passe en Afghanistan, avec les volontaires de l'ONG française Aïna, pour boucler et lancer Les Nouvelles de Kaboul : un journal français dans ce pays ruiné par vingt-cinq ans de guerre et d'obscurantisme, quel défi ! quelle folie ! mais, en même temps, quelle exaltation !

C'est la rentrée où Le Point a 30 ans et je regrette de n'être pas là pour fêter cet anniversaire avec mes amis.

C'est la rentrée où Yann Moix publie une « Claude François Story » dont on s'avisera un jour qu'elle est un pastiche des Evangiles et de Don Quichotte.

C'est la rentrée où Elisabeth Quin est devenue romancière : Bridget Jones à la française.

C'est la rentrée où George W. Bush veut déclarer la guerre à l'Irak pour faire plaisir à son papa.

C'est la rentrée où Jean-Marie Messier annonce un livre où il est, paraît-il, toujours très content de lui.

C'est la rentrée où l'on choisit, en France, d'ouvrir des prisons et de fermer des écoles.

C'est la rentrée où la formule « France d'en bas », qui eut son petit succès au printemps, est en train de devenir insupportable et inaudible.

C'est une rentrée où tout le monde attend le 11 septembre.

6 septembre 2002.

Créer un journal à Kaboul.

Tout a commencé il y a cinq mois, à Kaboul, au moment de la mission d'évaluation que m'avaient confiée Jacques Chirac et Lionel Jospin.

Je rencontre Fahim Dashty, ce jeune journaliste tadjik qui se trouvait avec Massoud au moment de l'attentat à la caméra piégée et qui, pour l'heure, invente Kabul Weekly, le premier hebdomadaire libre de l'après-talibans.

Je le rencontre et me lie d'amitié avec lui, Dashty, mais aussi avec Reza, le photographe franco-iranien, compagnon de Massoud, qui est en train de créer Aïna, la première ONG dont l'activité consiste à fournir, non des vivres ou des médecins, mais des radios, des journaux et, en l'espèce, le Kabul Weekly en question.

Pourquoi pas la même chose en français ? me dis-je alors.

Pourquoi pas un mensuel, demain un hebdomadaire, en dari, en pachto, mais aussi en français, dans ce pays qu'ont aimé Kessel, Bouvier, les archéologues de la Dafa, et même Georges Pompidou ?

Rentrés à Paris, nous recrutons, à l'école de journalisme de Lille, où fut élève le président Karzaï, l'embryon d'une rédaction.

A Kaboul, nous écumons les lycées Istiqlal et Malalai, ces viviers de culture française, pour y trouver, garçons et filles, l'autre moitié de l'équipe.

L'ONG Aïna n'ayant pas les fonds, je la mets en relation avec la Fondation André Lévy, qui prend en charge le budget pour deux ans.

Je ne suis pas architecte, n'est-ce pas. Ni ingénieur. Ni rien qui permette de contribuer pratiquement à la reconstruction d'une ville, d'une armée, d'une police. Alors qu'un journal, n'est-ce pas... Je finis par vaguement savoir, à force, comment on fabrique un journal... En sorte que je me retrouve dans la situation d'il y a dix ans, à Sarajevo, quand, à la question : « que faire de concret pour les Bosniaques », je répondais : « un film » et me lançais, à corps perdu, dans le tournage de « Bosna ! ». De nouveau, donc, « Bosna ! ». Mon « Bosna ! », cette fois, ce sera Les Nouvelles de Kaboul.

Problème de constitution d'une rédaction qui doit, autour d'Olivier Puech, son directeur, être aussi paritaire que possible : autant d'Afghans que de Français, autant de femmes que d'hommes.

Problème de la part afghane de l'équipe : les journalistes, ici, ont été formés à la soviétique et, ensuite, à partir de l'arrivée des talibans, écrasés, humiliés, interdits de métier – comment sort-on de cela ?

Problème de la censure, voire de l'autocensure : mes camarades ont beau me dire que mon nom, dans l'« ours », suffira à sanctuariser le journal, je vois bien comment, dans un pays qui a perdu jusqu'au souvenir de ce qu'est une presse libre, le moindre chef local peut intimider, terroriser un journaliste – décision, alors, de ne signer que les tribunes et opinions, le reste des textes engageant collectivement la rédaction.

Problème de papier : il n'y a plus de papier à Kaboul.

Problèmes d'imprimerie : il n'y a pas d'imprimerie moderne à Kaboul – les talibans ont, avant de partir, pété les plombs.

Problème des traducteurs : disparus dans la nature, un jour, avec une partie de la copie – il faut, dans l'urgence, en trouver d'autres.

Problème des films – on dit, ici, les « calques » –, qu'on décide, une autre nuit, de courir confectionner au Pakistan ou à Dubaï : à la dernière minute, miracle ! une réparation de fortune donne quelques heures de vie de plus à la machine.

Problème de la bombe, en face du ministère de l'Information, le jour où il faudrait finir de négocier notre autorisation de paraître : là aussi, retard.

L'imprimeur, enfin, qui, le dernier soir, alors qu'il ne reste que quelques heures pour sortir, comme prévu, au matin de l'anniversaire de la mort de Massoud, nous dit : « impossible ; je n'ai plus d'encre ; plus de bras ; mes toutes dernières forces, je les consacre aux tracts officiels des cérémonies de demain » – et nous, alors, qui plaidons, supplions, lui montrons les textes de Chirac, Villepin,

Kouchner, Ponfilly, Adler, Pontaut, en hommage, justement, à Massoud et, nouveau miracle, ça repart ! la nuit se passe à plier, massicoter, brocher à la main, un à un, les mille premiers exemplaires et je peux, au petit matin, comme promis, apporter les trois premiers à Karzaï, Qanouni et Wali, le frère cadet de Massoud.

Il reste, à l'heure où j'écris, à inventer un système de distribution pour ce journal hors normes.

Il reste à étoffer la petite troupe de gamins qui commencent, dès ce matin, à le vendre à la criée.

Il reste, surtout, à s'entendre avec les routiers pachtos, tadjiks, ouzbeks et hazaras, pour qu'ils le transportent dans les autres grandes villes du pays.

Mais Les Nouvelles de Kaboul existent. C'est un peu de France en Afghanistan. C'est un ferment de démocratie dans un pays qui vient de vivre vingt-trois ans sous l'œil des barbares. C'est, dans mon esprit mais aussi dans celui de quelques vieux Afghans, un peu de l'esprit de Franc-Tireur et de Combat qui ressuscite. Pour tous ceux qui ne se résignent pas, dans le monde musulman, au terrible face-à-face du fondamentalisme de Ben Laden et du laïcisme terroriste de Saddam Hussein, ce sera peut-être un lieu de plus pour le dialogue, l'esprit critique, l'expression du droit.

13 septembre 2002.

Le cas Sollers.

On lui reproche d'être heureux dans un temps de mélancolie, de ressentiment, de dérision embarrassée, de jalousie, de soupçon, de désenchantement, de cynisme.

On lui reproche son absence radicale d'angoisse, de tragique, d'amertume – il n'y a de révolutionnaire que joyeux, répète-t-il, et l'on ne saurait mieux tourner le dos au modèle officiel du grand écrivain compassé, perclus de mauvaise conscience et de passions tristes.

On lui reproche d'être, comme ses héros, satisfait du style de vie qu'il s'est choisi et on lui reproche, non seulement de le croire, mais de le dire : on reproche à ce rusé de nous donner un livre sensualiste, à ce malin d'entonner l'éloge des cinq sens et du corps – on reproche à ce dix-huitiémiste de raconter, tel un Diderot moderne, un d'Alembert, un Rousseau, le pur sentiment d'exister.

On lui reproche d'être un écrivain heureux et d'avoir tout de même une histoire ; de nager sous les mouettes sans tomber dans l'élégie ; de « prendre le chemin du fenouil », de chanter « l'étoile des amants », de dire à une femme aimée « tu es un galet de la plage », on lui reproche de faire un roman avec des noms d'oiseaux ou de violettes – sans renier un seul instant l'esprit de Joyce et de Mallarmé.

On lui reproche de jouer sur les deux tableaux (d'aucuns disent : toucher à tous les guichets).

On lui reproche de réveiller ses lecteurs en sursaut avec un livre à contre-courant (craignent-ils que le bonheur, comme l'intelligence, soit contagieux ?).

On reproche à cet homme qui sera, samedi, chez Ardisson et qui était, l'autre semaine, chez Tapie ou Guillaume Durand de ne rêver que de clandestinité, de catacombes, de masques (les écrivains comme des vieux sages, en grand conciliabule, se chuchotant à l'oreille les secrets ultimes).

On lui reproche de se mettre à l'écart sans partir.

On lui reproche de bouder Paris sans céder à la tentation de Venise ou de Ré.

Il y a des écrivains qui, pour se protéger, se cachent et nous la jouent laconique, ombrageux, grand silencieux. Sollers, lui, fait l'inverse ; c'est en se montrant qu'il se dérobe, et c'est aussi ce qu'on lui reproche.

Il y a des écrivains qui, pour mieux se faire voir, jouent les invisibles – c'est le syndrome de Gygès, le très guerrier roi de Lydie qu'un anneau magique pouvait rendre invisible. Sollers, oui, casse le modèle ; c'est un anneau de visibilité qu'il porte au doigt, et c'est cela, pense-t-il, qui le protège.

Sollers est l'anti-Gygès. Il porte, comme disait Cocteau, inventeur méconnu de la stratégie et immense romancier-poète, une cuirasse de lumière qui aveugle un peu. Mais c'est ainsi, c'est en projetant ce leurre, cette image feinte de lui-même, cet hologramme, qu'il tient à distance les malveillants et aura, croit-il, la paix.

On lui reproche d'avoir des remords mais pas de regrets.

On lui reproche de ne pas répondre aux reproches qui lui sont faits.

On lui reproche, quand on le traite de balladurien, de papiste, de suppôt de Messier, de s'en tirer par une pirouette et de laisser dire ; quel culot, grondent les censeurs ! où va-t-on si les insultés se mettent à ne plus répondre à leurs insulteurs ! qu'allons-nous devenir, nous, les tarentules, s'ils font comme si la désinformation les protégeait plus qu'elle ne les gêne ?

On lui reproche d'être mal vu à droite, mal vu à gauche – on lui reproche d'être un athée social : ne lui reproche-t-on pas, quarante ans après, d'avoir coupé au service militaire ? ne continue-t-on pas de faire comme si les dizaines de milliers de pages qu'il a produites se réduisaient aux cent lignes de « La France moisie » ?

On lui reproche de dire qu'il ne connaît qu'une subversion, celle du style (le reste, selon lui, n'est que mascarade, marchandise, comédie – et tant pis si ce n'est pas mon avis).

On lui reproche d'aimer ce qu'il écrit, chaque page, chaque phrase, presque chaque mot, à une époque où il est de bon ton de grogner : « oh ! mes livres... un brouillon... juste une esquisse... » (lui va jusqu'à se pasticher lui-même – mais oui !).

On lui reproche d'être un travailleur acharné.

On lui reproche de dire qu'écrire n'est ni un droit ni un devoir.

On lui reproche de ne pas dire comment il a écrit certains de ses livres : cet homme qui ne fait jamais rien au hasard, je ne l'ai jamais entendu – et cela encore, on le lui reproche – prononcer une phrase que l'on puisse prendre au tragique et qui fasse, par exemple, art poétique.

On lui reproche de tout dire et de ne rien dire, de dire comment il vit et de ne rien révéler de sa vie réelle, on lui reproche d'être extrêmement libre et de ne jamais « fendre l'armure ».

On lui reproche d'être inconnu et célèbre.

20 septembre 2002.

Faut-il pardonner à Maurice Papon ?

Oui, Robert Badinter, Germaine Tillion, Jean Lacouture ont raison : même dans le cas extrême du crime contre l'humanité, il y a, sans doute, un moment où le souci de l'humanité peut prévaloir sur celui du crime.

Oui, Bernard Kouchner, qui fut à l'origine de la loi dont vient de bénéficier Maurice Papon, n'a pas complètement tort non plus : face à l'image de cet homme malade, très vieux, et condamné à mourir en prison, on est partagé entre la tentation de se dire : « tant pis ; c'est ainsi ; réservons notre pitié à de plus nobles causes » et celle de se reprendre : « la justice n'est pas la vengeance ; même les salauds ont droit au Droit ; cette morale même dont, en leur temps, ils refusèrent le bénéfice à leurs victimes, c'est l'honneur de celles-ci de leur en offrir aujourd'hui les garanties. »

Et quant à s'interroger enfin sur la nature et le degré de la maladie qui motive cette mise en liberté, quant à se demander si cet homme qui est sorti sur ses deux jambes, très droit, de sa cellule de la Santé, est aussi grabataire que l'ont prétendu ses avocats, quant à disserter de la question de savoir s'il n'aurait pas dû, pour mieux prouver son état, apparaître plus chancelant, ou couché sur une civière, merci, très peu pour moi, je ne suis ni flic ni médecin et n'ai aucune envie, vraiment, d'entrer dans ce débat oiseux.

D'où, alors, vient le malaise ?

D'où la colère qui, comme les trois quarts des Français, ne me quitte pas depuis huit jours ?

Il y a le fait d'abord que, si le pardon est une belle chose, on ne peut pardonner qu'à quelqu'un qui le demande. Or Papon ne demande rien. Il n'a exprimé, tout au long de son procès, ni remords ni regrets. Il justifie Vichy. Il légitime la collaboration. Loin de demander grâce, il persévère, autrement dit, dans le crime et, face à ses victimes, ou aux fils et filles de ses victimes, ajoute l'outrage à la douleur.

Il y a le fait, ensuite, que ce multirécidiviste du crime contre l'humanité, cet homme qui a plus de morts sur la conscience que n'importe lequel de nos détenus, aura été l'un des tout premiers à bénéficier de la loi Kouchner. Les prisons françaises sont pleines de grabataires plus malades et moins coupables que lui. Elles sont pleines, notamment, de malades du sida dont l'état de santé est au moins aussi incompatible que le sien avec le maintien en détention. Pourquoi lui, dans ce cas, et pas eux ? Pourquoi la mansuétude de l'Etat ne trouve-t-elle à s'exercer qu'envers un criminel de bureau qui sut, d'une main qui ne tremblait pas, envoyer à la mort 1 600 juifs ?

Et puis il y a le risque enfin de voir cette agitation tourner à la révision du procès, voire la réhabilitation du condamné. Papon n'a, je le répète, jamais reconnu ses forfaits. Qui nous dit qu'il ne va pas mettre à profit cette liberté retrouvée pour s'entêter dans sa défense et salir donc, à nouveau, l'humble mémoire des morts ? Qui nous dit qu'un processus n'est pas en cours qui convaincra nombre de nos compatriotes que la déportation des juifs français fut un détail de l'histoire de la Seconde Guerre mondiale ? Comment ne pas voir que cette libération de Maurice Papon pourrait devenir alors une sorte d'anti-discours du Vél d'Hiv – comment ne pas entendre la revanche de l'autre France, celle de la rancune et de la nostalgie, qui n'a jamais avalé les paroles historiques de Jacques Chirac établissant la responsabilité de la France dans la déportation des juifs ?

Pour qu'il n'en aille pas ainsi, pour que l'application de la loi ne signifie pas déni de la justice et du droit, on aimerait demander, sinon à Papon, du moins à ses avocats, d'avoir la décence de se taire.

On aimerait que cette mise en liberté s'accompagne d'une mise sous contrôle judiciaire sauvant ce qui peut l'être de l'esprit d'une loi qui ne saurait valoir absolution pour un homme qui, pour le coup, pourrait bien troubler l'ordre public.

On voudrait demander aux journalistes, aux directeurs de conscience et d'opinion, on voudrait supplier tous ceux qui auront la tentation de faire du spectacle de cette affaire et, le délai de décence passé, de tendre des micros à l'ancien secrétaire général de la préfecture de Gironde, on voudrait pouvoir les adjurer de tout faire pour empêcher qu'une mesure d'humanité ne tourne à la révision rampante et à la défaite, par la volonté têtue d'un seul, des institutions du pays.

Et puis on priera les autorités compétentes d'aller au bout de leur démarche et, comme l'ont demandé l'avocat Thierry Lévy, Act Up, ou le grand résistant Daniel Cordier, de libérer d'urgence les dizaines, peut-être les centaines, de malades qui sont en train, comme lui, de mourir loin de leurs familles, en prison : alors, et alors seulement, se dissipera le sentiment d'une ancienne connivence dont aurait, au soir de sa vie, encore bénéficié Maurice Papon ; alors, et alors seulement, s'effacera le terrible soupçon qu'un haut fonctionnaire jetant des gosses dans un wagon plombé en partance pour Auschwitz serait moins coupable, aux yeux de nos juges, qu'un casseur de banlieue, un pédophile ou un dealer ; alors, et alors seulement, le sentiment diffus mais dévastateur d'une « préférence Papon » cédera la place à l'évidence retrouvée de la justice républicaine, égale pour tous les citoyens et assise, non sur les privilèges d'une caste, mais sur des principes partagés.

27 septembre 2002.

Trois procès d'intention.

Il y a quelque chose de navrant dans la façon dont est reçu le livre de Sylviane Agacinski. Car enfin voici une intellectuelle qui en est à son sixième ouvrage. Et voilà qu'elle donne ce texte-ci – voilà qu'elle ose donner, en son nom, son avis de citoyenne sur un événement dont elle fut, c'est le moins que l'on puisse dire, un témoin privilégié. Et, alors, quel tollé ! Quelle levée de boucliers ! Que d'insinuations plus vulgaires, oiseuses, les unes que les autres ! Comme si cette femme avait le droit de parler de tout sauf de ça. Comme si une femme de Premier ministre avait le droit, et même le devoir, de jouer à l'épouse exemplaire, de poser pour Gala et VSD, d'occuper un bureau dans l'antichambre de son mari, bref, de faire la potiche mondaine ou la dame de compagnie. Mais qu'elle s'avise de prendre la plume, qu'elle ose reprendre sa liberté de jugement et d'expression, et patatras ! on lui découvre un devoir de réserve ! et ce ne sont, partout, qu'interrogations dégoûtées, soupçons : qui parle à travers elle ? de qui est-elle la messagère sous contrôle ? ceci n'est pas un livre, mais un « signe », un « ballon d'essai », un « symptôme » et l'« intimité » (dixit Emmanuelli) de dame Agacinski ne nous intéresse pas. C'est dommage. Car j'avais, moi, de vraies objections à faire à ce « Journal interrompu ». J'aurais volontiers discuté ses attaques contre la presse ou contre la jeunesse devenues, sous sa plume, les boucs émissaires de la défaite. Mais non. Urgence et principes aidant, je n'ai d'autre choix que de dire à l'auteur ma solidarité, ma sympathie.

Même chose, dans un autre ordre d'idées, pour Frédéric Beigbeder et sa nouvelle émission, « Hypershow ». J'étais à Kaboul quand l'émission a commencé. Je n'ai donc pas vu les gros dérapages des débuts. Et, aujourd'hui encore, je lui ferais bien quelques observations sur certaines de ses mises en scène et quelques-uns de ses gags. Mais, de nouveau, la question n'est pas là. Car il règne autour de cette affaire un climat délétère qui ne se prête guère à la discussion sereine. Fait-on payer à l'auteur de « 99 francs » son insolence ? Ses succès ? Est-il victime de cet enchaînement que je connais, hélas, un peu : les livres qui marchent, la vie qui va, un air de liberté et même de bonheur qui a toujours le don d'agacer et puis, soudain, le très léger faux pas qui fait que l'on s'expose, seul, sans trop de précautions, sur un terrain moins familier où les vieux adversaires vous attendent et vous flinguent ? Ou bien serions-nous victimes, tous, d'une passion moins maligne mais tout aussi dévastatrice : la nostalgie d'un temps dont nous refuserions d'admettre qu'il est, définitivement, perdu – celui, en gros, du Canal historique, du bon vieux « Nulle part ailleurs » et, donc, de notre jeunesse. Réveillez-vous, amis téléspectateurs ! Les années 80 sont finies. Beigbeder n'est pas coupable de n'être ni Gildas ni de Caunes. Reviendraient-ils, d'ailleurs, que vous les trouveriez eux aussi, j'en prends le pari, vulgaires, scatos, etc. Et puis il y a tant d'émissions nulles, il y a tant de « Qui veut gagner des millions ? » qui ne gênent apparemment personne dans cette France lourdement raffarinée, que vous pourriez, au moins, aller y voir. Branchez votre télé, un de ces soirs, entre 18 h 30 et 19 h 30, jugez sur pièces.

Hachette, enfin. Cela peut sembler bizarre de voir apparaître Hachette dans un Bloc-notes consacré, somme toute, aux mauvais procès de la semaine. Et pourtant... Quel vent de folie, à nouveau, depuis que Jean-Luc Lagardère s'est déclaré candidat au rachat du pôle édition de Vivendi ! Voilà des gens qui semblent ne rien trouver à redire au fait que le Larousse ou le Robert tombent entre les mains de fonds financiers anglo-saxons. Voilà des défenseurs de l'exception culturelle qui ont l'air de trouver normal que des capital-risqueurs, animés par la même logique de plus-value financière à court terme qui a mené Messier au bord de la faillite, fassent main basse sur des pans entiers de notre patrimoine culturel. Mais qu'un grand groupe français prétende se substituer à eux, qu'un éditeur, un vrai, vieux de cent et quelques années, fasse une offre de reprise qui préserve l'âme des maisons, leurs personnels, leurs métiers, et c'est la levée de boucliers, le tollé, les vieux fantasmes qui ressortent, la pieuvre verte, etc. On peut, bien entendu, débattre. Et on peut même préférer, par principe, les petits éditeurs aux gros. Mais on n'a pas le droit, face à des enjeux si sensibles, de proférer des contre-vérités. On n'a pas le droit de nous raconter qu'Hachette, qui contrôlerait, en cas de succès, un tiers de l'édition française, serait en position de « monopole ». On n'a pas le droit de prétendre que cet Hachette qui serait, alors, moins gros que Mondadori en Italie, que Planeta en Espagne, que Random House aux Etats-Unis, créerait un régime de concentration « unique au monde ». Et, à propos d'un éditeur qui, cela va sans dire, mais la mauvaise foi est telle que cela va visiblement mieux en le disant et, dans mon cas, en en témoignant, d'un éditeur qui fiche une paix royale à ses auteurs, qui les laisse travailler comme bon leur semble et qui respecte tout naturellement leur liberté, on n'a pas le droit d'insinuer qu'il représente une menace – sic – pour la liberté d'écrire et de penser. Halte, là aussi, au procès d'intention. Halte à la désinformation.

4 octobre 2002.

La première biographie de Massoud.

Nous avions les films de Ponfilly. Son livre. Les témoignages épars de ceux qui, au fil du temps et des rencontres, finissaient par détenir une part de sa vérité. Mais il manquait la grande enquête. Il manquait, plus exactement, la biographie exhaustive, détaillée, de l'un des très rares hommes à s'être trouvés au double rendez-vous de la lutte contre les totalitarismes rouge et vert. C'est cette biographie que donne Michael Barry. C'est à cette tâche, presque impossible, que s'est attelé l'auteur du

« Royaume de l'insolence ». Et c'est ce livre – « Massoud, de l'islamisme à la liberté » – que publient aujourd'hui les jeunes éditions Louis Audibert.

La place manque pour dire tout le bien que l'on pense d'un texte nourri à la triple source du terrain (Barry est de ceux qui, dès le début des années 80, à cheval et à pied, ont sillonné l'Afghanistan), de la littérature (il est le traducteur, entre autres, du poète persan Nezâmi), de l'islam (quel est le « spécialiste » capable, comme lui, d'expliquer que l'islamisme radical est une réponse non seulement au judéo-christianisme, mais au soufisme et à l'hindouisme ?).

Que l'on sache simplement que ce livre n'esquive aucune des questions, même embarrassantes, qu'ont eues à se poser ceux qui, depuis vingt ans, ont approché le « Lion du Panchir » : l'énigme, par exemple, de la brève tentation islamiste du tout jeune homme qui, au sortir du lycée français Istiqlal, se lie au parti de Rabbani et, à la tête d'un groupe de 37 maquisards armés de Stein pakistanais, déclenche la première insurrection contre Daoud et son régime.

Mais que l'on sache surtout que, sur ces mêmes questions et sur d'autres, sur la plupart des points qui, de son vivant, faisaient déjà débat dans la vie d'Ahmed Shah Massoud, sur son supposé islamisme, justement, ou sur les fautes commises dans la période (1992-1996) où, avec Rabbani, il régna sur Kaboul libérée, Barry apporte des documents, des témoignages, des éclairages inédits ou audacieux qui rendent justice à un personnage dont la légende, noire ou dorée, a obscurci les entreprises.

C'est l'une des premières fois, par exemple,

qu'apparaît dans une clarté si vive, étayé sur des preuves peu réfutables, l'art de la guerre selon Massoud, son légalisme sourcilleux vis-à-vis de ses prisonniers, sa clémence, son refus, dans le combat, de répondre à la barbarie par la barbarie – sa façon, en un mot, de faire la guerre sans l'aimer.

C'est la première fois, également, que me semble historiquement établi ce que j'avais moi-même tenté de dire, ici, au lendemain du 11 septembre, quand la coalition anti-talibans hésitait à appuyer l'Alliance du Nord : que Massoud, dans la fameuse période 1992-1996, fut un bon maître pour Kaboul ; qu'il lutta, face aux offensives de Hekmatiar, pour le rétablissement de l'ordre constitutionnel de 1964 ; que les femmes, notamment, se virent reconnus, sous son gouvernement, leurs droits élémentaires à travailler, à être soignées ou éduquées, à aller à visage découvert.

Et quant à la question de l'islamisme, Barry ne se contente pas de dénégations ni de considérations vagues sur l'islam-ouvert-et-tolérant d'« Aamer Saheb » : il prouve, textes en main, qu'un lecteur de « L'alchimie du bonheur » du mystique persan du XIIe siècle Algazel, un homme qui, le soir, après la bataille, passait de longues heures, les yeux fermés, le front entre les mains, à écouter un récitant psalmodier, ou à réciter lui-même, des vers de Hâfez, le Mallarmé dari, le maître du lyrisme persan du XIVe siècle, ne pouvait qu'être étranger au ritualisme figé des intégristes – il démontre, entre autres, qu'il n'a probablement jamais lu l'œuvre de Sayyed Qotb, qui fut le maître à penser des Frères musulmans, mais aussi celui des fondamentalistes afghans.

Se précise, au fil du récit, le visage du Massoud

familier aux admirateurs des films de Christophe de Ponfilly : joueur d'échecs et joyeux compagnon, disciple de Mao et du général de Gaulle.

Se confirme la dimension littéraire d'un « roi philosophe » qui croyait à l'égale dignité de la « gent du glaive » et de la « gent du calame », et qui confia à un poète, Abd-ol-Hafiz Mansôur, le soin de tenir la chronique de ses combats et l'archive de sa résistance.

Reviennent des souvenirs extraordinaires, comme celui de cette nuit où le combattant Massoud, entouré de ses hommes en armes, revêtu d'un cafetan ouzbek porté comme une cape, surgit dans la maison d'hôtes où est logé l'auteur et, alors que les bombes pleuvent et que, très près, gronde le canon, trouve le temps de feuilleter rêveusement un exemplaire du « Délice des cœurs » glané, cet après-midi-là, chez le dernier bouquiniste de la ville.

Mais l'essentiel, c'est, bien sûr, cette contestation de l'islamisme venue de l'intérieur même de l'Islam.

L'essentiel, l'aspect le plus stratégique du livre, tient à cette possibilité – qu'incarna Ahmed Shah Massoud et que l'on a voulu assassiner avec lui – de faire d'une foi vive un rempart à l'intégrisme.

Ce livre passionnera les admirateurs du Commandant. Mais il donnera aussi des armes à tous ceux qui savent que la démarcation des deux islams, leur débat, leur combat sans merci et, peut-être, sans fin, seront la grande affaire du siècle qui commence.

11 octobre 2002.

« La découverte du monde », d'Edwy Plenel (Stock).

J'ai connu des gens – souvent – dont je partageais les choix politiques, mais pas les choix philosophiques.

J'ai connu des circonstances – la Bosnie, l'Afghanistan, le combat contre le Front national, j'en passe – où la logique des urgences, et donc des alliances, m'obligeait à parler d'une même voix avec des intellectuels dont tout, au fond, me séparait.

Avec Edwy Plenel, c'est l'inverse.

Il m'arrive, dans cette « Découverte du monde » comme dans ses livres précédents, de me sentir en désaccord avec telle ou telle formulation.

Il m'arrive, quand il conclut, de me dire : « là, tout à coup, cela ne va plus ; sur l'Afghanistan, Israël, peut-être même la guerre en Irak, la politique américaine, les dérives de l'antiaméricanisme, je sens bien que l'un de nous s'égare et que, en tout cas, nous divergeons ».

Mais c'est, d'un bout à l'autre de ces deux textes – un voyage sur les traces de Christophe Colomb écrit il y a dix ans, précédé d'une belle méditation sur les enjeux d'une entreprise qui, déjà, il y a cinq siècles, invitait à « penser le monde en pensant ailleurs » – le sentiment, peu fréquent, d'avoir affaire à un programme, une pensée, un système de réflexes et de partis pris qui sont, miraculeusement, chaque fois les miens.

Ainsi du goût, sans cesse réaffirmé, pour les identités métisses sans souche ni racines, où l'on n'est jamais soi-même qu'en devenant un autre.

Ainsi de l'exhortation, qui court à travers le livre, et où je vois, moi aussi, comme l'auteur, le premier et le dernier mot de la liberté, à se détacher de soi, brouiller ses propres frontières, se désappartenir.

Ainsi de l'instinct très sûr – mais de plus en plus rare, il me semble, en ces temps raffarinés – qui lui dicte sa mise en garde contre toutes les tentatives de naturaliser la politique, d'en confondre les commandements avec ceux du bon sens ou de l'évidence ; ainsi de sa mise en pièces du lieu commun qui veut qu'une bonne et saine politique doive toujours commencer par être une politique de proximité et que c'est en se souciant de ses voisins que l'on finit, de proche en proche, par s'ouvrir au monde et au lointain : la biopolitique n'est jamais loin, dit Plenel, et comme il a raison ! ni l'ethnicisation du social ! ni le bon vieux thème lepéniste d'une « préférence nationale » dont la formule revient toujours à confondre espaces public et privé, bien commun et conjonction des égoïsmes !

Et les pages lumineuses, encore, où il montre comment, de dérobades en renoncements, en acceptant que soit occulté, notamment, le débat pourtant si crucial sur la question de l'immigration, la gauche française s'est trahie et a fait le lit de ses pires ennemis : « notre défaite », tonne-t-il, avec des accents péguystes qui n'étonneront pas les lecteurs de « L'épreuve ».

Et le formidable lapsus qu'il est, à ma connaissance, le premier à pointer et qui fait que ladite gauche est la seule au monde à traduire « globalisation » par « mondialisation » : elle laisse entendre, ce faisant, que c'est le monde qui pose problème et, par ce simple écart de langage, cette simple et minuscule erreur de traduction, elle tend la main au nationalisme, fait le lit du souverainisme et ouvre grande la brèche où s'engouffrent la xénophobie, la peur de l'autre, l'indifférence à la misère du monde ; ah ! l'impensé colonial du socialisme français !

Et puis le démontage, enfin, de l'« obsession des origines » selon Renaud Camus et du mécanisme, particulièrement retors, par lequel l'auteur de « La campagne de France » et de « Du sens » a recyclé, ensemble, dans les mêmes textes et le même mouvement, les dispositifs discursifs de l'antisémitisme et du racisme : je pourrais, cette fois, signer chacune de ces pages, de ces phrases...

D'où vient, alors, le malaise ?

D'où vient, quand l'auteur parle de « refonder les Lumières » en remettant nos pas dans « ceux de Marx », ou quand il se sert de Las Casas pour paraître récuser le concept de « guerre juste », d'où vient, quand, au détour d'une phrase qui fait manifestement écho à la perspective de la guerre en Irak, il évoque le risque de voir ceux dont nous aurons « unilatéralement décidé de renverser les idoles et les chefs » être tentés, « à force de souffrance », de nous « rendre la pareille », d'où vient, oui, chaque fois, que je me sente, soudain, moins proche ?

L'inconséquence vient-elle de moi ? De lui ? D'un goût de la « résonance » – l'un des mots de Plenel, il revient cinq fois dans la première partie du livre – qui avait ses vertus dans les textes autobiographiques, mais qui, ici, quand il nous fait glisser d'une évocation de la cage de la Vénus hottentote à celle des détenus afghans de Guantanamo, atteint peut-être sa limite ? Qu'est-ce qu'être en désaccord tout en étant d'accord ? Est-on plus proche d'un écrivain quand on partage son programme ou ses performances ? Sa métaphysique ou sa politique ? Son monde ou ses positions ? Qu'est-ce, en un mot, qu'un contemporain ? Et d'où vient que je me sente infiniment plus contemporain de cet écrivain-ci que de tant d'autres, dont je partage les « opinions » ? Je ne sais pas. Ce sont des questions.

18 octobre 2002.

Suicide des nations prolétaires. Censurer le porno ? L'Irak comme un leurre. Erik Satie à Ravel. « Rose bonbon » et « L'enfant bleu ». Eternelle jeunesse de Karl Kraus. La énième mort d'Emile Zola. La francophonie, attracteur du pire ? Ces grands écrivains qu'on ne lit pas. Souvenez-vous de Kaliayev. « One jew, one bullet. »

Il existe, à Londres, une « Bourse des gaz à effet de serre » où les pays riches négocient, avec les pays les plus pauvres, des droits de polluer. Le suicide, dernière ressource de la pauvreté ? Dans l'ordre collectif comme dans celui des individus, la mise en jeu de sa propre survie comme ultime moyen d'exister ?

Les films porno sont généralement laids. Dégradants. Ils ne le sont pas, par parenthèse, et comme on le répète partout, pour la seule « image de la femme », mais pour les hommes et les femmes, la sexualité en général, le désir. Reste, une fois qu'on a dit cela, l'évidence. C'est en les censurant qu'on les renforce. Le résultat d'une interdiction serait la multiplication des réseaux parallèles et l'aggravation, donc, du mal que l'on prétend guérir. Il ne manque qu'une chose à la lucrative industrie du porno : la palme du martyre, la dignité propre aux

« œuvres » étouffées, une croisade pour la liberté d'expression dont elle serait le prétexte et l'aiguillon – faut-il tomber dans le piège ? lui faire cet inestimable cadeau ?

Je maintiens que l'Irak est un leurre. Je maintiens qu'en faisant la guerre à l'Irak l'Amérique se tromperait de cible.

La plus grande ruse du diable est de faire croire qu'il n'existe pas ? Eh bien, tester l'hypothèse inverse : la plus grande ruse de Dieu serait de donner à croire qu'il existe. (Baudelaire, bien sûr : ne pas confondre être et exister ; Dieu n'existe pas, il est.)

Un ami qui feint de se demander s'il doit, ou non, accepter une décoration. Je lui cite Erik Satie répondant un jour à Ravel qui se posait la même question : « l'important n'est pas de la refuser ; c'est de ne pas l'avoir méritée. » Puis : « vous refusez la Légion d'honneur ; mais votre œuvre, elle, l'a déjà acceptée. »

Prenez l'exemple de ce livre médiocre – « Rose bonbon » – qui n'avait aucune espèce de raison de défrayer la chronique littéraire, mais qu'une menace de censure a hissé au rang d'événement. « Rose bonbon » et « L'enfant bleu »... Provocateurs mécanisés et ligues de vertu pavlovisées... Voilà la sainte alliance du moment. Voilà le double visage, le double nom interchangeable, de la niaiserie sexuelle contemporaine. « Rose bonbon » aurait pu s'intituler « L'enfant bleu ». Et « L'enfant bleu » pourrait s'appeler « Rose bonbon ».

Disputes entre socialistes sur fond de repentance, de ressentiment, d'autisme. Qui est le plus coupable, à leurs yeux ? La gauche de s'être coupée du réel ? Ou le réel de s'être coupé de la gauche ?

Karl Kraus : « quand le soleil de la culture est bas sur l'horizon, même les nains projettent de grandes ombres. »

Centenaire de Zola. Lit-on, tant que cela, Zola ? Et qui, surtout, peut croire que c'est en le commémorant, en l'encensant, en le sacrant grand écrivain devant l'Eternel, que l'on nous convaincra d'y revenir ? Ah ! cette manie de noyer les œuvres dans le tonnerre bénisseur des anniversaires ! Cette façon, quand un écrivain n'est pas assez mort, de l'ensevelir sous un torrent de gloses et d'éloges bondieusards !

Faire entendre la voix de la France... Faire qu'elle émette, cette voix, sur une fréquence distincte, qui ne soit pas toujours celle de l'Amérique... Et résister, ce faisant, aux sirènes de l'antiaméricanisme – veiller, autrement dit, à ce que ladite voix vienne, non en dissonance, mais en contrepoint de celle de nos alliés... Telle est la ligne Chirac-Villepin dans l'affaire irakienne – et c'est très bien. Une nuance, peut-être – mais le diable est dans les nuances : cette francophonie qui, à Beyrouth, semblait parfois comme un aimant, un attracteur nouveau, pour les antiaméricanismes dont, en principe, on ne veut plus.

Ces écrivains que l'on n'a plus besoin de lire puisqu'ils sont des grands écrivains. On les applaudit si fort : comment les entendrait-on ? On communie dans l'adoration : pourquoi prendrait-on la peine de les aimer ? C'est l'histoire de Goethe, le grand écrivain officiel que nul, depuis un siècle, ne lit plus. C'est celle de ce haute-contre qui avait la réputation, à Saint-Pétersbourg, dans les années 20, de pousser la note la plus haute du registre et qui, le jour de ses adieux, lorsqu'il ouvrit la bouche pour émettre sa fameuse note, fut si bruyamment acclamé que nul ne sut jamais s'il l'avait donnée.

Le temps où les terroristes étaient les « meurtriers délicats » d'Albert Camus. Risquaient-ils d'atteindre des civils ? Apprenaient-ils, comme Kaliayev, qu'il y avait des enfants dans la calèche du grand-duc Serge ? C'était assez pour tout arrêter. C'était la limite de la terreur et de ses machines infernales.

Beyrouth, oui. Sommet de la francophonie. Un journaliste français, Gédéon Kuts, se voit, parce qu'il écrit dans le magazine juif L'Arche, cloué au pilori d'une pétition signée par soixante de ses collègues et exigeant son expulsion. La chose fait-elle scandale ? Les délégués se lèvent-ils, comme un seul homme, pour crier à l'antisémitisme ? Se solidarisent-ils avec la victime ? Exigent-ils, pour le principe, sa présence dans l'enceinte des débats ? Non. C'est le contraire. Et c'est à lui, le journaliste, que l'on s'en prend puisqu'il passe le reste du sommet assigné à résidence dans son hôtel. L'histoire, rapportée par la presse de ce lundi, est à peine croyable. Elle vaudrait, si elle se confirmait, le « one jew one bullet » de Durban, l'an dernier. On espère, on attend, un démenti.

25 octobre 2002.

Après Massoud, Maskhadov ?

Oui, c'est entendu, le terrorisme est toujours, en toutes circonstances, à Moscou autant qu'à Bali, et de quelque façon qu'on le justifie, une impardonnable infamie.

Oui, cela va sans dire, quoique encore mieux en le disant, aucune raison au monde, aucune cause, aucun combat n'excusent que l'on cible des civils, que l'on prenne en otages des innocents : une juste cause se déshonore quand elle recourt à pareilles méthodes ; et loin d'avoir, comme certains le disent, « alerté » l'opinion mondiale sur le long supplice des Tchétchènes, loin d'avoir contribué si peu que ce soit à briser la « conspiration du silence » qui étouffe les crimes russes, loin de « braquer les projecteurs » sur cette guerre tragique et oubliée, le commando terroriste de Moscou n'a probablement rien fait d'autre que de la plonger un peu plus dans la nuit.

Restent, cela étant dit, deux ou trois autres évidences que l'on aimerait aussi rappeler – restent, au lendemain du dénouement sanglant de la prise d'otages (ne pas oublier, au demeurant, que l'essentiel des 117 victimes sont mortes gazées par les commandos d'intervention de monsieur Poutine ! ne pas oublier l'incroyable mépris de la vie humaine qui fait que l'on avait tout bonnement oublié de prévoir les antidotes qui, administrés dans les minutes qui suivirent l'assaut, auraient permis de sauver tout le monde !), restent, donc, deux ou trois autres évidences qu'il est urgent de rappeler tant risquent d'aller vite la désinformation, la logique de l'amalgame, l'hystérie punitive et guerrière.

1. Les Tchétchènes ne sont pas un « peuple terroriste ». L'islam tchétchène – ceux qui connaissent ce pays le savent – est un islam soufi, plus mystique qu'intégriste, mêlé de paganisme, respectueux des femmes, tolérant. Le président Aslan Maskhadov, élu en 1997 avec 70 % des voix contre un candidat fondamentaliste qui n'en recueillit, lui, que 20 %,

est un musulman modéré, partisan d'un Etat laïque, plutôt pro-occidental, et qui a d'ailleurs condamné, dès la première minute, le commando de Moscou. Gare, donc, à la confusion. Gare à la diabolisation d'un peuple tout entier assimilé à un wahhabisme qui progresse, certes, dans les rangs des combattants les plus durs, mais auquel la population de Grozny, comme celle des villages, reste, pour l'heure, profondément hostile.

2. Les Tchétchènes, en revanche, sont bel et bien un peuple martyr. La Tchétchénie, depuis trois ans, est le théâtre d'une guerre coloniale dont il n'est pas exclu qu'elle tourne – ou qu'elle ait, même, déjà tourné – à la guerre génocidaire. Si le président Maskhadov, autrement dit, n'est pas un terroriste, le président Poutine, lui, l'est ; et il l'est depuis le premier jour d'un mandat conquis, il ne faut pas non plus l'oublier, sur la promesse d'éradiquer la résistance tchétchène (dans le langage étrange de l'ex-kagébiste : de « les buter jusque dans les chiottes »). Horreur d'une guerre où l'on cible les civils. Horreur, monstruosité, de ces Oradour en série, dénoncés par toutes les organisations de défense des droits de l'homme et pudiquement baptisés opérations de nettoyage. Qui est le terroriste : celui qui, depuis cinq ans, avec une pathétique constance, réclame l'ouverture de pourparlers susceptibles de déboucher sur une solution politique mais se voit déborder aujourd'hui par un commando de fous de Dieu qu'il désavoue – ou bien ces généraux qui, après avoir rasé Grozny, après avoir méthodiquement détruit des centaines de villages, entendent briser ce qui reste de résistance en pratiquant, eux, pour le coup, la prise d'otages sur grande échelle, en exécutant ou en laissant mourir leurs prisonniers

et en ne rendant les cadavres aux familles qu'en morceaux, et contre argent ?

3. Ce qui est vrai, en revanche, c'est que le drame de Moscou est un avertissement terrible, un message, que la communauté internationale aurait tout intérêt à déchiffrer. Car, désormais, de deux choses l'une. Ou bien nous continuons de fermer les yeux sur les méthodes de monsieur Poutine ; nous l'encourageons dans les projets de guerre totale qu'il semble plus que jamais nourrir ; nous l'accueillons dans une Internationale antiterroriste dont il se sert comme d'une filière de blanchiment de ses crimes ; et alors, en effet, la logique du désespoir peut l'emporter, chez les Tchétchènes, sur celle de la tradition et de l'honneur – et alors, oui, la prise d'otages de la semaine dernière peut très vite apparaître comme le prélude à des actes d'une violence plus grande encore et qui ne se cantonneront pas, soyons-en sûrs, au seul territoire de la Russie. Ou bien nous nous réveillons ; nous arrêtons le pompier pyromane ; nous faisons avec Maskhadov ce que nous n'avons pas voulu faire avec Massoud ou que nous avons tant tardé à faire avec le Bosniaque Izetbegovic ; nous tendons la main, en d'autres termes, à cet autre représentant d'un islam modéré qui reste, en Tchétchénie comme ailleurs, notre plus précieux allié dans la lutte contre le terrorisme ; et alors nous conjurerons le pire – et alors, oui, l'engrenage sera brisé qui, lorsqu'on laisse tomber les Massoud, produit les talibans.

1er novembre 2002.

Collages d'Andy Warhol : le Marcel Duchamp de la seconde moitié du XXe siècle.

L'absence d'affect dans ces collages (Galerie Thaddaeus Ropac, 7, rue Debelleyme, Paris-3e). L'évacuation de l'émoi, du trouble, de l'émotion. Le rouge n'est pas chaud. Le bleu n'est pas froid. Ce qui frappe, dans ce travail de la couleur, c'est qu'il n'a rien à nous dire, tout à coup, de l'ordre secret du monde, de la vérité de ses visages. Degré zéro du sens. Degré zéro de la conscience et de l'éloquence. Ni ressentiment ni amour. Ni expression ni impression. Des clichés.

L'idée est simple. C'est celle de Deleuze à la fin de son « Francis Bacon ». Jamais l'artiste n'a affaire à la virginité du monde. Jamais il n'a devant lui une toile, un chevalet, une soie, une page blanche. Pour parler comme Kant, mais un Kant à l'envers : il y a, non une forme, mais un fond a priori de la sensibilité esthétique sur lequel l'artiste doit prendre appui. Ce fond, chez Warhol, ce sont des clichés. C'est l'invasion de l'espace, de la tête, par le cliché. Au commencement est le cliché.

Teintes vives et incolores.

Vibration immobile des couleurs.

Un fauvisme étouffé, un cubisme amphétaminé.

Ces visages à la fois bien cernés et près de tomber en miettes. Ces images claires, presque pieuses, de Jackson, Depardieu, Mick Jagger, ces bienheureux de l'église warholienne – et rien, pourtant, à lire dans leur tracé sans histoire. S'agit-il de recomposer les idoles ? De les décomposer ? Dans quel ordre ?

Car il ne faut pas oublier, bien sûr, la dimension mystique de Warhol. Il ne faut pas perdre de vue ce christianisme uniate qui fut celui de Julia, sa mère, et auquel il resta fidèle, somme toute, jusqu'à la fin d'une œuvre placée sous le signe de la multiplication des icônes (non plus : « tu ne feras pas d'images peintes » ; mais : « tu ne feras plus que cela ; de chaque idole tu feras une icône – et vice versa »). Sauf que... Cet uniate-là n'encense pas ses icônes. Il les banalise. Il les prend au piège de leur platitude. Ce sont les premiers christs de la peinture sacrée à n'être pas glorifiés, mais ironisés.

Ce « nabab de la passivité », disait Stephen Kock.

L'« inébranlable résolution de ne pas être ému », disait déjà Baudelaire, cet autre frère en esprit – Dandy Warhol... Brummell ou Des Esseintes dans le New York contemporain...

Ce qui distingue deux Lénine ? Deux Vreeland en Bonaparte ? Un bandeau de couleur. Un aplat. Un fond plus ou moins ocre. Un imprimé. Une impression. Bref, tout sauf une expression. Tout, sauf une plus ou moins grande « vérité ». Last exit avant la caverne. Le premier grand peintre à être sorti du platonisme. Rien, nulle part, qui nous suggère : « telles sont les figures visibles de ce monde – derrière elles, une figure invisible ».

Pas de centre. Pas de bord. Des surfaces.

Pas d'épaisseur. Pas de volume. Des lignes (cette « pureté nouvelle de formes et de lignes » chantée par Léger dans son texte sur New York de 1931).

Une loi des séries, simplement. Une loi des dérives et des glissements. Sans ordre ? Sans ordre. A chacun, dans ces portfolios de sérigraphies, de rêver sa propre déambulation. Pour l'heure, l'avidité maussade de l'ex-décorateur des vitrines de Tiffany et Bonwitt Teller qui, dans les années 60, accumulait déjà les Marilyn, les Jackie O., les statues de la Liberté.

Rouge Warhol. Jaune Andy. Le mot de Martial Raysse à l'époque de son « Hygiène de la vision » – il dit bien cet extraordinaire « sang-froid » warholien : « je désirerais que mes œuvres portent en elles la sereine évidence d'un réfrigérateur de série : neuves, aseptisées, inaltérables ».

Mais regardez encore. Essayez de fixer sans ciller. L'étrange est que cette saturation de couleurs finit par produire un effet de flou. Comme Tati, dont André Bazin disait qu'il « détruit la netteté par la netteté ». Comme Leiris, qui, face à tels fameux « journaux froissés », disait : « c'est leur lisibilité qui les rend parfaitement illisibles ». Tout est fait pour souligner le modelé kennedien de la mâchoire de Ted Turner et, pourtant, elle s'efface. Images brouillées. Incertaines, à force de netteté.

Il n'y a que les philistins pour faire de ce flou fluo le symbole du kitsch.

Il n'y a que les crétins pour, face à cette ascèse moderne, dire : ère du vide, du nihilisme satirique, du frivole.

Contemporain, Warhol ? Oui, sans doute. Encore que... Relisez les textes de Foucault sur la peinture « photogénique ». Relisez ce qu'il disait de la façon de travailler de Lake, Cameron, Rejlander, Emerson, Heinrich Kühn. On dirait déjà Warhol. On croirait un ancien usage des clichés qui, un siècle plus tard, resurgirait avec Warhol.

La photo, dit-on, a avalé la figuration ? Elle aurait libéré la peinture de sa tentation figurative ? La peinture, ici, avale la photo. Elle absorbe ce qui l'a absorbée. Non que Warhol « réhabilite » la photo. Non qu'il l'« élève », comme on dit aussi, au rang d'un art majeur. Il l'intègre. Il l'engloutit. Il fait de la photo une province reculée de son empire, de son art.

Andy Warhol, le Marcel Duchamp de la seconde moitié du XXe siècle. Non pas ready made, mais junk culture. Non pas l'urinoir, mais les piss paintings, les urines sur toile et, à la fin, la tête de Lénine en Rrose Sélavy.

8 novembre 2002.

Mallarmé et le loft. La Turquie en Europe ? Il y a des intégristes athées. François Hollande raconté par la princesse Bibesco. Et si Saddam était un leurre ? Les aviateurs des frères Poivre d'Arvor. Défense d'un ministre-philosophe.

Mallarmé racontant (Lettres à Cazalis) avoir assisté, un soir, dans un « music-hall » londonien, à ce spectacle « extraordinaire » : un couple, juste un couple, qui, « sans drame ni vaudeville », sans « argument » ni même « action », venait « vivre sa soirée en public ». Et Valéry qui, ayant entendu l'histoire lors d'un des mardis de la rue de Rome, se met à rêver d'un film qu'il tournerait lui-même et qui ne ferait qu'enregistrer les faits et gestes de gens ordinaires. L'ancêtre du « Loft » ? Le brouillon de « L'île de la tentation » ?

Sur la Turquie, Giscard a conjoncturellement raison : comment imaginer, en effet, que puisse entrer dans l'Europe un pays dont le chef de gouvernement accepte que ses propres filles, ou sa femme, portent le voile ? Sur le fond, en revanche, sur la question de l'identité culturelle et spirituelle de cette Europe en formation, sur le rôle, notamment, qu'y a historiquement tenu l'islam et qu'il devra donc, qu'on le veuille ou non, y tenir encore demain, le moins que l'on puisse dire est qu'il y a débat, et que ledit débat a été un peu vite esquivé. Oui au refus de l'islamisme intégriste, même « modéré ». Non à l'idée, dangereuse, d'« Europe chrétienne ».

Quand un ténor de la nouvelle gauche nous refait, à Florence, le coup de la responsabilité des nantis dans les malheurs qui les frappent (World Trade Center, etc.), quand un refondateur communiste nous ressort l'argument des Américains qui, avec leur arrogance, ont « bien cherché » ce qui leur arrive, comment ne pas voir là une nouvelle version du « s'il t'arrive malheur, c'est que tu as péché » ? comment ne pas y voir la forme laïque du vieux réflexe providentialiste qui, derrière une souffrance, voit toujours un homme qui a fauté ? Il y a des intégristes athées.

François Hollande, à Florence, face à des représentants de cette nouvelle gauche antimondialiste qui veut, quoi qu'elle en dise, la mort du socialisme qu'il veut incarner. Sa silhouette légèrement empruntée. Son air un peu trop attentif. Cette veste bizarre, sans doute un peu grande, qui lui donne l'air plus en visite qu'il ne faudrait. On croirait le jeune Proust au mariage de son frère Robert, raconté par la princesse Bibesco : on croirait Proust, oui, « avalé par une pelisse trop large qu'il n'ôtait pas » et qui lui donnait l'air d'être « venu avec son cercueil ».

Les tueurs de Bali ne sortaient pas de Bagdad mais des zones tribales pakistanaises. C'est l'esprit de la communication de Lionel Jospin lors de je ne sais quel colloque américain où il est réapparu. La presse, boudeuse, juge le message « léger ». Je trouve, moi, au contraire, que tout est dit. Je trouve que, comme Clinton il y a quelques semaines, Jospin, en une phrase, a dit la bonne raison de se méfier de cette perspective de guerre en Irak. Et si Saddam était un leurre ? Et si ce leurre, comme tous les leurres, nous aveuglait sur la réalité de la menace et, donc, du front où elle se déploie ?

Enfant, j'ai infiniment rêvé sur les grands aviateurs du passé. Les héros de la RAF. Romain Gary en Angleterre. Les mitrailleurs de « L'Espoir ». Malraux, encore, parti avec Corniglion Molinier, à bord du Farman 190 de Paul-Louis Weiller, chercher, dans les sables du Yémen, les vestiges de la reine de Saba. Et puis, bien avant tout cela, un album dont je suis incapable de retrouver le titre – je me souviens d'une couverture sépia avec une photo de Guynemer, debout, près de sa carlingue, et, à l'intérieur, une galerie de portraits de pilotes en archanges de la modernité naissante : Guynemer, donc ; Hélène Boucher ; Navarre et son avion rouge ; Dorme, l'aviateur à la jambe de bois ; Nungesser et sa mâchoire artificielle ; Noguès ; Védrines, l'as des missions spéciales ; et, emmitouflé dans son blouson, casque et lunettes plaqués sur la tête, l'écharpe au vent de l'hélice, sans pare-brise, l'inventeur du mitraillage entre les pales de l'hélice ennemie, le grand Roland Garros... C'est tout cela qui me revient avec le livre que les frères Poivre d'Arvor consacrent aux pionniers de l'Aéropostale (« Courriers de nuit », éditions Place des Victoires). Une brusque bouffée de mémoire. Un paquet d'héroïsme et de roman. Une plongée, pour moi, aux sources de tout un imaginaire poétique et politique.

Le président de la République le trouve « mondain ». La presse se gausse de sa « silhouette de garçon d'honneur ». Ses collègues au gouvernement lui trouvent, tout à coup, « trop bonne mine ». Et voilà que son livre lui-même, ce « Qu'est-ce qu'une vie réussie », écrit comme une méditation à l'ancienne sur la question de la « vie bonne », serait pris au premier degré par un monde enseignant quotidiennement confronté, lui, aux gâchis des vies abîmées par une Université en perdition. Je ne vais certes pas ici « voler au secours » d'un ministre-philosophe qui se défendra très bien tout seul. Mais face à tant de légèreté, face à cette opinion capricieuse qui brûle une fois de plus ce que, la veille encore, elle encensait, face à ce nouveau procès d'intention aussi injuste qu'inutile, j'ai quand même envie de dire : halte au feu ! qu'on laisse, d'abord, travailler Ferry !

15 novembre 2002.

Ce qui me sépare de Jean Baudrillard.

Juste, dans le dernier livre de Baudrillard, « Power Inferno », éditions Galilée, l'idée de soustraire le terrorisme à toutes les interprétations théologiques, c'est-à-dire, au fond, eschatologiques, qui se sont multipliées après le 11 septembre : Islam versus Occident, revanche des pauvres et des damnés, retour de l'Histoire, contestation de l'ordre mondial, guerre des civilisations, dernier sursaut d'un réel à l'agonie, réinjection de positivité dans un monde fantomatique et réduit à ses hologrammes, rendre un sens à ce qui n'en avait plus, etc.

Juste ce qu'il appelle, en écho manifeste à Nietzsche et à Bataille, « l'hypothèse souveraine » : l'acte terroriste postmoderne vu comme un acte singulier, stupéfiant, sans écho ni réplique, sans signification ni représentation ; une sorte d'événement fatal, aux conséquences maximales, avalant, dans un même effet de souffle, tous ceux qui l'ont précédé comme ceux qui voudraient lui répondre – toute la préhistoire anarchiste, nihiliste, etc., des meurtriers délicats façon XIXe ou XXe siècle comme tout le fracas des guerres qui prétendent lui répondre, le contrer, l'extirper.

Juste encore, et beau, le portrait d'un monde où maîtres et esclaves auraient échangé, une dernière fois, leurs traits et leurs emblèmes : le maître, dans la dialectique hégélienne, était celui qui s'exposait à la mort tandis que l'esclave, privé de mort et de destin, était voué à la simple survie, au travail ; eh bien, le maître serait aujourd'hui, à l'âge des guerres zéro mort et de la religion victimaire de l'Occident, ce vivant surprotégé, presque à l'abri du mal et de la souffrance, laissant à d'autres, face à lui, la noire ressource de jouer leur propre vie, de la mettre en jeu et en mouvement – Baudrillard, à ce point, ne prend pas position, il décrit, et sa métaphysique du terrorisme est forte.

D'où vient, alors, le désaccord ? D'où vient que je ne puisse lire ce nouveau livre – comme, d'ailleurs, le précédent, « L'esprit du terrorisme », écrit au lendemain du 11 septembre – sans un profond malaise ? Je dirais, s'il fallait cerner les choses, que je fais à ce texte trois grands reproches.

Un usage trop large, d'abord, du concept de souveraineté qui, quand il devient, au fil des pages, l'autre nom d'une altérité radicale dont le seul propos serait, « hors de tout jugement de valeur ou principe de réalité politique », de mettre en échec la « pensée unique et dominante », en vient à englober à peu près n'importe quoi : n'importe quel acte « réfractaire » ; n'importe quel acte ou pratique de « haute intensité » ; l'acte terroriste, donc, aussi bien qu'un effet de langue, de corps ou de culture ; le geste du kamikaze mis sur le même plan, en somme, que n'importe quelle autre altérité déjouant, par son irréductibilité, la désastreuse transparence de la mondialisation et du monde.

Une dérive de la notion d'événement paroxystique : c'était, dans les grands textes des années 80, une façon de déranger l'échange réglé des différences, d'interrompre la production ininterrompue de positivité qui est la marque de l'âge contemporain ; c'était une façon de raconter l'Histoire comme une trajectoire asymptotique se rapprochant indéfiniment de sa fin, ne la rejoignant jamais et s'en éloignant, pour finir, en sens inverse ; voici que le même mot désigne l'idée d'un terrorisme qui n'« invente rien », n'« inaugure rien », mais « exacerbe » une terreur « déjà partout » ; voici que Baudrillard nous fait le coup de la violence en « suspension » dans le monde ordinaire, présente « à doses homéopathiques » dans la logique, par exemple, des marchés financiers et portée par les islamistes à son ultime vérité ; voici qu'une idée forte rejoint l'idée beaucoup plus banale, et terrible, d'une violence latente du système que la violence révolutionnaire ne ferait que radicaliser et extrémiser.

Car Baudrillard dit « le système ». Comme Sartre dans les textes les moins inspirés de sa période mao, comme Genet dans son apologie de la bande à Baader, comme la vieille gauche, en un mot, des années 60 et 70, il continue, quoi qu'il en dise, de voir le monde comme une totalité maléfique, dominée par des forces implacables et rusées ; il continue, en dépit de pages lucides sur la théorie du complot, de voir l'Histoire comme l'affrontement entre un « système » arrogant, fermé sur lui-même, saturé de sens et d'efficacité, et des « forces hétérogènes » que l'on voit « partout se lever » et « résister » à la « puissance homogénéisante » de la « mondialisation ».

Il est, ce Baudrillard-là, en deçà de lui-même et de ses propres intuitions. Il régresse par rapport à ses hypothèses athéologiques et antidialectiques de départ. Il redevient prisonnier des pires scies du progressisme et de leurs réflexes conditionnés. Quand il reprend, pour finir, l'allégorie borgésienne des peuples vaincus, exilés derrière les miroirs, qui cessent, un beau jour, de ressembler à leurs maîtres et repartent à l'assaut de l'empire, tout est dit. Il ne lui reste plus, pour finir, qu'à opposer la « puissance vitale » du kamikaze à la « puissance de mort du système ». Hélas.

22 novembre 2002.

L'affaire Lindenberg.

L'événement, si événement il y a, c'est moins le livre de Daniel Lindenberg (« Le rappel à l'ordre, enquête sur les nouveaux réactionnaires », Seuil) que l'effroi très étrange qu'il semble susciter.

Car on peut, évidemment, trouver ce livre plus ou moins bon.

On peut – c'est mon cas – le juger trop court, trop rapide, mal ficelé, sous-informé.

On peut s'inquiéter de telle naïveté (la « convergence » annoncée des « Bains-Douches » et du « Quai Conti »), de telle question de méthode (la mise sur le même plan, dans le même corpus de textes et de symptômes, de Taguieff et de Houellebecq, d'un essayiste et d'un romancier), de telle proposition (à propos des récentes profanations de synagogues, l'évocation pour le moins bizarre d'une « vague d'antisémitisme » dont « la réalité en tant que telle reste sujette à caution »).

Mais ce texte méritait-il, pour autant, cette levée de boucliers, ce tollé ?

Fallait-il que les auteurs cités montent sur leurs grands chevaux et crient à l'« opération de police », à la « rafle », à l'arrivée des « paniers à salade », au retour du « robespierrisme » et de ses « listes de suspects », aux « gardes-chiourmes » qui déboulent, « revolver au poing », pour marquer Messieurs Yonnet ou Gauchet « au fer rouge » ?

N'est-il pas cocasse et, au fond, un peu ridicule de voir les signataires d'un « Manifeste pour une pensée libre » nous ressortir tout l'arsenal de la protestation antistalinienne sous prétexte qu'un essayiste les a lus et qu'il a pointé, chez l'un, une admiration non déguisée pour Drieu ; chez l'autre, une aversion marquée pour le culte de la modernité ; chez le troisième, une mise en œuvre des textes bibliques tournant le dos à ce que nous ont légué de meilleur les grandes figures d'un franco-judaïsme qui, au début du XXe siècle, faisait rimer prophétisme avec universalisme et Lumières ?

Faut-il que se soient perdus non seulement le sens de la mesure, mais la pratique et le goût de la libre discussion pour que, lorsqu'un historien des idées descend ainsi dans l'arène, lorsqu'il tente de décrire un air du temps, un système d'échos et d'assonances entre gens dont il avertit qu'ils ne forment pas « un mouvement structuré et conscient », tout le monde hurle à l'« amalgame », s'émeuve de ces « dénonciations ignominieuses » et sonne le tocsin de la « militarisation de la vie de l'esprit » ?

Et quand cet historien, enfin, reconnaît le spectre d'un vieux marxisme dans la dénonciation nouvelle du « droit-de-l'hommisme », quand il retrouve l'héritage secret du maurrassisme derrière la méfiance récurrente à l'endroit d'une religion démocratique à laquelle notre intelligentsia a toujours préféré d'autres idéaux (autorité, révolution, nation), quand il entend l'écho des non-conformistes des années 30 dans tel lamento sur le déclin de l'autorité, quand il décèle un « néoplatonisme » dans le refus, chez Badiou ou Debray, de capituler devant la « variété des opinions », quand il entend la voix de Barrès sous celle des tenants d'une France étrangère, par nature, à la parole de l'islam, quand il pointe les tentations souverainistes d'une partie de la mouvance Attac, bref, quand il sort son marteau de généalogiste pour retrouver, sous les discours d'aujourd'hui, le tracé silencieux de traditions qui, par principe, ne s'affichent pas, n'a-t-il pas tout bonnement, et assez souvent, raison ?

J'écris ces lignes, très vite, au retour de Karachi, où je me trouvais pour cause de livre à venir et où des intellectuels tentent de survivre dans un monde où la peur des « commissaires politiques » et des « épurateurs » n'est, hélas, pas un effet de manches.

Et j'avoue que cette plongée dans ce que l'on me dit être « le » débat parisien du moment, la lecture de ces philippiques où on se la joue, pour le coup, très résistance-et-vigilance, a quelque chose, dans ce contexte, d'à la fois dérisoire, pathétique et comique.

Allons, chers signataires de ce pompeux « Manifeste pour une pensée libre » publié par L'Express, ce n'est pas une telle affaire d'avoir son nom cité une ou deux fois de trop dans un livre bâclé !

Calmez-vous, chers amis déçus de la décidément très stratégique revue Esprit ! Reprenez votre sang-froid ! Nul ne va vous « lyncher » ; nul ne vous a mis « à l'index » ; ce n'est pas parce qu'un pamphlet parfois maladroit vous qualifie de conservateurs, ou même de réactionnaires (depuis quand est-ce une insulte ? ces mots seraient-ils à proscrire du lexique de la joute politique ?), que « la parenthèse antitotalitaire se referme » et que la « police stalinienne » est de retour.

Daniel Lindenberg pose des questions, voilà tout.

A sa façon, qui n'est pas la mienne, il décrit l'état des lieux de l'idéologie française en ce début de siècle.

Cela méritait un débat vif mais loyal, pièces en main – pas ce psychodrame absurde où la volonté de réduire l'adversaire au silence n'a d'égale que la volupté puérile de se draper dans la pose de la victime.

A moins que la violence même de la réplique, cette façon de consacrer des pages et des pages à démontrer qu'un livre ne mérite pas une ligne, ne valide, comme d'habitude, ce qu'il y avait de pertinent, de bien vu, dans le diagnostic.

6 décembre 2002.

Paulhan et Sade. Enfin, l'Afrique. Rencontre de Freud et de Dali sur la table de dissection de John Malkovich. Encore la Turquie en Europe. Sarkozy en Machiavel. Fondamentalisme, Lettre, Dette. Barthes et les acteurs. Quand Catherine Clément retrouve Maïakovski. Pourquoi il y a peu de bonnes biographies d'écrivains.

Débat sur la violence à la télé. Ce mot de Paulhan à qui un juge demande : « ainsi, vous n'estimez pas que les œuvres de Sade soient pernicieuses pour la jeunesse » et qui répond : « si, monsieur le juge ; je connais une jeune fille qui, après les avoir lues, est entrée dans les ordres ».

Numéro des Temps modernes sur l'Afrique. Enfin l'Afrique, oui. Enfin un autre regard sur ce continent ruiné, oublié, comme damné, et qui est en train, tout doucement, de sortir de l'Histoire, de mourir. Et enfin la preuve, chiffres à l'appui, que les antimondialistes n'ont, une fois de plus, rien compris : ce n'est pas la globalisation qui tue l'Afrique, puisque les rares pays qui sont pris dans le jeu du global et du mondial sont ceux qui, dans la débâcle qui a nom Rwanda, Burundi, Angola, Côte d'Ivoire s'en tirent au contraire le moins mal.

J'ai manqué les débuts de « Hysteria », la pièce mise en scène par John Malkovich au théâtre Marigny. C'est dommage. Mais est-il trop tard pour dire la folie logique de ce texte ? La puissance de sa mise en espace ? L'audace onirique et lucide de cette rencontre du vieux Freud avec Dali ? Est-il trop tard, aussi, pour dire mon émotion à retrouver ce Vaneck vieilli, soumis et dépris à la fois, étrangement libre en même temps que fidèle au personnage rêvé par Malkovich ? Un Vaneck qui, soudain, irait à l'essentiel. Il ne joue plus, il dit. Il ne tisse plus, il tranche. La pièce est là, encore, jusqu'en janvier.

Ou bien l'Europe a des frontières – et, alors, la Turquie n'en est pas. Ou bien elle n'en a pas, Europe est l'autre nom, comme dans le mythe grec, de ce passage du Détroit qui dément la notion même de frontière (« Europe », dit François Busnel dans sa précise et précieuse « Mythologie grecque » qui sort, ces jours-ci, au Seuil : cette « ravissante princesse qui vivait loin de la Grèce, sur les côtes de Syrie »...) – et alors, en effet, se pose la question de l'entrée de la Turquie en Europe. J'y reviendrai.

Le plus étonnant, l'autre soir, dans la prestation télévisée de Sarkozy, c'était ce moteur politique à trois temps qu'on le voyait mettre en route, en direct, sous l'œil ébahi de Mazerolle-Duhamel. 1. A droite sans le moindre complexe (riposte, donc, à cette confusion des dires et des valeurs, à cette extinction de la querelle et du débat, dont j'ai maintes fois expliqué, ici, qu'elles furent la vraie source du lepénisme). 2. Absence totale de complaisance à l'égard dudit lepénisme (jamais on n'avait vu Le Pen si désemparé, si désarmé ; jamais on ne l'avait si magistralement privé de son argument central depuis vingt ans : « il y a, dans la langue de bois politique, des zones de non-dit, d'interdit que, moi, Le Pen, je transgresse... »). 3. S'offrir le luxe, sur certains points – la double peine, mais pas seulement –, de faire la leçon aux humanitaires et de tourner la gauche sur sa gauche (du grand art politique ; du machiavélisme littéral ; avec, au moment de sa sortie sur l'horreur du « droit du sang » et les pièges de la « volonté de pureté », un accent de sincérité que j'aimerais retrouver plus souvent chez mes amis de la gauche de gouvernement).

Les marées noires succèdent aux marées noires et les « Prestige » aux « Erika » et autres « Amoco Cadiz ». Triomphe du déchet. Catastrophe au ralenti. Le vœu secret de l'humanité serait-il de rendre de plus en plus difficile sa vie sur la planète ? Assisterait-on, là aussi, au triomphe en douceur de la jouissance de détruire, de la pulsion de mort ? « Objet a », dirait Lacan...

L'« islam modéré », donc, et ce qui le distingue de l'autre. La question n'est pas politique mais transpolitique (le fameux « politique après » lévinassien). Ce n'est pas affaire de seuls droits de l'homme, tolérance, démocratie – mais, d'abord, de métaphysique, c'est-à-dire, concrètement, de rapport aux Textes (j'appelle intégristes ceux des musulmans d'aujourd'hui qui vivent dans l'illusion d'un Livre impeccable et premier ; en face, ceux qui acceptent de se voir débiteurs de l'autre Livre, le premier, le juif – la Bible). L'arrogance fondamentaliste ou le travail sur la lettre ? C'est tout le problème de la Dette. C'est le vrai nœud de l'affaire. Là aussi, j'y reviendrai.

A propos de Vaneck encore et de son jeu dans la pièce de Malkovich, ce vieux texte de Barthes, « Le mythe de l'acteur possédé », que je retrouve dans le tome 1 des « Œuvres complètes » éditées par le Seuil. L'absurdité du thème de l'incorporation, par l'acteur, de son personnage. L'idée que le grand acteur ne s'identifie pas au personnage, mais le rencontre. La nécessaire souveraineté du jeu. Son cynisme inspiré. Sa grâce froide. Et la foudre sèche qui, alors, tombe sur le plateau.

De « l'élitisme pour tous », recommande Catherine Clément dans un rapport écrit – je dis bien écrit et, dans le genre, ce n'est pas courant – sur la place de la culture à la télévision. La formule est de Maïakovski. Elle date de 1917. Je trouve rafraîchissant de voir une intellectuelle la balancer ainsi, fausse naïve, dans le débat public.

Noté, dans les « Carnets » de Fitzgerald (Fayard) : « jamais de bonne biographie d'un écrivain ; il ne peut pas y en avoir ; s'il est vraiment bon, il est trop de gens à la fois ».

13 décembre 2002.

Modeste contribution au tonitruant débat sur l'entrée de la Turquie en Europe.

Dans le récent débat sur l'entrée de la Turquie en Europe, dans le festival d'hypocrisies et de non-dits auquel il a donné lieu et qui s'est soldé, à Copenhague, par des demi-promesses embarrassées, on a confondu trois choses.

Le problème politique des critères d'adhésion à ce pacte institutionnel qu'incarne l'Union européenne. Il est vrai que, de ce point de vue, la Turquie est encore loin du compte. Il est vrai, notamment, que le modèle européen suppose un type de traitement de la question des minorités (voir, par exemple, le traitement de la question basque par l'Espagne) dont le moins que l'on puisse dire est que l'on ne s'inspire guère, à Ankara, dans la gestion de la question kurde. Il est vrai, également, que la construction européenne n'a été et n'est encore possible qu'adossée (cf., notamment, l'Allemagne postnazie) à une politique de la mémoire scrupuleuse, douloureuse, dont on attend que la Turquie fasse montre dans le traitement de son trou de mémoire arménien. Et sans doute est-il sage, enfin, de s'interroger sur ce que signifie, en profondeur, la victoire récente d'un parti islamiste (oui, islamiste – et gare, une fois de plus, au terrible attrape-nigaud qu'est la formule « islamiste modéré ») dont nul ne sait jusqu'à quel point elle pourrait remettre en cause l'héritage laïque d'Atatürk. Pas de Turquie en Europe, autrement dit, tant qu'au terrorisme kurde on répondra par un terrorisme d'Etat. Pas de Turquie en Europe sans la reconnaissance solennelle du génocide arménien. Pas d'avenir européen pour un pays qui, d'aventure, réimposerait à ses femmes le port humiliant du foulard.

Le problème de l'appartenance de la Turquie à l'espace de civilisation qui, depuis l'Antiquité, porte le nom d'Europe. C'est ici que l'hypocrisie commence. C'est ici que les prestiges conjoints du supposé bon sens et de l'amnésie ont fait le plus de dégâts. Faut-il rappeler à ceux qui doutent de notre communauté de culture qu'Hérodote, Esope, Thalès de Milet, les héros troyens de L'« Iliade » naquirent dans l'actuelle Turquie et ont marqué cette terre ? Faut-il rappeler à M. Giscard d'Estaing et à tous ceux qui, comme lui, sont soucieux de voir l'Europe rester fidèle à la part chrétienne de ses racines que c'est en Turquie qu'est né l'apôtre Paul ? en Turquie et, plus précisément, en Anatolie que furent délivrées les Epîtres aux Galates ? faut-il leur rappeler que c'est en Turquie, toujours, que se sont tenus les premiers conciles œcuméniques de l'Eglise, à commencer par le concile de Nicée ? Quelle régression depuis le temps, il y a un siècle, où, d'un Empire obsessionnellement tourné vers l'Ouest et dont les pachas étaient bosniaques, hongrois ou grecs, on disait qu'il était « l'homme malade de l'Europe » ! Quel bond en arrière par rapport à l'époque où, quand Hugo, dans « Le Rhin », évoquait les « Six Puissances de Premier Ordre de l'Europe », il énumérait « le saint-siège, le Saint Empire, la France, la Grande-Bretagne, l'Espagne et bien entendu la Turquie » !

Le problème philosophique, enfin, de ce que l'on entend bâtir quand on parle de construire l'Europe. De deux choses l'une, en effet. Ou bien l'on entend par « Europe » une sorte de méga-nation qui aurait vocation, à terme, à se substituer aux nations existantes et qui devrait avoir, comme elles, des frontières claires, bien dessinées – et, alors, je comprends le vertige qui s'empare de certains à l'idée d'une extension « indéfinie » desdites frontières. Ou bien Europe désigne, au contraire, un effort pour se déprendre des vertiges, des crispations, des réflexes et, parfois, des délires identitaires ; Europe est, comme l'ont cru ses pères fondateurs, l'autre nom d'un dispositif politique dont la première fonction fut, non de se substituer aux Etats-nations, mais d'instaurer, au sortir du nazisme, puis face au péril communiste, une communauté démocratique de destin et de paix ; et alors on comprend mal l'excommunication de la Turquie – et alors, oui, la nature de l'époque où nous entrons et qui est celle où le péril majeur ne s'appelle plus ni le nazisme ni le communisme mais l'islamisme devrait nous faire accueillir à bras ouverts l'un des très rares pays musulmans à avoir, depuis des décennies, aboli la charia, donné le droit de vote aux femmes, garanti la séparation de principe entre sphères publique et privée, bref, prouvé la compatibilité, sur grande échelle, de l'islam et des valeurs européennes de liberté de conscience, de laïcité.

C'est toujours le même débat. Voulons-nous le triomphe des Ben Laden ou des Massoud ? Des partisans de la confrontation ou de ceux du dialogue des cultures ? Sommes-nous, comme les disciples de Huntington, résignés à la guerre des civilisations ou entendons-nous la conjurer ? Pour tous ceux qui ne consentent pas au pire et qui se refusent à entrer dans le jeu des terroristes, il n'y a pas de doute : le retour en Europe des héritiers de Byzance, d'Atatürk et du cosmopolitisme de l'Empire ottoman serait preuve, non de faiblesse, mais de souveraineté et de force – ce serait notre première vraie victoire stratégique dans la guerre froide qui nous oppose aux tenants du nouveau fascisme.

20 décembre 2002.

2003

Adresse à ceux qui veulent boycotter Israël.

Même s'il est passé inaperçu, c'est l'un des événements majeurs de ces derniers jours : une grande université, Paris-VI, vient de se prononcer en faveur du « non-renouvellement de l'accord de coopération universitaire entre l'Union européenne et Israël » – en un mot, pour le boycott des universités israéliennes.

Je passe sur le camouflet infligé de la sorte à une diplomatie française qui venait, par la bouche de Dominique de Villepin, de dire la « volonté très forte » d'« intensifier » les « relations bilatérales entre les deux pays ».

Je ne m'attarderai pas – à quoi bon ? – sur l'indignation sélective de « défenseurs du droit » que je n'ai jamais entendus exiger le boycott des « accords de coopération » avec la Chine (l'occupation du Tibet dure depuis plus de cinquante ans), la Russie (Poutine, en Tchétchénie, n'occupe pas Grozny, il la rase), le Soudan (je n'arrive pas à me faire à l'idée que les millions d'animistes et de chrétiens exterminés, dans les monts Noubas, par le régime islamique de Khartoum n'aient pas droit au millionième de la compassion dont bénéficient – à juste titre – les 2 070 morts palestiniens de l'Intifada).

Et la vérité est que j'ai renoncé à m'étonner de cet étrange deux poids et deux mesures qui est automatiquement de mise dès lors qu'il est question d'Israël : de n'importe quel autre pays, on prendrait la peine de se demander pourquoi il adopte telle ou telle mesure sécuritaire ou militaire ; dans n'importe quelle autre situation, on s'interrogerait sur la façon – sans doute y en a-t-il d'autres – de riposter aux attentats suicides et aux massacres de civils dans les bus, les cafés, les centres commerciaux et les... universités ; mais le propos, là, est ailleurs ; le but, le seul but, semble être, une fois de plus, de punir, réprouver, diaboliser, mettre un pays entier au ban des nations civilisées.

Car là est le point essentiel.

Le plus inquiétant, dans la décision prise, c'est qu'elle émane de gens qui n'ont visiblement aucune idée de la place, en Israël, de ces universités avec lesquelles ils appellent à rompre.

Le plus navrant, c'est qu'elle ignore ou feint d'ignorer que ces universités sont un lieu, non seulement, bien sûr, de recherche, mais de pensée libre, de travail critique, d'insubordination intellectuelle et morale, de réflexion sur la mémoire, les mythes fondateurs, l'idéologie du pays – souvenons-nous des « nouveaux historiens ».

Le plus accablant c'est que, dans ce Proche-Orient en guerre, dans ce paysage politique dévasté par le fanatisme et la haine, les universités de Jérusalem ou de Beersheba sont les seules de la région où se retrouvent toutes les communautés sans exclusive : juifs, mais aussi Arabes chrétiens et musulmans, nationalistes palestiniens, Druzes – n'est-ce pas très exactement ce que venait chercher le lumineux David Gritz, cet étudiant français mortellement touché, en juillet 2002, par une bombe à clous jetée dans la cafétéria d'une des universités que l'on veut aujourd'hui boycotter ?

Si j'étais d'humeur polémique, je dirais qu'en

procédant ainsi, en cousant dans le même sac le colon et l'étudiant martyr, le partisan du Grand Israël et les intellectuels anti-Sharon qui plaident pour le partage de la terre, nos boycotteurs parisiens raisonnent comme les plus fanatiques des extrémistes palestiniens : ceux pour qui Israël est un bloc, et doit être haï en bloc ; ceux pour qui tout citoyen israélien est un militaire en puissance et doit être combattu comme tel. Je rappellerais à ces procureurs que l'université française n'a pas bronché, jadis, quand des lois scélérates permirent d'expulser de son sein Emile Benveniste, Marc Bloch, Jean Wahl. Je leur ferais observer, par parenthèse, qu'elle est la seule institution républicaine qui, au pays de la repentance généralisée, n'a jamais esquissé un geste de regret pour cette faute. Et je m'inquiéterais de la voir, soixante-trois ans après, renouer avec la honte en mettant hors la loi, cette fois, des universités entières.

Comme je souhaite d'abord convaincre, comme je sais que Paris-VII puis d'autres seront saisies, dans les prochains jours, de projets de résolutions similaires, je veux surtout rappeler que ces universités démonisées sont le cœur battant de ce qu'il est convenu, à Tel-Aviv, d'appeler le camp de la paix et que la décision de couper les ponts avec elles serait un gigantesque faux pas dans la direction, non de la paix, mais de la guerre. Je suis allé à Bir Zeit, là où l'on caillassa un Premier ministre coupable d'avoir dit ce qu'il pensait de la politique du Hezbollah. J'ai visité, à Naplouse, cette autre université palestinienne d'Al-Najah avec laquelle la même Paris-VI envisage, apparemment sans trop de problèmes, de nouer des « accords de coopération » et qui se trouve être, du propre aveu des chefs du

Hamas, une de leurs meilleures « usines à martyrs ». Puisse l'université française ne pas se tromper, une fois encore, de combat. Puisse-t-elle prendre la mesure de l'erreur qu'elle commettrait en prétendant isoler, transformer en ghettos, les seules universités démocratiques de la région. Ce serait une honte. Mais ce serait, aussi, un nouveau coup porté à la paix.

3 janvier 2003.

Vœux (pieux ?).

C'est l'année où il faudra perdre l'habitude, quand il neige, de faire un procès au ciel et au gouvernement.

C'est l'année où il faudrait que les chefs d'Etats démocratiques apprennent à ne plus traiter Poutine en camarade.

C'est l'année où l'on rêve de voir Hegel – ou, à défaut, Michel Foucault – entrer dans la Pléiade.

C'est l'année où l'on conseillera à George W. Bush – même si c'est un peu tard – de commencer une psychanalyse et de tuer enfin le père en même temps que Saddam Hussein.

C'est l'année où il faudrait que Karl Lagerfeld reprenne quelques kilos.

C'est l'année où un réfugié nommé Izigov – ancien président du Parlement tchétchène – devra se voir, avec sa famille, attribuer un HLM à Paris.

Il faudra faire, cette année, un remake de « Tendre est la nuit » et porter enfin à l'écran (Anne-

Marie Miéville ? Images en paroles ? Trieste ? Londres ?) le « Barnabooth » de Larbaud.

On formera des vœux pour que, cette année, Castro et Kim Jong-il prennent leur retraite.

C'est l'année où l'on aimerait rendre hommage à Aragon (n'est-ce pas, Jean Ristat ?), sans oublier René Crevel.

C'est l'année où l'on verra si Lula est l'ami des damnés de la terre ou des imposteurs – Castro encore – qui se nourrissent de leur malheur.

C'est l'année où la raison (et l'humour) voudrait que la cérémonie des césars (ou la remise des prix à Cannes) soit orchestrée par Jamel Debbouze et Elie Semoun.

C'est l'année où l'on fera campagne pour que le césar du meilleur « Rapport » aille à Catherine Clément.

C'est l'année où l'on recommandera à Blandine Kriegel (avec qui la presse fut féroce, et injuste) de réapprendre à sourire et de cesser de se mettre en colère à tout bout de champ.

C'est l'année où il faudrait que LCI retire de son écran – en bas, à droite, en continu – le cours du CAC 40.

C'est l'année où, en principe, les états-majors politiques comprendront que la prochaine présidentielle verra s'affronter Chirac et Jospin – un point c'est tout.

C'est l'année où, en bonne logique, Régis Debray et Max Gallo devraient entrer à l'Académie.

C'est l'année où l'on priera pour qu'Israël se libère des territoires (Gaza, Cisjordanie) qui sont devenus « comme un piège au milieu de lui » (« Deutéronome »).

C'est l'année où il conviendrait qu'Henri Emmanuelli ne puisse plus dire que ses idées sont majoritaires au Parti socialiste et à gauche.

C'est l'année où il serait bon que Philippe Sollers ait le Goncourt ; Salman Rushdie ou Amos Oz le Nobel ; et Ahmed Shah Massoud, à titre posthume, le prix Nobel de la paix.

C'est l'année où l'on espère voir le siège d'Ingrid Betancourt au Sénat colombien occupé par Ingrid Betancourt.

C'est l'année où l'on souhaite à Dominique de Villepin de trouver le temps, entre Cocody, Oulan-Bator et L'Isle-sur-la-Sorgue, d'écrire son premier roman.

C'est l'année où il serait urgent que Laurent Fabius et Dominique Strauss-Kahn se mettent enfin d'accord avec – et sur – leurs arrière-pensées.

Ce sera l'année, forcément, de la percée de Philippe Muray : car, dans la troupe hétéroclite des « nouveaux réactionnaires » de l'an passé, il avait autrement plus d'allure que Dantec, Taguieff ou Trigano.

C'est l'année où José Bové deviendra, vraiment, internationaliste – ou sombrera.

C'est l'année où il faudrait que Houellebecq fasse moins de déclarations et plus de littérature.

C'est l'année où je crois qu'un cinéma français et une maison des écrivains ouvriront leurs portes à Kaboul – quelle victoire !

C'est l'année où, je l'espère, Belmondo refera un film.

C'est l'année où l'on attend que les musulmans modérés prennent la parole et la gardent.

C'est l'année où l'on continuera de défendre Luc Ferry contre la bassesse des attaques ad hominem. Mais qu'il fasse montre, lui, de plus de courage politique ! Quand des universitaires français décident de boycotter des collègues israéliens, il est navrant de voir le ministre se mettre aux abonnés absents puis ne trouver, pour qualifier cette mise au ban, qu'un mot terrible et qui en dit long : « inopportune »... la décision était « inopportune »... manière de suggérer qu'elle était bonne mais venue au mauvais moment ?

C'est l'année où l'on priera – après Bertrand Delanoë et le rabbin Gabriel Farhi – pour que les poignards restent au vestiaire.

C'est l'année où l'on souhaite, plus que jamais, longue vie à Jean-Paul II (ainsi qu'à quelques autres : Mandela, Shimon Peres, Lévi-Strauss, Soljenitsyne).

C'est l'année où l'on souhaite à Ben Laden de rencontrer le jugement de Dieu – le vrai.

Car c'est l'année où, je le crains, se vérifiera l'axiome de Baudelaire : les dieux existent, ils sont le diable.

10 janvier 2003.

Roland Barthes en continu. Auguste Comte et l'ennui. L'allure de Dominique Strauss-Kahn. Le goût de se citer soi-même. La voix de Philippe de Villiers. Qu'un film a tout à gagner à être mexicain. Gide à Assouan. Fitzgerald à Tijuana. Hemingway contre Fitzgerald.

Il était obsédé par le fragment. Voici qu'on l'édite en continu, massifié dans des « œuvres complètes » (Seuil, 5 volumes). Singulière fortune de Roland Barthes. Heureuse, mais paradoxale, fidélité.

Bertrand Delanoë, le Truman de la politique française ?

Colloque, à la Sorbonne, sur l'ennui. Si les enfants, à l'école, ne travaillent pas, s'ils se mettent en marge de la société, s'ils deviennent drogués et, un jour, délinquants, ce serait, nous dit-on, parce qu'ils s'ennuient ; et il n'y aurait pas de meilleure pédagogie, il n'y aurait pas, pour les sociétés et les Etats, de tâche plus urgente que de lutter contre cet ennui, de mettre les écoles à l'heure de l'entertainment généralisé – un peu plus et on verrait dans l'ennui, comme dans la vieillesse, l'un des péchés contemporains... Je crois l'inverse. Je crois qu'il y a une pédagogie de l'ennui. Je ne crois pas qu'il y ait d'apprentissage qui ne doive faire sa part à l'ennui. Je suis convaincu qu'il est, cet ennui, une dimension constitutive de l'éducation et de l'humain. Auguste Comte : l'une des différences entre l'humain et l'animal, c'est que l'animal ne s'ennuie jamais.

L'allure de Dominique Strauss-Kahn, l'autre soir, sur France 2, face à Mazerolle et Duhamel. Gravité et humour. Bonhomie et, dans le regard, des éclairs de férocité. Et puis cette impression d'en avoir toujours sous le pied – comme si, sur ses amis et ses adversaires, sur le programme des socialistes et sur ce qu'il a d'insuffisant, sur Besancenot, Raffarin, il ne lâchait jamais qu'une infime partie de ses munitions. Un jour, il faudra, comme dit l'autre, « abattre son jeu ». Mais, pour l'heure, quel animal politique !

On fait deux reproches bizarres à Scorsese. Sa complaisance à l'endroit de la violence – décidément, quelle époque ! Son goût de se citer lui-même (première scène de « Gangs of New York » : l'homme qui se rase et, en se rasant, se coupe) – démarche d'artiste, au contraire ! obsession, comme tous les artistes, de quelques thèmes et motifs essentiels !

Philippe de Saint-Robert et ses compagnons d'équipée à Bagdad. L'intellectuel baladé dans toute sa splendeur. Navrant.

Un grand cinéaste est mort. On dit les dix films de Pialat, comme on disait les treize films de Kubrick.

Que se passe-t-il dans la tête d'un vieux gouverneur américain – bushiste, Républicain, partisan de la peine de mort – qui, à la veille de partir en retraite, obsédé par l'idée de la possible erreur judiciaire, décide de gracier 160 condamnés et de vider les couloirs de la mort ? Il y aurait, dans ce seul instant, matière à un formidable roman, à un film.

Nabokov disait qu'on devrait pouvoir juger un homme, une idéologie, une idée, à la voix. Eh bien, voilà. L'autre soir, encore, sur France 2, la voix de Philippe de Villiers face à Strauss-Kahn : nasillarde, haut perchée et qui semblait, tout à coup, ne plus contrôler ses aigus – une voix qui monte à la tête, très vite, mais sans dérailler.

Jacques Audiberti, il y a longtemps, dans Les Cahiers : un film a « tout à gagner à être mexicain ». Oh oui ! Aujourd'hui encore, le beau « Japon » de Carlos Reygadas – juste un peu long, parfois, mais qu'importe ; la magie des aubes sur Velasco, des « barrancas », de la folie urbaine de Mexico-City – la grande et belle et si mélancolique magie mexicaine...

Notre silence sur la Tchétchénie. Comme un

stock de colère, une réserve d'indignation et de révolte, qui seraient, simplement, épuisés. J'ai honte. Nous devons, tous, avoir honte.

Un livre sur les relations Hemingway-Fitzgerald (« Hemingway contre Fitzgerald », Belles Lettres). Le second, à propos du premier : « je n'écris plus, Ernest a rendu ma propre écriture inutile ». C'est la réaction de Bourget quand il voit paraître Proust. De Drieu quand il découvre « La condition humaine ». Soit. Mais lui... Fitzgerald... Quel malentendu ! Quel aveuglement !

On devrait faire, au cinéma, comme en littérature. Il y a des livres qui font cinq cents pages – et il y en a qui en font quatre-vingts. Pourquoi, avec les films, ce moule de la sacro-sainte heure et demie ? pourquoi les cinéastes ne choisiraient-ils pas de faire des films de neuf heures ou de dix minutes ? Il y a des films qui croient qu'ils font quatre-vingt-dix minutes mais qui en font quinze. Il y a des films courts qui sont trop longs, des films longs qui semblent courts.

Gide, dans son « Journal », à propos d'Assouan : ennui des paysages où trop d'imbéciles se sont pâmés ; charme de ceux, au contraire, qu'aucune renommée n'a précédés. Exactement ce que je ressens, ici, au cœur des montagnes Vindhya, en Inde, Etat de Madhya Pradesh, dans ce village que je ne connaissais pas et qu'aucune littérature n'a signalé. J'y reviendrai. Mais ailleurs.

Deux stratégies possibles pour un écrivain. S'acharner, s'entêter et, en fait, « enfoncer le clou ». Changer, bouger – comme pour « brouiller les pistes ». Fitzgerald encore, à Tijuana, au Mexique, avec Sheilah Graham, dont il partage la vie autour de 1938 : faire des crochets pour, dit-il, semer la meute des poursuivants.

17 janvier 2003.

Adieu, Françoise Giroud.

La première fois que j'ai vu Françoise, c'était il y a presque trente ans, chez elle, dans son appartement-musée, avec l'homme qui, dans mon souvenir, la réconcilie avec la vie.

Elle était belle. Lumineuse. J'avais, le lendemain, signé un article enflammé : « Françoise Giroud ou la douceur de vivre avant la révolution ». Et un collaborateur m'avait téléphoné, très solennel : « êtes-vous, Monsieur, amoureux de madame la ministre ? »

Je n'étais pas exactement amoureux, non.

Mais j'étais émerveillé par tant de grâce. Subjugué par tant d'allure. Il y avait l'allure de Giroud comme il y a eu l'allure de Chanel : sauf que Françoise était aussi journaliste et, bientôt, écrivain – cette créature du XVIIIe, cette Girondine heureuse, cette Madame Rolland dont L'Express eût été le salon, était l'un des témoins du siècle de Sartre et de Mendès. Et puis il y avait cette douceur secrète – trente ans après, je maintiens le mot – qui émanait de sa personne et reste, pour moi, l'une de ses clés.

Car c'est étrange, à la fin, cet air d'évidence avec lequel, depuis quelques jours, on parle de la « dureté » de Françoise.

Je sais, bien entendu, qu'une façon romaine de se

tenir, de camper sur ses blessures et ses secrets, pouvait déconcerter ceux qui la connaissaient mal.

Je vois comment le goût qu'elle avait de ne jamais se payer de mots – ah ! cette peinture de la vieillesse ! ces pages, dans ses derniers livres, pour dire l'obscénité d'un corps incertain qui vous trahit ! – pouvait passer pour de la férocité.

Et sans doute y avait-il, chez elle, de la sévérité à l'endroit de soi : Françoise ne s'aimait pas tant que cela ; elle s'aimait moins, en tout cas, que ne l'aimaient ses amis et que ne s'aimèrent les femmes honorables dont elle a écrit la biographie ; et il y a trace, d'ailleurs, de cette cassure intime dans le roman-testament dont elle corrigeait, vendredi, les épreuves et qui raconte la très curieuse histoire d'une femme abandonnant, à la naissance, son enfant pour lui épargner la malédiction d'être juif.

Mais, pour le reste, non.

Pas d'accord avec ce cliché de la dureté de Françoise.

Je crois qu'elle a, pour passer à la postérité, d'autres atouts – ses livres – qu'un trait assassin sur tel ou tel, une formule-ambulance, un titre pétard.

Et je crois surtout que l'on manque le mystère de cette femme si l'on ne mesure l'extraordinaire talent qu'elle a mis, sa vie durant, à transformer sa névrose, son échec à s'aimer tout à fait, en amour des autres, tous les autres, à commencer, bien entendu, par ceux qui ont la chance d'avoir été ses amis – « on ne guérit pas de son enfance », m'avait-elle dit, un jour où elle me racontait l'histoire fameuse de ce père qui, à sa naissance, aurait crié : « je voulais que ce soit un garçon » ; mais on peut, de sa névrose, faire un destin ; on peut la convertir en lucidité et, de cette lucidité, faire l'énergie d'une bonté ; et c'est cela qu'a fait Françoise Giroud.

Ses proches savent son inépuisable disponibilité à leurs petits malheurs et bonheurs ; les conseils qu'elle prodiguait ; sa délicatesse ; sa façon, quand il le fallait, de n'écouter que des yeux ; l'article, ou le livre, dont elle voulait bien être, jusqu'à la fin, la première lectrice – cette manne bienheureuse.

Ses lecteurs, depuis cinquante ans, connaissaient l'insatiable curiosité, autre nom de sa générosité, qui la faisait s'intéresser à tout, vraiment tout, air du temps et nobles causes : voyez la forme si particulière de ses billets, sans blancs ni alinéas, comme si tout, en ce monde, sous son œil, se tenait – chroniques de touche-à-tout, chroniques où tout se touche, quel art ! quelle présence ! portrait de la femme de presse en courriériste de l'universel.

Et je me souviens, moi, de la Françoise engagée : je la vois à Sarajevo et Sebrenica ; je la vois, à Paris, quand nous fondions l'ACF, puis dans nos manifestations pour la Bosnie ; nous étions trois pelés, deux tondus, à battre le pavé – mais Françoise, qui avait l'âge des honneurs et des considérations mandarinales, était là, toujours là, fidèle au petit groupe que nous formions, toute pâle, toute fragile.

Il y avait de la colère chez cette Françoise.

Il y avait de la révolte contre la France qui se couchait.

Il y avait le souvenir inflexible des années de honte où elle s'était, elle, si bien conduite – jolie Françoise que j'imagine dans cet emploi d'« agent de liaison » dans la Résistance : personnage délicieusement modianesque, petite ombre dans l'armée des ombres, efficace, obstinée.

Mais il y avait aussi cette bonté.

Il y avait – je veux en témoigner – ce souci de l'autre, cette compassion, cette émotion jamais en défaut face au scandale d'un visage outragé.

Mourir comme on rate une marche, quelle élégance.

Mourir en mouvement, sans avoir ralenti l'allure, quelle leçon !

Mais qui va, maintenant, incarner cette part de la conscience française ?

A qui téléphonera-t-on quand, au bout du monde, une poignée d'oubliés appelleront au secours et qu'il faudra les nommer ?

Le monde, sans Françoise, est déjà un peu plus éteint.

24 janvier 2003.

Questions sur la stratégie américaine.

A ceux qui voient venir avec un malaise grandissant la perspective, maintenant proche, de la guerre annoncée en Irak, à tous ceux qui ne se contentent pas des discours de convenance élaborés par les adversaires de cette guerre autant que par ses partisans, je recommande un petit livre qui arrive à point nommé : « La guerre des Bush », d'Eric Laurent, chez Plon.

Ce livre a des défauts.

Ecrit, j'imagine, dans l'urgence, il a une forme qui s'en ressent.

Mais il a le mérite d'articuler les questions que nous sommes de plus en plus nombreux à nous poser et, sans jamais tomber dans le piège de l'antiaméricanisme et du pacifisme, de s'interroger à voix haute sur les non-dits d'une stratégie dont on voit de mieux en mieux se préciser les effets pervers.

La genèse, par exemple, de la fixation quasi névrotique de George W. Bush sur l'Irak.

Le moment où le même clan Bush, qui, voilà vingt ans, au moment de la guerre Irak-Iran, et sous l'impulsion – déjà – d'un certain Donald Rumsfeld, armait Saddam contre Khomeyni, renverse ses alliances et désigne son ancien client comme ennemi public planétaire numéro un.

La logique étrangement variable et, du coup, jamais convaincante qui préside au changement de cap : tantôt on nous dit (mais sans parvenir à le prouver) que l'Irak détient, ou est sur le point de détenir, des armes de destruction massive ; tantôt on nous explique (mais pour le démentir aussitôt) que tel terroriste du 11 septembre a eu des contacts avec les hommes de Saddam et qu'il y a donc une route qui passe par Bagdad et va jusqu'à Al-Qaeda ; tantôt on parle (mais à demi-mot, de peur de froisser les alliés koweïtiens ou saoudiens) d'inoculer, via l'Irak, le bon virus démocratique dans le grand corps du monde arabe ; tantôt on donne à penser qu'il s'agit aussi, dans cette affaire, de sécuriser nos approvisionnements pétroliers (mais pourquoi, alors, ne pas être clair ? est-il honteux, pour des démocraties, de songer à la richesse des nations et aux conditions de leur prospérité ?).

Le rôle, dans ces choix ou ces non-choix, d'un petit groupe d'hommes que l'auteur semble bien connaître et dont il raconte avec minutie la prise de pouvoir à Washington.

Le brio, et la naïveté, du plus idéologue d'entre eux : l'influent Richard Perle.

Le mélange, chez l'autre architecte de la nouvelle ligne, Paul Wolfowitz, d'un radicalisme new look (il est de ceux qui voient très tôt le grand basculement d'époque au terme duquel le totalitarisme vert se substitue au totalitarisme rouge juste vaincu) et d'une étrange fixation sur les enjeux du monde ancien (quand il évoque les « Etats voyous » d'aujourd'hui, quand il énumère l'Iran, la Libye et, bien entendu, l'Irak comme bornes-témoins de « l'axe du mal », ne donne-t-il pas le sentiment de rester prisonnier d'une vision qui était celle de Bush père, ou même de l'ère Carter ?).

Le trou noir saoudien, face à cela.

L'immense, la terrible inconnue pakistanaise.

Le sentiment, oui, qu'à l'ancienne liste noire devrait s'en substituer une autre qui, si l'on y ajoute le Yémen, est constituée de pays dont on tremble de constater qu'ils sont, tous trois, alliés aux Etats-Unis et membres – quelle dérision ! – de l'internationale antiterroriste.

Et la question, en fait, de savoir si, en se trompant de liste, en gardant l'œil fixé sur la triade Irak-Iran-Libye quand l'essentiel se passe, désormais, sur l'axe Riyad-Sanaa-Karachi, on ne commet pas une erreur dont l'onde de choc sera terrible.

Je passe sur les pages que Laurent consacre à la quête désespérée – et navrante – d'un Massoud ou d'un Karzaï irakien.

Je ne parle pas de ses doutes – par définition bienvenus – quant à la non-résistance supposée d'une garde républicaine irakienne dont il a raison de souligner que les hommes, cette fois-ci, se battront le dos au mur et avec d'autant plus de férocité qu'ils n'auront plus, en cas de défaite, la moindre échappatoire personnelle.

L'essentiel du livre est dans l'éclairage qu'il porte sur les discussions internes au Pentagone et au Département d'Etat.

Il est dans l'appel au débat public – aux Etats-Unis, en Europe mais aussi, tant que faire se peut, dans les pays musulmans modérés – sur les enjeux d'un affrontement qui dépasse la question irakienne.

Ouvrir ce débat – n'est-ce pas, soit dit en passant, le sens de la « position française » telle que l'expriment le président de la République et son ministre des Affaires étrangères ? – c'est, déjà, un peu avancer.

Parler avant de frapper, tout faire, vraiment tout, pour ne pas laisser se former, aux côtés d'un Saddam martyrisé, un front du refus puisant dans la logique victimaire des arguments que n'imposerait pas la solidarité idéologique, voilà de la bonne politique.

C'est à cela qu'invite ce livre. Et c'est pourquoi j'y renvoie tous ceux qui, encore une fois, souhaitent de toute leur âme la chute de Saddam Hussein, sans vouloir prendre le risque de faire le jeu de Ben Laden.

31 janvier 2003.

La vérité sur Sabra et Chatila.

Que s'est-il réellement passé, le jeudi 16 septembre 1982, à Sabra et Chatila ? Qui est Elie Hobeika, le phalangiste chrétien qui, pour venger la mort de Gemayel, massacra, dans des conditions particulièrement atroces, des centaines d'hommes, femmes, enfants, vieillards palestiniens ? D'où vient que nul, jamais, ne se soit soucié de savoir ce que devint, ensuite, cet assassin : député ; ministre de divers gouvernements prosyriens, assassiné finalement, dans des circonstances obscures, mais jamais inquiété par quelque tribunal ni commission, jamais invectivé ? Y aurait-il des événements dotés de ce fabuleux pouvoir de faire le vide autour d'eux (tout le monde se souvient de Chatila – personne de Damour, Ayn-el-Assad, Jiyé) mais aussi en eux, en leur propre sein (Hobeika donc, le coupable, dont le nom s'est effacé tandis que celui d'Ariel Sharon n'en finissait pas d'être stigmatisé) ? Que sont-ils, ces événements si mémorables qu'ils provoquent cette amnésie ? N'ont-ils partie liée qu'avec le Mal (des centaines d'innocents éventrés, violés, égorgés, c'est le Mal absolu) ou auraient-ils à voir avec la volonté de se débarrasser d'une autre culpabilité ? Autrement dit : y eut-il, dans la reconstruction de l'épisode Chatila, dans sa constitution en événement et son imputation à Israël, dans l'emballement mimétique des accusateurs soudés dans leur recherche de bouc émissaire façon René Girard, la volonté, oui, de produire de l'innocence en effaçant l'essence d'un crime qui fut, pendant seize ans, un terrible crime entre Arabes, donc entre frères ?

Israël, maintenant – Israël était-il le gardien de ses ennemis et les soldats israéliens (dont pas un, il ne faut pas se lasser de le répéter, n'eut sur les mains une goutte du sang de Chatila) se les sont-ils lavées, les mains, de leur responsabilité indirecte, c'est-à-dire morale ? Qu'est-ce que la lassitude du Bien ? Y a-t-il des moments, dans l'histoire des individus, mais aussi des peuples, où l'on est las d'être montré en exemple, incompté parmi les meurtriers, hors du rang, et où l'on cède à sa propre humanité en jouissant, à son tour, d'être coupable ? Est-ce cela qui arriva à Israël ? Est-ce cette tentation d'être comme les autres, d'accepter l'héritage de Caïn, qui est le trait dominant, depuis vingt ans, de l'esprit qui souffle à Tel-Aviv ? Ou bien est-ce le contraire ? Fallait-il écouter la foule juive qui, presque aussitôt, le 25 septembre 1982, descendit dans la rue pour dire ce que ni les Palestiniens ni les Druzes ni les Chrétiens ne dirent jamais d'aucune des tueries auxquelles ils furent plus ou moins directement mêlés : « oui, nous étions les gardiens de nos ennemis ; oui, ce massacre que nous n'avons pas commis nous pose un terrible problème de responsabilité morale » ? Autrement dit : en dépit de la guerre, des colonies, de l'occupation injuste des territoires, Israël demeure-t-il une nation où il n'y a pas de question politique qui ne prenne aussitôt la forme d'une interrogation lancinante sur le Bien, le Mal, le légitime, l'illégitime ?

Genet, enfin. Que fit, au juste, Jean Genet lors de ses deux séjours à Chatila – septembre 1982, trois jours après le massacre, puis deux ans après, pour la rédaction d'« Un captif amoureux » ? L'auteur de « Pompes funèbres » était-il juste un militant « progressiste » de la « cause palestinienne » ? Rêvait-il d'un Guernica de mots, portant témoignage de cette boucherie ? Et, si c'était cela, si ce n'était que cela, quel statut accorder aux textes très nombreux où il s'interdit d'idéaliser les victimes, de les noyer sous un ruissellement de bons sentiments et de compassion ? Qu'est-ce qu'une défense des Palestiniens qui leur interdit de jamais « accepter un territoire » ?

Que veut-il dire, dans « Un captif », quand il écrit que le commandement du Fatah est prisonnier de la « canaille affairiste » ou que les grandes familles palestiniennes furent les « valets de Hitler au Proche-Orient » ? Est-il du côté des « pauvres » ou de la « puissance » ? Des « déshérités » ou des gamins arabes, ancêtres des kamikazes d'aujourd'hui, qui exhibent leurs grenades comme de « double ou quadruple monstrueux testicules » ? De quelle nature, enfin, sa haine des juifs ? Parente de celle de Drumont, vraiment ? de Bernanos jugeant, dans les années 40, que Hitler a « déshonoré » l'antisémitisme ? ou nouée au nom même d'Israël, à la proclamation de ce nom, à sa vocation ? ou encore – mais cela revient au même – liée à cette « angoisse du Bien » dont parle Kierkegaard et dont le « Saint Genet » se fit l'écho ?

Telles sont quelques-unes des questions posées dans un admirable texte, intitulé « Genet à Chatila », publié dans la dernière livraison des Temps modernes et signé d'Eric Marty, auteur, il y a trois ans, d'un maître ouvrage sur Althusser. Que ce texte paraisse dans Les Temps modernes, la revue de Sartre, qui fut l'ami et d'Israël et de Genet, que Les Temps modernes soient devenus la revue de Lanzmann, lequel fut l'ami de Sartre puis l'auteur de « Shoah », ne donne à ces pages que plus de relief encore et d'importance. Une leçon de métaphysique, de mémoire, d'historialité. Dans la ligne, non seulement de Sartre, mais de Bataille, une vertigineuse plongée dans l'univers d'un « poète qui nous parle en ennemi ».

7 février 2003.

La guerre en Irak : morally right, politically wrong. Poutine à l'Académie. Pauwels ressuscité. La mort de Daniel Toscan du Plantier.

Si je devais résumer le sentiment de malaise que me donne la guerre annoncée en Irak, je dirais : moralement justifiée, politiquement désastreuse. Moralement ? Personne ne regretterait de voir mis hors d'état de nuire un dictateur sanguinaire, gazeur de Kurdes, massacreur de chiites – et que l'on ne puisse réserver le même sort à tous les massacreurs du monde, que l'on ne puisse universaliser cette guerre et l'ériger en règle de conduite et maxime, n'est un argument que pour le kantisme de bazar qui fait les bataillons pacifistes. Politiquement ? C'est là, en revanche, que le bât blesse. Car faire une guerre au terrorisme dont on sait que le premier effet sera d'en relancer la machine, prétendre instiller dans le monde musulman le bon virus démocratique quand on ne fait qu'attiser le conflit des civilisations et des mondes, se focaliser sur un ennemi, enfin, qui n'est plus, depuis longtemps, qu'un leurre, voilà de la mauvaise politique et voilà pourquoi je ne parviens pas à être favorable à cette guerre.

Peut-être ai-je raté un épisode. Mais je ne comprends pas au nom de quelle logique on nous serine que la France s'est déconsidérée dans la gestion de la crise ivoirienne. Car enfin voilà un ministre qui a du panache et de la voix. Voilà une France qui, sous son impulsion, a tenté de faire de la politique, de la vraie, et de la faire à visage découvert. Voilà une politique qui, autrement dit, rompt avec la sale pratique des petits arrangements entre amis du temps de Foccart et Mitterrand. Que cette politique ait échoué, qu'elle ait eu pour seule vertu, jusqu'ici, de révéler le vrai visage de Gbagbo, que quelques-uns des masques africains soient tombés et que Dominique de Villepin ne l'ait apparemment pas prévu, c'est vrai. Mais cela prouve quoi ? En quoi cela plaide-t-il contre la méthode et son auteur ? Et sommes-nous certains, surtout, que cette politique de la parole donnée ait dit, réellement, son dernier mot ?

Poutine, Quai Conti. Le kagébiste, le massacreur, le Saddam Hussein slave, cet homme qui, tandis que l'on défile contre une guerre qui n'a pas encore eu lieu, achève, lui, tranquillement la sienne, ce personnage infâme qui rêve d'aller « jusque dans les chiottes » finir de « buter » les « terroristes » et qui, en attendant, rêve à voix haute de « spécialistes » de la circoncision qui fassent que « ça ne repousse plus », cet homme-là, donc, reçu en grande pompe dans une enceinte où l'on se souvient de Zola, Hugo, François Mauriac : quelle honte ! quelle pitié ! et, vu depuis Grozny, quelle dérision ! Quelques-uns (Rouart, Revel, Orsenna, Poirot-Delpech, j'en oublie) ont sauvé l'honneur. Mais les autres ? L'Institution ? La France ? Pardon, Maurice Druon : mais on entendait, ce mardi noir, tandis que votre invité paradait sous la Coupole, des voix de partisans, dans la neige des montagnes, ami entends-tu le vol noir des corbeaux sur la plaine – sauf que c'étaient des voix tchétchènes.

Etrange époque où, quand une fille prend la plume pour rendre hommage à un père disparu, quand elle lui consacre un livre de mémoire et de pudeur où tout est dans la distance tenue et maintenue, quand elle dit combien elle l'a aimé et comment il l'a préférée, on sort son revolver, non plus kantien, mais freudien (mais un freudisme à deux sous, tellement ignare !) pour dire, sûr de son effet : « inceste... le livre d'un inceste mal déguisé... » Ce livre, c'est celui que Marie-Claire Pauwels consacre à l'auteur de « Saint-Quelqu'un ». Nous fûmes, de son vivant, adversaires et amis. Nous avons durement polémiqué, avant, dans les derniers temps, de nous rapprocher beaucoup. De ce récit qui le ressuscite, de ces pages où on le retrouve dans sa gloire et sa vanité, sa souveraineté et ses faiblesses, des scènes où on le voit, par exemple, essayer son habit d'académicien avec l'œil du fils de tailleur qu'il fut aussi, pourquoi ne pas juste dire qu'elles sont émouvantes, belles ? De la littérature comme art du tombeau.

Reprendre ce bloc-notes pour dire la peine que m'inspire la mort si soudaine, et si parfaitement improbable, de Daniel Toscan du Plantier. Trente ans que nous étions amis. Trente ans que, à Arte et ailleurs, nous défendions, ensemble, une idée de la culture et de l'Europe. Daniel n'était pas un producteur, mais un artiste. C'était l'artiste des artistes. C'était un cinéaste de talent qui avait fait le choix, un jour, de ne rien garder, de tout donner. Ce personnage haut en couleur et flamboyant, cet homme que l'on nous présente, partout, comme un beau parleur et un éloquent était un silencieux, un vrai, si parfaitement secret que sa prodigalité même donnait le change : quelqu'un qui avait choisi de se taire pour que d'autres parlent à sa place ; un auteur dont l'œuvre existe, mais cryptée, clandestine, passée en contrebande dans celle de ses aînés, puis de ses cadets. Je rêve d'un jeune biographe qui, se penchant, un jour, sur l'aventure de ce passeur hors pair, écrirait quelque chose comme : « De l'œuvre secrète de Daniel Toscan du Plantier à travers les films de Rossellini, Losey, Pialat et quelques autres ».

14 février 2003.

Pourquoi cette guerre en Irak était une erreur.

Transformer Saddam Hussein, ce tyran, en nouveau Saladin, héros de la cause et de la revanche arabes.

Faire de ce petit Staline, de ce bourreau des Kurdes et des chiites, de l'homme qui a envoyé au carnage, dans la seule guerre avec l'Iran, 500 000 jeunes Irakiens, un patriote, un résistant.

Unir ce qu'il faudrait diviser, rassembler ce que de la bonne politique aurait dû achever de scinder : l'Irak et l'Iran justement, l'Irak et la Syrie.

Faire que, dans tout le monde arabo-musulman, les forces de la haine prennent le dessus et qu'un vent de folie – celui du nationalisme arabe ou, pis, de la fureur islamiste – balaie, à nouveau, les quelques-uns qui tentaient de faire avancer la cause de l'islam modéré.

Relancer, en Occident comme en Islam, le thème terrible de la guerre des civilisations.

Donner, au passage, à Vladimir Poutine son dernier brevet de démocrate et, au lieu de dire « stop à la guerre en Tchétchénie », au lieu, comme les Etats-Unis en avaient alors le pouvoir, de faire pression sur la Russie pour qu'elle arrête un massacre qui est aussi l'une des principales sources du terrorisme islamiste, dresser cette scène politique absurde où l'on assiste au plus formidable tour de passe-passe vu depuis longtemps : des millions de gens descendant dans la rue pour stigmatiser une guerre qui a fait quelques centaines de morts – pas un, dans aucune manifestation au monde, pour avoir un mot de protestation contre cette autre guerre qui dure, elle, depuis dix ans et a fait des centaines de milliers de victimes.

Ici même, en France, voir se lever le vent mauvais d'un pacifisme qui charrie ce qu'il y a de pire : l'antisémitisme, bien sûr ; mais aussi un antiaméricanisme rabique et primaire ; mais aussi ces banderoles infâmes où l'on voit Bush, quand ce n'est pas « Bush et Sharon », ou même « Busharon », stigmatisés à l'égal de Saddam Hussein ou de Hitler.

Et je ne parle pas des morts et des dévastations, je ne parle pas des premières victimes civiles d'une guerre dont des irresponsables nous disaient que, grâce à ses bombes « propres » et « intelligentes », elle saurait « épargner les civils » – je ne parle pas des 33 morts de Hindiya ce mardi ou de Nadjaf, à 150 kilomètres de Bagdad, où une colonne de jeunes GI à qui l'on avait dit qu'ils seraient reçus avec des fleurs perd les pédales et fait un carnage.

Voilà, après quinze jours, le premier bilan de cette guerre imbécile, improvisée, dont les buts changent au gré des humeurs, des circonstances, voire des sondages, et que seule la frivolité du temps a pu comparer à ces authentiques guerres de libération, adossées à d'authentiques forces de résistance type Alliance du Nord ou armée bosniaque, que furent les guerres d'Afghanistan et de Bosnie.

Voilà le champ de ruines que laisse, d'ores et déjà, la bande d'ignorants péremptoires qui règnent dans les magasins à idées dont la Maison-Blanche est devenue le terrain de jeu – ignorants de l'Histoire, ignorants de la réalité des guerres et de celle des religions, ignorants de la façon, aussi, dont réagissent les peuples matraqués par trente années de propagande, de misère, de terreur.

Voilà, même s'il est évidemment trop tôt pour conclure et s'il n'est pas question de parler d'« enlisement » et de « Vietnam » pour un conflit qui dure depuis quinze jours, voilà, même si la guerre s'arrêtait demain, le beau travail de ces Docteurs Folamour désinvoltes et incompétents qui, tout à leur ivresse technologique et morale, tout à leur idée messianique d'une démocratie parachutée avec les chewing-gums, les cigarettes et les rations d'aide humanitaire, ont choisi de ne pas entendre les avertissements de ceux de leurs alliés qui leur disaient : « attention ; l'histoire des peuples est tragique ; elle n'obéit pas toujours aux belles constructions idéologiques des experts en liberté ; gare à ces grains de sable que sont les passions des hommes, leur folie, leur incompréhensible désir de servitude ou, simplement, leur patriotisme ».

Et que l'on ne vienne pas nous dire que tout cela était couru et que l'opération « Choc et effroi » n'a fait que porter dans la lumière des évolutions souterraines déjà en cours – que l'on ne vienne pas objecter que ce n'est pas la faute de Donald Rumsfeld si l'Europe a des pacifistes analphabètes, dénués d'esprit critique, et qui croient, de bonne foi, que Bush est un criminel pire que Saddam : car c'est avec cela aussi qu'un grand pays fait de la grande politique ; ne pas le faire, préférer dire, comme les faucons de Washington : « voilà ; tant pis pour eux ; chacun, désormais, se trouve en face de ses choix ; la guerre d'Irak, c'est le moment de vérité où chacun révèle son vrai visage caché », cela s'appelle la politique du pire, et la première puissance mondiale, le pays qui a libéré l'Europe du nazisme et tenu tête au soviétisme n'est pas là pour faire la politique du pire.

Ne reste, dans ce champ de ruines, et maintenant que le mal est fait, qu'à souhaiter, la rage au cœur, à contre-cœur, sans illusions, que nos alliés anglo-américains gagnent cette guerre – et vite.

4 avril 2003.

Après la guerre.

Dans deux, huit ou trente jours, la guerre en Irak sera finie. Les pro et les antiguerre continueront, bien entendu, d'échanger leurs arguments. On les entendra, longtemps encore, débattre de la question de savoir qui aura eu rétrospectivement raison. On verra les uns et les autres, à chaque pas, guetter le moindre signe propre à conforter leur pari – un battement d'aile terroriste sera mis au débit de la croisade de George Bush tandis que, de l'autre côté, on traquera le premier gamin de Bagdad en train de mâcher un chewing-gum made in USA. La vérité, c'est que nous sommes déjà dans l'après – et que les seules questions qui comptent, ce sont celles du monde qui va, ou non, émerger de cette tourmente.

La question de la démocratie. Etant entendu –

indiscutable axiome de l'universalisme démocratique – que les principes du droit sont valables pour tous les peuples, en tous lieux et toutes circonstances, quid de leur régime de propagation ? Livre-t-on une démocratie clés en main ? Le passage, à Bagdad, se fera-t-il, comme feignaient de le croire les partisans les plus acharnés de cette guerre, du jour au lendemain ? Qu'en est-il de ce messianisme démocratique qui est en train de devenir, chez les néoconservateurs américains, mais pas seulement, un article de foi politique ?

La question du droit d'ingérence. Je suis de ceux qui ont milité, depuis vingt-cinq ans, en faveur de ce droit et des limitations de souveraineté qu'il implique pour toutes les dictatures de la planète. Cette guerre en Irak va-t-elle le renforcer ou l'affaiblir ? Constituera-t-elle, comme l'a dit Wolfowitz, son acte de naissance véritable ou le commencement de sa fin ? La greffe du concept de guerre préventive sur celui d'ingérence sera-t-elle fatale à ce dernier ou féconde ? Confortera-t-elle les tartufes qui vont répétant « l'ingérence est un piège, une ruse de l'histoire coloniale, la dernière perle lâchée par l'huître impérialiste » ? Comment faire, quelle qu'ait pu être la position de chacun quant à la façon dont fut décidée cette guerre, pour que ce beau droit d'ingérence ne sorte pas disqualifié de l'aventure ?

La question des conséquences à moyen et long terme dans le monde arabo-musulman. L'image des victimes civiles irakiennes y relancera-t-elle, et pour combien de temps, le mauvais moteur de la guerre des civilisations ? Fragilisera-t-elle, face à leur propre opinion chauffée à blanc, les régimes arabes modérés ? Verra-t-on Saddam, mort, devenir un nouveau Saladin ? Moubarak était-il exagérément pessimiste quand il annonçait l'arrivée de « cent nouveaux Ben Laden » ? Allons-nous, dans l'euphorie de la victoire, laisser tomber les rares hommes et femmes qui, presque seuls, avec un courage inouï, osaient élever la voix contre le fanatisme, l'obscurantisme, l'intégrisme et dont on peut redouter que la position, dans ce climat de fièvre, ne devienne plus difficile encore ?

La question de l'antisémitisme. L'antiaméricanisme, mais aussi cet antisémitisme terrible, meurtrier, dont le déferlement planétaire ne fait peut-être que commencer. Entrons-nous dans un monde durablement marqué par cette passion noire ? Faut-il se résigner à y voir une idéologie à part entière, se substituant, dans les têtes, à l'anti-impérialisme d'antan ? Combien sont-ils, les redoutables crétins qui iront ânonnant, contre l'évidence, que cette guerre était celle de Sharon et qu'Israël est l'école des cadavres du XXIe siècle ? L'Occident, par parenthèse, sera-t-il tenté, pour les faire taire, d'appliquer la sinistre recommandation de Jack Straw souhaitant, dans un accès de démagogie qui ne ressemble guère à la diplomatie britannique, de voir Israël traité « avec la même fermeté que l'Irak » ?

L'Europe. Les rapports de l'Europe avec les Etats-Unis. Mais aussi avec la Turquie. Mais aussi avec elle-même. Si la crise qui la frappe est provisoire ou durable. Si elle saura, et comment, recoller les morceaux de son identité défaite. S'il faut se résigner, et jusqu'à quand, au schisme qui, désormais, semble séparer les partisans d'une Europe européenne des avocats d'une Europe atlantiste, probablement réduite, à terme, à cette pure zone de libre-échange que souhaitent, de leur côté, quelle ironie ! les anti-européens souverainistes. Et si, accessoirement, la guerre en Irak, finie à Bagdad, va recommencer, à blanc ou non, dans nos banlieues.

La communauté internationale, enfin. Non seulement le type, mais l'idée, de la communauté internationale qui émergera de tout cela. Si, pour parler comme Kant, l'idée de « droit cosmopolitique » garde un sens, et lequel. Si l'Onu est la SDN de ce début de siècle et les conséquences qu'il faudra en tirer. S'il était bien raisonnable, dans les semaines qui précédèrent l'entrée en guerre, de voir le destin du droit soumis au bon vouloir d'une dictature (l'Angola) ou d'un Etat terroriste (le Pakistan). S'il est sérieux de voir, aujourd'hui encore, un autre Etat voyou (la Libye) présider la commission des droits de l'homme de l'Organisation. Et, pour ceux qui trouvent cela peu sérieux, voire choquant, l'alternative. Voilà les questions. Voilà quelques-uns des chantiers ouverts, plus que jamais, à la réflexion et à l'action.

11 avril 2003.

Appeler par son nom le fascisme cubain.

La guerre contre le terrorisme avait déjà fait un heureux : Vladimir Poutine profitant du climat de confusion faisant suite au 11 septembre pour entrer, en Tchétchénie, dans la dernière phase de sa sale guerre.

Elle vient d'en faire un autre : le vieux Fidel Castro profitant de ce que le monde entier avait les yeux braqués sur l'Irak pour mener l'une des opérations de répression les plus spectaculaires de l'histoire de Cuba – 78 dissidents arrêtés en deux semaines ; des procès implacables où l'on a vu des militants des droits de l'homme contraints d'avouer, dans le plus pur style des procès de Moscou, des liens imaginaires avec la Section des intérêts américains à La Havane ; et, à l'arrivée, pour ces « apatrides », ces « contre-révolutionnaires », ces « mercenaires », ces « traîtres à la nation », des peines allant de trois à vingt-sept ans de prison.

Reporters sans frontières, fidèle à la vocation de vigilance qu'il s'est donnée en ces matières, a rendu publics les noms de ces 78 hommes et femmes dont le seul crime est d'être catholiques, ou démocrates, ou d'avoir réclamé un peu plus de liberté d'information ou d'expression.

Il a dit l'horreur de ces « actos de repudio », de ces « répudiations publiques », organisées en sous-main par le régime et au cours desquelles des citoyens dénoncés pour avoir placardé, chez eux, une affiche du « projet Varela », cette pétition appelant à la tenue d'élections libres, se voient insultés, humiliés avec une brutalité sans pareille, publiquement roués de coups par le comité de révolution du quartier.

A propos de brutalité, nous avons même eu droit, ici, à Paris, au spectacle inouï, mais éloquent et, à l'exception d'un article du Monde, étrangement peu commenté, de l'ambassadeur de Cuba en France venant lui-même, à la tête d'une bande de nervis, disperser à coups de barre de fer une manifestation d'écrivains et de journalistes venus témoigner, sous ses fenêtres, à l'appel de Zoé Valdés, Eduardo

Manet, Robert Ménard et quelques autres, de leur solidarité avec les nouveaux « gusanos », ces « vers de terre » qui, selon Fidel, ne songeraient qu'à prendre le chemin de l'exil.

Je veux m'associer, ici, à la protestation de mes amis de Reporters sans frontières.

Je veux, comme eux, adjurer la diplomatie française de suspendre l'admission de Cuba dans la Zone de solidarité prioritaire qui inclut les pays avec lesquels nous entendons « nouer une relation forte de partenariat dans une perspective de solidarité et de développement durable » à la libération de l'ensemble des journalistes incarcérés, à l'abolition du monopole de l'Etat sur l'information et à la légalisation des agences de presse indépendantes.

Je voudrais dire aussi le désastre de ce pays magnifique, doué pour le bonheur, qui devient au fil des ans l'un des pays les plus pauvres, les plus déshérités de la planète : une gigantesque prison ; un petit goulag tropical, disaient, il y a vingt ans, mais la situation n'a pas changé, les vieux compagnons de Fidel passés, comme Hubert Matos ou Carlos Franqui, dans le camp de la dissidence ; un enfer ; un bordel – la dernière trouvaille de Castro, sa toute dernière idée pour sauver son peuple de la faim n'ont-elles pas été d'ouvrir l'île à un tourisme sexuel venu, non plus, comme sous Batista, des seuls Etats-Unis, mais du monde entier ?

Alors, bien sûr, il y a le fameux boycott.

Et peut-être le temps est-il venu de priver le régime de cet argument ultime, ressassé à longueur de discours fleuves par un dictateur gâteux, que l'on dirait sorti d'un roman de Garcia Marquez et qui, récemment encore, dans un accès de folie qui eût, en d'autres circonstances, paru comique ou pathétique, faisait du programme d'« éradication du moustique » une étape essentielle de la guerre anti-impérialiste : « l'Amérique affame Cuba ; l'Amérique étrangle Cuba ; nous résistons comme nous pouvons, à Cuba, contre une mise en quarantaine voulue par les Yankees ».

Mais il faut, en même temps, tenir ferme sur les principes.

Il faut retirer à Cuba cet étrange statut de dictature sympathique et favorisée dont elle continue de jouir, d'une manière parfaitement inexplicable, dans toute une partie de l'intelligentsia progressiste occidentale et notamment française.

Il faut, comme il y a vingt ans, quand nous organisions, avec Revel ou Vargas Llosa, des meetings de soutien à la dissidence cubaine, dire et répéter qu'un régime qui jette un Raul Rivero en prison parce qu'il s'obstine, dans ses poèmes, à « distordre la réalité » est un régime strictement fasciste.

Et puis il faut, surtout, parler et parler encore – épeler inlassablement, comme nous le fîmes jadis pour Armando Valladares, les noms de Marta Beatrix Roque, Carlos Brizuela Yera, Lester Tellez Castro, Ricardo Gonzalez : je ne peux, hélas, tous les citer ; les noms, tous les noms, sont sur le site de RSF – il suffit de s'y porter.

L'espoir de Fidel est de perpétrer ses crimes dans l'indifférence et le silence. A nous de lui donner tort. Comme ici.

9 mai 2003.

Une lettre de Maurice Clavel. Le Musée de Philippe Sollers. Le nouveau paradoxe du comédien. Hobbesiens ou kantiens ? Villepin, l'anti-Kojève. Guy Konopnicki et la gauche en folie. Quand Hemingway désavoue Orson Welles. Yannick Haenel parmi les avalanches. Est-il encore permis de défendre Israël ? Clémence Boulouque et son livre-deuil. Dernières paroles de Françoise Giroud. Le risque d'avoir un jour un biographe.

Ce mot magnifique de Maurice Clavel dans une lettre datant de l'époque des « nouveaux philosophes » et que je retrouve, par hasard, en classant des vieux papiers : « le langage, c'est le cadeau de rupture que Dieu a fait à l'homme. »

Le dernier livre de Philippe Sollers : « Illuminations » (Laffont). Une promenade « à travers les textes sacrés », vraiment ? Ou le « musée imaginaire » d'un écrivain qui fait se répondre Rimbaud et la poésie chinoise, Homère et Lautréamont, comme Malraux les grandes œuvres de la peinture de tous les temps ?

Paraître être soi-même. Tout l'art, à la télévision. Tout le nouveau paradoxe du comédien audiovisuel.

C'est parce que nous faisons la guerre que vous pouvez jouir de la paix, me dit un ami new-yorkais, proche de ce qu'il est convenu d'appeler, là-bas aussi, la « ligne Bush » ; c'est parce que nous sommes hobbesiens que vous pouvez, en Europe, continuer de vous croire kantiens. L'idée est fausse, mais pas absurde.

Jérusalem. Le sentiment, à chaque pas, chaque rencontre, presque chaque pierre, d'habiter le mystère en plénitude. C'est la grâce de cette ville.

Villepin, dans Le Monde : l'anti-Kojève ; la

conviction, visible, que l'Histoire n'est pas finie ; et la volonté, semble-t-il, de le manifester à tout moment.

Un islamiste dégrisé (mais oui, cela existe !) : « je me croyais en enfer, et je rêvais du paradis ; il faudra, désormais, se contenter de vivre et de mourir sur la terre. »

Je ne peux, hélas, pas rendre compte de chacun des ouvrages de Guy Konopnicki, cet essayiste prolifique et qui pense si constamment juste. Dans son dernier-né pourtant, « La gauche en folie » (Balland), ces mots qui résument bien l'époque et que je ne résiste pas à la tentation de citer : « nous sommes sortis du siècle d'Auschwitz et de la Kolyma pour entrer dans celui de la ceinture de bombes. »

Raffarin : Pangloss ou Cassandre ?

Et si l'inhumain n'était que de l'humain en souffrance ? L'autre hypothèse. Evidemment pas la mienne.

Le cynisme aujourd'hui de mise dans certains milieux « branchés » parisiens : l'envers du sentimentalisme d'hier. C'est-à-dire, bien sûr, la même chose. La même fondamentale tartuferie. Cachez ce cœur que je ne saurais voir.

Modestie de Hemingway qui demande à Orson Welles de dire à sa place le commentaire du film « Terre d'Espagne » sous prétexte qu'il ne serait, dit-il, « pas entraîné à respirer comme il faut ». Remords, ensuite, du même Hemingway découvrant que la diction de Welles est théâtrale, artificielle, bizarrement incapable de bien doser ses effets et décidant, in fine, que c'est encore lui qui dira le mieux le texte qu'il a écrit. Conclusion ? C'est Joris Ivens, le réalisateur, qui la tire : « pendant l'enregistrement, Hemingway retrouva les émotions qui avaient été les siennes sur le front et, dès les premières phrases, son commentaire acquit une sensibilité qu'aucune autre voix n'aurait pu lui communiquer. »

D'un jeune écrivain, Yannick Haenel (« Evoluer parmi les avalanches », Gallimard), cette définition de la littérature : « une manière d'inventer par le langage de nouvelles jouissances. »

« Est-il permis de critiquer Israël ? » s'interroge pompeusement un « géopoliticien », Pascal Boniface, soucieux de « rétablir une vision équilibrée » du conflit du Proche-Orient. La réponse est oui, bien entendu. Personne, aucun juif, aucun ami d'Israël, n'a jamais dénié à quiconque le droit de critiquer la politique de tel ou tel Premier ministre, en l'occurrence Ariel Sharon. Le problème, en revanche, c'est l'autre question, inverse de la première et qui me semble, en ces temps de diabolisation de l'Etat juif, beaucoup moins claire que la première : « est-il permis de défendre Israël ? est-il encore possible, aujourd'hui, de parler d'Israël sans accepter, en préalable, le principe de sa stigmatisation systématique ? »

« La vie d'un mort est un collage », écrit Clémence Boulouque, la fille du juge antiterroriste des années 80 dont elle reconstruit la mémoire dans un livre bouleversant (« Mort d'un silence », Gallimard). Les morts, les pauvres morts... Tombeau de mots pour nos morts... Ecrire, c'est s'imaginer que la vie n'a que nous pour survivre...

Les dernières paroles de Françoise Giroud dans son journal posthume de l'année 2002 que publie, ces jours-ci, Fayard : la question de la « réforme des retraites » est « un véritable bouquet de grenades susceptible de faire exploser le pays ».

Face au livre consacré à Françoise par Christine Ockrent, et avant même de lire, deux réactions immédiates, deux préjugés. Le mot de Cioran, si cruel : je n'ai jamais compris que le risque d'avoir un jour un biographe n'ait jamais dissuadé personne d'avoir une vie. Et puis le fait que Françoise avait tout de même, en la circonstance, choisi elle-même son biographe. J'y reviendrai.

16 mai 2003.

Pourquoi Casablanca ? L'hallucinante « affaire Baudis ». Pourquoi je soutiens, tout de même, le livre de Christine Ockrent.

Les commandos de fous de Dieu qui viennent d'ensanglanter le Maroc auraient pu cibler, comme à Bali, une boîte de nuit ou un « Club Med ». Ils auraient pu, comme à Riyad, viser un quartier réservé aux expatriés. Ils auraient pu frapper Marrakech, Agadir, Tanger, ces lieux de mélange des cultures où l'univers de l'Islam se conjugue à celui de l'Occident et qui sont donc, à leurs yeux, le propre séjour du Diable. Or ils ont choisi Casablanca. Ils ont jeté leur dévolu sur l'une des villes du pays les moins fréquentées par les étrangers. Ils ont visé un symbole, non de la supposée dépravation occidentale, mais de la réalité marocaine de tous les jours. Une Casa de España, certes, mais qui n'avait d'espagnol que le nom... Le cimetière juif de la ville, d'accord – mais telle est l'histoire de la communauté juive marocaine, tel est son enracinement millénaire dans la mémoire du royaume chérifien, qu'il était, ce cimetière, marocain autant que juif... Toutes les hypothèses sont possibles, bien entendu. Et peut-être découvrira-t-on que cet enchaînement d'attentats était un leurre, une sorte de nuage d'encre derrière lequel se préparait une opération de plus grande envergure encore. Mais enfin le fait est là. Ce sont des Marocains qui ont été visés. Ce sont des Marocains qui ont été tués. Comme si les maîtres d'Al-Qaeda avaient commencé d'opérer un infléchissement stratégique décisif. Comme s'ils avaient décidé de porter le fer dans la chair, non plus des Infidèles, mais des Arabes apostats. La vraie « guerre de civilisations » : celle qui, à l'intérieur de l'islam, oppose les modérés et les fous d'Allah.

Il n'y a pas de parade, dit-on, contre les attentats suicide. Eh bien, toutes proportions gardées, il y a un autre type d'attaque contre laquelle on ne peut rien : c'est l'attaque par la rumeur. Ainsi de ce qu'il est déjà convenu d'appeler l'« affaire Baudis ». Ainsi de l'hallucinant, absurde, innommable procès en sorcellerie que d'aucuns semblent vouloir instruire contre l'ancien maire de Toulouse. La mécanique est toujours la même. Une prostituée qui, probablement manipulée, glisse le nom d'un producteur de cinéma, d'un acteur américain célèbre ou, aujourd'hui, du président du CSA. Des témoignages de première main, évidemment invérifiables, et d'autant plus croustillants que l'horreur de ce qu'ils rapportent ne cadre pas avec l'image publique du personnage. Des fuites. Des confidences chuchotées, « off the record ». Un récit, d'abord rocambolesque, puis qui, au fil des semaines, et en vertu de l'immonde « pas de fumée sans feu », prend un peu plus d'épaisseur. L'intéressé, alors, peut protester. Il peut se fâcher, prendre les devants, se résoudre à « crever l'abcès » et « tordre le cou à la calomnie ». Il peut ouvrir ses agendas, expliquer que sa vie est transparente et qu'il passait ses soirées, pendant la période incriminée, avec sa femme et ses enfants. Il peut aller à la télé. Donner des interviews. Il peut jurer ses grands dieux qu'il est victime d'une machination, d'un règlement de comptes, d'une tentative de déstabilisation dont il désigne les responsables. Le simple fait de parler accrédite déjà la rumeur. L'acharnement même à démonter le piège contribue à l'y précipiter. Comme il est maladroit, se dit-on ! Comme il se défend mal ! Mais c'est qu'il n'y a, en vérité, pas de défense possible contre ce type d'attaque. Le seul antidote à la rumeur, c'est le silence.

Fallait-il, si peu de temps après sa mort, publier cette biographie de Françoise Giroud ? Et a-t-on le droit, sous prétexte d'inventaire et de vérité, de livrer à un public avide, là aussi, de rumeur et de scandale tel ou tel inavouable pan de vie ? J'avoue que j'ai, depuis qu'est sorti le livre de Christine Ockrent, le plus grand mal à me décider. Tantôt je me dis que Françoise avait bien droit, elle aussi, à son petit tas de secrets et je déteste cette façon de fouiller dans une vie comme dans un sac. Tantôt je me reproche, en m'exprimant ainsi, de laisser parler mon seul attachement et m'objecte à moi-même que la fidélité à une amie défunte ne peut pas exiger de chacun un comportement de gardien du temple – un personnage de cette stature n'aurait-il pas eu, un jour ou l'autre, de toute façon, son biographe ? et Françoise ne savait-elle pas ce qu'elle faisait en désignant elle-même, de son vivant, cette jeune et talentueuse consœur ? Bref, je ne parviens pas à prendre parti quant au droit que l'on avait de révéler, notamment, le terrible épisode des lettres anonymes. En sorte que, de cette biographie froide, sans vraie tendresse ni concession, mais sans animosité non plus, je préfère retenir, à tout prendre, les chapitres forts, documentés, et qui font gloire à la Françoise que tant de Français ont admirée : l'immense journaliste, l'amie du genre humain, les combats militants de la fin, la mère orpheline et souffrante, l'amoureuse, la première ministre de la Condition féminine, l'époque mendésiste, le courage pendant la guerre d'Algérie – sans parler de l'épisode fameux de cette médaille de la Résistance qu'on lui a si férocement contestée et dont Ockrent suggère que, pour finir, elle l'a effectivement reçue. Justice pour Giroud. Françoise, cette femme-siècle – ma douce, ma belle, mon éternelle amie.

23 mai 2003.

Tchétchénie : silence on tue.

Que la Russie soit un grand pays, que sa puissance militaire, nucléaire, politique, économique, en fasse un partenaire que l'on ne puisse traiter à la légère, que la diplomatie, en un mot, ait des lois dont l'éthique de conviction ne saurait, en l'espèce, faire abstraction, je sais évidemment tout cela.

Mais fallait-il pour autant, à Evian, traiter le président de ce grand pays en « bon ami » – le mot est de George Bush – et faire l'impasse, de la sorte, sur la guerre néocoloniale qu'il mène en Tchétchénie ?

Fallait-il, la veille, à Saint-Pétersbourg, participer, comme si de rien n'était, aux festivités du tricentenaire de la ville – et cela sans que nul n'ait le moindre mot, je ne dis même pas de soutien, mais de simple compassion pour les victimes civiles de cette guerre ?

Fallait-il, pour tout dire, qu'elle ne soit présente, cette tragédie tchétchène, qu'à travers une petite phrase d'un communiqué final qui restera dans les annales comme un sommet du cynisme, de la désinformation d'Etat, de l'obscénité realpoliticienne : « nous condamnons toutes les formes de violence, en particulier les actes terroristes » ? Ah ! l'odieux de ce « en particulier »... L'ignominie de cette formule qui, si les mots ont un sens, signifie que le vrai, le seul scandale, à nos yeux, ce sont les actes terroristes, effectivement gravissimes, que multiplient, ces derniers mois, les soldats perdus de Bassaïev et qui sont l'alibi, en même temps que la conséquence, des opérations de pacification poutiniennes... Fallait-il aller si loin, oui, dans ce que tous les démocrates russes auront entendu comme une adhésion aveugle aux raisons, aux thèses, à la propagande du Kremlin ?

La question s'adresse, donc, à George Bush, que l'on a connu si disert lorsqu'il fallait nous convaincre d'aller détruire, à Bagdad, des armes de destruction massive aujourd'hui encore introuvables, mais qui, face à un massacre de cette ampleur, face à ces dizaines, peut-être ces centaines de milliers d'hommes, femmes et enfants canonnés, torturés, gazés, déportés, parqués dans des camps de filtration puis ramenés de force dans les zones de combat qu'ils avaient fuies, face à ces tueries que le musée de l'Holocauste lui-même, à Washington, place en tête de sa liste de situations « potentiellement génocidaires », ne trouve à dire que ceci : M. Poutine est mon bon ami.

Elle s'adresse à Jacques Chirac qui nous la joue – et pourquoi pas... le geste ne manquait, en soi, ni d'allure ni de portée... – président des pauvres, Lula français, amis des incomptés, des oubliés du monde, des damnés mais qui, lorsqu'il s'agit de la Russie et qu'il prend la parole à l'Académie polaire de Saint-Pétersbourg, peut s'écrier, tout à coup, dans l'enthousiasme, que l'existence même de cette institution, le travail scientifique qu'elle accomplit mettent la Russie « au premier rang des démocraties » en matière, non seulement de « respect dû aux peuples premiers », mais de pratique du « dialogue des cultures » et de « respect de l'autre ».

Mais elle s'adresse, aussi, au reste de l'establishment politique mondial, droite et gauche confondues, libéraux d'Etat et socialistes de gouvernement, mondialistes et antimondialistes pour une fois au coude-à-coude pour étouffer le cri de désespoir des survivants du Ground Zero de Grozny : on les a entendus, nos altermondialistes, prendre vaillamment position sur les dangers de l'ordre marchand, l'effet de serre, les cours du sucre ou du café, l'écologie, le sida, l'eau – mais rien sur l'une des guerres les plus sanglantes de ce début de siècle ! un détail, dans l'Histoire qui se joue sous leurs yeux, une capitale réduite à ses décombres ! un non-événement, pour ces professionnels de la révolte, les sanglantes opérations de nettoyage menées, chaque jour ou presque, dans cette gigantesque zone de non-droit qu'est devenue, avec l'aval de la communauté internationale, la Tchétchénie.

Il faudra essayer de comprendre, un jour, les ressorts de ce tonitruant et mystérieux silence.

Il faudra revenir, par exemple, sur les manifestations antiguerre du printemps dernier qui mobilisèrent tant de millions de pacifistes sans que l'on n'entendît jamais, nulle part, un mot ni un slogan hostiles à une guerre d'extermination qui durait depuis quatre ans.

Peut-être la grande peur des bien-pensants, Attac et bourdivins compris, face à la Russie « immense et compliquée »... Peut-être le vieux « on ne réveille pas un ours qui dort », survivance des temps brejneviens... Peut-être aussi le fait que les Tchétchènes n'ont pas leur place dans le nouveau « grand récit » où le statut de victime ne semble s'entendre que face à l'hydre yankee et dans le cadre de l'affrontement Nord-Sud.

Le fait en tout cas est là. Nous sommes quelques-uns à penser que le sort du XXIe siècle se joue, pour partie, dans cette petite république martyre – mais, comme jadis en Bosnie, nous sommes bien seuls.

6 juin 2003.

Sharon Archav ?

C'est l'histoire de Begin signant, avec l'Egypte, la paix dont la gauche avait rêvé. C'est celle, toutes proportions gardées, du général de Gaulle lançant aux pieds-noirs le fameux « je vous ai compris » avant d'opérer son grand virage historique et de rendre l'Algérie aux Algériens.

Oh ! certes, nous n'en sommes pas là.

Les extrémistes juifs, les partisans du Grand Israël, les hommes et les femmes dont le tort fut, bien souvent, de prendre au mot les gouvernements de droite et de gauche qui les ont, depuis trente ans, installés dans les colonies, pèsent et pèseront de tout leur poids pour enrayer le processus.

Les faucons palestiniens, les gens, notamment, du Hamas et du Djihad islamique qui disent et répètent, aujourd'hui encore, que leur but n'est pas de bâtir la Palestine mais de détruire Israël, ces tueurs de civils juifs qui se moquent comme d'une guigne des souffrances de leurs « frères » de Naplouse et Ramallah pourvu qu'ils puissent continuer de verser le sang, risquent à tout moment, aujourd'hui peut-être, ou demain, de déclencher l'attentat suicide qui remettra tout en question.

Nul ne connaît non plus les intentions d'Arafat, pas davantage, d'ailleurs, que la marge de manœuvre qui lui reste vis-à-vis d'Abou Mazen – rien ne permet de dire si le leader de l'OLP, qui a toujours préféré son rôle de nouveau Saladin, incarnation de la revanche arabe, à celui, plus humble, moins flatteur, de bâtisseur d'un petit Etat, installé à côté d'Israël, dispose toujours, ou non, d'un pouvoir réel de nuisance.

Et quant à Sharon lui-même, il faudrait être naïf pour ne pas imaginer les mille arrière-pensées qui, à cet instant, l'assaillent : croit-il à ce qu'il dit ? est-il décidé, pour son dernier combat, à en finir avec l'« occupation » de la Cisjordanie ? l'Etat palestinien auquel il songe sera-t-il doté, vraiment, de cette continuité territoriale qui, seule, le rendra viable ?

ou est-ce la dernière ruse de Fregoli, une manœuvre à double ou triple bande – un truc de politicien qui ferait juste le gros dos en attendant la réélection de George Bush ?

Bref, on peut multiplier les objections. Et il n'est pas interdit de voir dans la « feuille de route » la énième édition de ces éternels « plans de paix » qui n'en finissent pas, depuis trente-six ans, de ressusciter et de mourir car ils sont, en réalité, mort-nés.

Reste que des mots, de part et d'autre, ont été dits ; qu'ils ont, comme souvent en politique et, en particulier, dans cette région du monde, le poids et la gravité des choses ; et que l'on ne peut s'empêcher, lorsque l'on est, comme moi, et depuis toujours, éperdument attaché à la cause d'Israël en même temps qu'à celle de la justice à l'endroit des Palestiniens, de reprendre timidement espoir.

Si j'étais palestinien, je soutiendrais Abou Mazen, le plus faible, mais le plus courageux des dirigeants de Ramallah : le seul à avoir osé proclamer, en pleine Intifada, que le salut n'est pas dans le martyre mais dans la reconnaissance mutuelle de deux nations qui n'en peuvent plus de se faire la guerre.

Si j'étais propalestinien dogmatique, si j'étais l'un de ces Occidentaux qui ont, ces dernières années, embrassé sans nuances, jusqu'à l'ivresse, la cause de Yasser Arafat, je retournerais sans tarder à la Mouqata'a et déploierais la même énergie pour tenter de le convaincre qu'il tient, avec la feuille de route acceptée par son Premier ministre, sa dernière chance de ne pas rester dans l'Histoire comme le fossoyeur de la cause palestinienne : « une paix n'est jamais parfaite, je lui dirais ; toute paix suppose des compromis et tout compromis des sacrifices ; ne laissez pas à nouveau passer, comme à Camp David et à Taba, l'occasion de donner à votre peuple l'Etat auquel il a droit ».

Si j'étais israélien, si j'étais engagé, là-bas, dans le débat politique entre la droite et la gauche, j'oublierais provisoirement ce débat, je mettrais en suspens mes griefs à l'endroit du Premier ministre, je ferais ce qu'ont fait les électeurs français, après le 21 avril, en plébiscitant, non Chirac, mais les valeurs républicaines dont il était le rempart : je m'appliquerais à délikoudiser Sharon ; je soutiendrais Sharon parce qu'il défend non le Likoud, mais Israël, c'est-à-dire la paix ; je prendrais au pied de la lettre le premier homme d'Etat israélien de ce niveau à avoir, je le répète, brisé le tabou en parlant de la Cisjordanie comme d'un territoire, non disputé, mais occupé ; et, sans rire, reprenant le bon vieux slogan de l'extrême gauche à Tel-Aviv, j'irais, sous ses fenêtres, crier, non plus « Shalom archav » (« La paix maintenant »), mais « Sharon archav » (« Sharon maintenant » ; avant toute chose, maintenant, la paix – fût-elle celle de Sharon).

Comme je ne suis ni israélien ni palestinien mais français, je veux juste dire qu'il y a peut-être là un rendez-vous auquel il serait judicieux que les Européens répondent, eux aussi, à leur façon, présent : pourquoi ne pas oublier les partis pris, les vieux réflexes, les incantations, pour appuyer les faiseurs de paix, aider les protagonistes à se hisser, encore un peu plus, au-dessus d'eux-mêmes et inviter, par exemple, Abou Mazen et Ariel Sharon – ensemble – à Strasbourg ou Paris ?

13 juin 2003.

Fabius et Cuba. Il n'y a plus d'affaire Baudis. Lévinas à Jérusalem.

Fabius sur Cuba dans Le Nouvel Observateur de la semaine dernière. Des évidences, bien sûr. Des propos – « il faut que cesse l'étrange mansuétude envers Castro... » ; il est « faux » que critiquer Cuba fasse « le jeu de l'impérialisme américain » – qui, dans les années 70, quand, avec Glucksmann, Clavel, Jambet, d'autres, nous les lancions dans le débat public, semblaient des provocations et qui, aujourd'hui, trente ans après, sonnent comme les paroles gelées de Rabelais : ces mots à la fois très anciens et très familiers dont Pantagruel dit, comme Dante pour les âmes des morts, qu'ils dorment dans les limbes en attendant que vienne l'heure d'une paresseuse résurrection. Mais nous avons eu tant d'occasions, ces dernières semaines, d'assister aux poussées démagogiques d'un PS en mal d'identité ; le spectacle est si navrant de ce premier secrétaire qui semble avoir pour unique souci de ne se couper à aucun prix de son aile antimondialiste et qui, d'Evian à la loi sur les retraites ou, aujourd'hui, à la solidarité sans critique avec José Bové, ne perd aucune occasion d'aller à la chasse aux voix d'une ultragauche qui n'a, elle, comme il se doit, que souverain mépris pour les sociaux-démocrates (Bové dont on peut condamner – c'est mon cas – l'incarcération à grand spectacle, mais sans feindre d'adhérer pour autant à sa vision du monde et à sa cause) ; bref, il règne un tel climat, à gauche, de régression et d'infantilisme, l'esprit du populisme semble y faire, ces temps-ci, de si constants progrès que ces mots tout simples, ces lieux communs, cette façon d'écrire, tranquillement, que « Fidel est un dictateur » et que « les dictatures ne sont ni de droite ni de gauche mais infâmes », semblent à nouveau libérateurs. Ce n'est qu'un article, bien sûr. Et jamais un article n'a fait un printemps politique. Et pourtant... Qui sait ? L'histoire des sensibilités et des idées ne nous a-t-elle pas réservé, parfois, des surprises de ce genre ? Il flotte sur ces lignes « cubaines » comme un parfum de refondation.

Il n'y a – ou il n'y aura très bientôt – plus d'affaire Baudis. Reste, en revanche, l'honneur d'un homme probablement sali à jamais. Reste sa douleur, celle de ses proches, sa rage que j'imagine, son désespoir que rien n'apaisera plus. Reste le spectacle terrifiant qui nous fut donné pendant trois semaines de ce lynchage médiatique, de ce café du commerce permanent, de cette instruction menée, non plus même aux marches des palais de justice, mais dans la rue, les dîners en ville, les journaux, les télévisions. Reste ce magazine entreprenant, l'autre semaine, sans rire ni rougir, et comme s'il était devenu tout naturel qu'un organe de presse fasse, à leur place, le travail des juges et des policiers, de demander à l'ex-maire de Toulouse communication – sic – de ses agendas pour vérifier qu'il se trouvait bien, tel soir, avec sa femme à Paris. Reste le spectacle accablant d'une classe politique tétanisée qui, à de très rares exceptions près, et quand elle n'alimenta pas, elle-même, la machine à ragoter et humilier, se mit prudemment aux abris de peur d'être compromise, salie, contaminée, emportée – ah ! l'ignominie de ce « pas de fumée sans feu » qui aura servi d'alibi, comme d'habitude, aux bavards et aux couards. Le mécanisme est connu. C'est celui qu'avait décrit Edgar Morin, il y a trente ans, dans sa « Rumeur d'Orléans ». C'est celui que l'on a vu opérer au moment de l'affaire de la Vologne, dite aussi affaire Grégory. D'où vient que cela marche encore ? Comment avons-nous pu, comme si de rien n'était, et comme au premier jour, tomber à nouveau dans le piège ? Par quel mystère tout un système médiatico-institutionnel peut-il ainsi s'emballer, sans que se déclenchent les « avertisseurs d'incendie » ? Je ne peux que redire, pour ma part, ce que je disais, ici même, dès le tout premier jour, en soutien à cet homme que je ne connais pas mais dont le sort me touche infiniment : la rumeur, c'est comme les kamikazes – c'est la seule arme contre laquelle il n'y a, une fois qu'elle est lancée, aucune espèce de riposte possible.

Publication du second numéro de ces Cahiers d'études lévinassiennes que nous tentons, avec Benny Lévy, de faire vivre depuis Jérusalem et où l'on trouvera, outre l'essentiel du séminaire tenu là, à Jérusalem, sur Schelling et Rosenzweig, par l'ancien secrétaire de Sartre passé, selon la formule consacrée, « de Mao à Moïse », une série de textes sur le monothéisme, un débat avec Finkielkraut sur la laïcité, des textes de Catherine Chalier, Salomon Malka ou Jean Halpérin, et un beau texte de Lévinas lui-même, daté de 1963, et intitulé « Judaïsme et altruisme ». Lévinas, l'auteur de « Difficile liberté »... Celui de « De Dieu qui vient à l'idée »... Le nom qui, une fois de plus, apparaît comme un pont entre les rives des judaïsmes d'aujourd'hui... Le religieux et le laïque. Le sionisme et le diasporique. Israël au Proche-Orient et Israël en Europe. Sans parler de l'éternelle question que, seul, il permet, sinon de trancher, du moins de poser, d'Athènes et Jérusalem, du parler grec et juif, de la parole biblique dans son rapport au logos. Urgence de Lévinas.

27 juin 2003.

Péguy, Benda et Bové. La métaphore selon Valéry. Pour une paix sèche. Raffarin à Saint-Pétersbourg. Paul Guilbert, un an après. Parcours de Hervé Bourges. Berlusconi, quelle honte ! L'honneur des journalistes.

L'indignation de Péguy face à Dreyfus acceptant sa grâce. Celle de Benda, au même moment, refusant de porter le toast au dîner fameux de La Revue blanche. Bové n'est pas Dreyfus. Les deux affaires n'ont, cela va sans dire, rigoureusement rien de semblable. Mais enfin... Que ne relisent-ils Péguy et Benda, tous ceux qui, à longueur de colonnes, réclament la grâce présidentielle pour le leader syndicaliste emprisonné (lequel, au demeurant, fait montre d'une tout autre dignité lorsque, dans une interview au Monde, il refuse de « se mettre à genoux devant Chirac ») !

La « joie d'enfant » de l'écrivain qui trouve, dit Valéry, une « métaphore heureuse ». Pourquoi heureuse ? Qu'est-ce qu'une métaphore réussie ? Une voie d'accès à l'être ? Un secret enfin percé ? Ou, juste, un cache-misère ?

Picasso : je trouve d'abord ; je cherche après.

Enfin des politiques qui, en Israël comme chez les Palestiniens, paraissent avoir compris que la juste séquence n'est pas : double reconnaissance, amour, petits pas et, au bout du processus, la paix enfin conclue (en gros, la mécanique d'Oslo) ; mais : paix d'abord, compromis maintenant – et ensuite, si Dieu le veut, comme une sorte de conséquence, la double reconnaissance, le respect mutuel, l'amour (ce que, d'un mot, j'ai appelé, naguère, la « paix sèche »). Mazen donc, malgré tout. Et quoi qu'on en dise, Sharon Archav.

Définition de la langue de bois : minimum de sens, maximum de codes.

Raffarin à Saint-Pétersbourg, tandis qu'agonise – toujours – la Tchétchénie : « je sais parler la langue de l'euro et la langue du rouble ; mais, ici, je veux parler la langue de l'art et de l'âme. » Comme dirait Nietzsche : « l'usine règne ».

Un an, tout juste, qu'a disparu Paul Guilbert. Son élégance. Son mystère. Cette parole imprenable, presque ailée, qui nous a, pour quelques-uns, si profondément éduqués. Cette façon de penser des histoires sans les publier, à l'heure où tant de ses contemporains ne pensaient qu'à publier. Ce sentiment, enfin, qu'écrire rend le discours vulgaire, que c'est toujours bien mieux de le parler – et qu'il faudrait pouvoir, au fond, ne rédiger les livres que dans sa tête. Le seul vrai dandy que j'aie connu.

Ce vendredi 4 juillet, diffusion, sur France 2, du deuxième volet d'« Un parcours algérien », d'Hervé Bourges et Alain Ferrari. Je reconnais aussitôt la patte du réalisateur, mon complice de naguère, l'homme avec qui j'ai fait « Bosna ! » et « Les aventures de la liberté », Alain Ferrari : son sens du paysage, son goût de filmer les visages en très gros plan, son attention presque maniaque aux silences qui en disent plus long que les mots, le soin pris au montage (seul porteur, selon lui, de la signification du tout) et à la bande-son (musique de Denis Barbier, qui composa naguère la partition de mes films). Quant à Hervé Bourges (qui fut, soit dit en passant, un autre ami de Paul Guilbert), il tente, dans ce « Parcours », un pari difficile mais audacieux : mener de front deux types opposés de récits, deux paroles allant ensemble et, parfois, se séparant – la première relevant des Mémoires personnels, la seconde du témoignage recueilli, le tout donnant un curieux objet filmique dont on ne sait, par moments, s'il évoque l'Algérie d'hier ou annonce celle d'aujourd'hui. Un regret : pourquoi le héros du film n'a-t-il pas voulu s'expliquer sur le rôle exact qu'il a tenu tant auprès de Ben Bella que, ensuite, d'Abdelaziz Bouteflika ? Modestie ? Orgueil ? Blessures encore trop vives ? Et que faut-il entendre, donc, entre les images ?

Ce qui – pas toujours, pas ici – signe la différence de la télévision et du cinéma : sa façon de faire alliance avec le spectateur sur le dos des personnages.

Un grand délinquant, un spécialiste de l'abus et de la confusion des pouvoirs, un pitre, un parrain, prend la présidence de l'Union européenne pour les six mois qui viennent. Quelle honte ! Et pour Giscard d'Estaing, qui donne, au même moment, son beau projet de Constitution européenne, quelle mauvaise concordance des temps, quelle malchance !

Deux reporters, un Français et un Belge, Vincent Reynaud et Thierry Falise, condamnés – avec leur « fixer » américain – à quinze ans de prison pour avoir tenté de mener l'enquête, avec des visas de touriste, sur une zone de guérilla, au Laos, interdite à la presse. Combien de fois faudra-t-il dire que le métier des journalistes, leur mission, leur honneur, est d'aller, justement, dans les zones en principe interdites ? Combien de fois faudra-t-il répéter que, pour cela, pour se rendre dans ces zones grises, pour parvenir à explorer cet envers de la planète et de son histoire contemporaine, tous les moyens, ou presque, sont bons ? Face à cette parodie de justice, face à cette nouvelle insulte faite à la liberté de la presse dans le monde, on attend une réaction vive, et forte, et offensive de la France.

4 juillet 2003.

Colonna et Mérimée. John Locke et la liberté d'expression. Kristeva et Augustin. De Nazareth à l'Etat rationnel hégélien, et retour. Les GI à Monrovia ! Beau comme du Rothko. La maison de fous de Kontchalovsky. La différence entre Aragon et Drieu ? Delon en DVD.

Yvan Colonna. Un nom à la Mérimée. Une gueule de voyou au grand cœur. Mais, en fait, une franche canaille : la figure même de la politique dévoyée dans le crime ; la version très française du terrorisme planétaire contemporain ; et son arrestation, du coup, comme une belle victoire de la République.

Je ne cesse de rencontrer des gens et, notamment, des artistes qui confient, en privé, leur désaccord ou leur malaise face au mouvement des intermittents et qui, lorsque vient le moment de prendre publiquement position, font taire leurs réticences. Double langage ? Incertitude ? Non. Juste ce statut nouveau d'une politique devenue, au sens de René Girard, contagion mimétique permanente.

Débat télévisé entre Arno Klarsfeld et Gabriel Cohn-Bendit sur le thème éternel : interdire, ou non, l'expression d'opinions insupportables (racisme, antisémitisme, négationnisme). Ce texte de John Locke (« Essai sur l'entendement humain », ß 218) qui aurait pu les mettre d'accord : si le législateur a le droit de limiter (je résume) l'expression d'opinions qui pourraient « troubler l'ordre public », il ne peut en aucun cas forcer quelqu'un à « renoncer à son opinion ». En quelques lignes, tout est dit – ne resterait à un législateur avisé qu'à relire ce dire et s'en inspirer.

Un autre soir, sur France 2, l'émission mensuelle de Bernard Pivot. L'invitée est Julia Kristeva. Elle parle, puisque c'est le principe même de l'émission, de sa Bulgarie natale, de son rapport à la France, de son étrangeté sans recours – elle dit la drôle d'histoire que c'est, par exemple, de pratiquer la psychanalyse dans une langue qui n'est pas celle de son enfance. Et puis ce mot magnifique de saint Augustin qui, soudain, fuse et m'éclaire – mais pas seulement sur l'invitée : « in via patria », la patrie c'est le chemin.

Retour d'Israël. Tombé par hasard sur cette page de Hegel (« Encyclopédie des sciences philosophiques », ß 552), qui, évoquant, contre les luthériens mais aussi contre Bossuet, la place dans la cité des quakers et des anabaptistes, répond assez précisément à l'autre question qui obsède certains – celle de la place, dans l'Etat juif, de la minorité arabe. Quakers et anabaptistes, dit le philosophe, sont membres « passifs » de l'« Etat » puisqu'ils « refusent de le défendre contre ses ennemis ». Mais ils sont, ajoute-t-il, « membres actifs » d'une « société civile » qui leur reconnaît mêmes droits et mêmes devoirs qu'à n'importe quel autre sujet. Là aussi, tout est dit. Nous sommes à Nazareth autant que dans l'Etat rationnel hégélien.

De Ruth et Judea Pearl, dans Libération, cette idée toute simple, dont je me fais aussitôt le relais : nous ne croirons, disent-ils, en la bonne foi des Pakistanais, nous n'accepterons d'entendre que le meurtre de notre fils est, comme l'a déclaré Moucharraf, devenu « de l'histoire ancienne », ce meurtre ne cessera d'être, autrement dit, une « plaie ouverte à jamais » dans nos âmes, que lorsque sera consacré, au cœur de Karachi, un lieu « réaffirmant les idéaux qu'incarnait Dany ». Deuil et stèle. Mémoire et monument. Toujours la même histoire. Toujours le même nœud de la commémoration et de la guérison.

Les GI à Monrovia ? Mais oui. Bien sûr. Le voilà, le vrai devoir d'ingérence. Le voilà, le devoir des nations face à l'appel des peuples maintes fois martyrs. Ici, dans cette Afrique douloureuse et presque sortie, déjà, de l'Histoire universelle, pas d'erreur de cible, pas de tromperie sur le siècle – l'urgence, la vraie, celle de prêter assistance à peuples en danger.

Neuf peintures d'Olivier Debré à Beaubourg. Beau comme du Rothko. Grand comme des Twombly. Une poésie, une vibration de la couleur, un lyrisme qui font de l'auteur de « Grand gris clair » et de « Mur blanc » le maître de l'abstraction douce.

Double attentat suicide à Moscou. Confiscation de la cause tchétchène par les pires des intégristes. Et les civils qui, du coup, se trouvent pris entre les deux feux de deux barbaries qui se répondent. Le scénario du cauchemar. Celui dont nous sommes quelques-uns à avoir décrit, depuis le début, l'implacable enchaînement. Bientôt, sur les écrans, un très grand film qui dira aussi cela : « La maison de fous », de Kontchalovsky.

La différence entre Aragon et Drieu ? L'orfèvre Nourissier (Le Figaro littéraire, 1er juillet) est formel. Le premier baisait comme un lapin. Le second n'en finissait jamais de bander. Rapporté à la littérature, le partage fonctionne, ma foi, assez bien. Jaillissement continu, chez le premier, de mots, d'harmonies, d'images. Impression, quand on lit le second, de rester toujours en deçà, je ne dis même pas de l'extase, mais de la promesse.

Propos de Tony Blair : le plus tragique, pour la gauche européenne, ce serait de se refonder sur la double pierre d'angle de l'antilibéralisme et de l'antiaméricanisme. En effet. Double version du socialisme des imbéciles.

Delon en DVD. Seize films, il me semble. Comment peut-on, en une vie, avoir donné vie à tant de chefs-d'œuvre ?

11 juillet 2003.

Chirac, Villepin et l'Europe au secours de Bush et Blair ?

Ainsi donc Bush et Blair ont triché. Ils ont truqué les rapports de leurs propres services secrets. Ils ont inventé l'histoire de Saddam Hussein achetant de l'uranium au Niger. Sachant déjà que ses armes de destruction massive n'existaient plus, ils ont dénaturé les faits, caché la réalité à leurs amis – ils ont forgé, de toutes pièces, la fable des missiles capables d'atteindre en quarante-cinq minutes les capitales européennes. Bref, Bush et Bliar (B. comme Blair, liar comme menteur – c'est ainsi que l'appellent, maintenant, les meilleurs quotidiens britanniques) ont produit, pour justifier leur guerre, le plus gros et, d'une certaine façon, le plus absurde des mensonges d'Etat de ces dernières années.

L'avenir dira comment ils ont, malgré les dizaines d'inspecteurs et observateurs présents sur le terrain, pu prendre ce risque insensé.

Les historiens expliqueront comment et pourquoi la première puissance mondiale a pu venir s'embourber, avec son allié, dans ce Watergate à l'échelle de la planète.

Mépris des opinions ? Arrogance ? Cynisme de spécialistes en communication persuadés qu'à l'âge du spectaculaire intégré les rapports livrés à l'ONU par de modestes inspecteurs en désarmement n'étaient pas assez « sexy » ? Concession à la vertu ? Pieux mensonge de stratèges schmittiens se faisant passer pour de doux leostraussiens et qui, au lieu de simplement dire : « voilà, nous sommes en guerre ; et nous avons besoin, dans cette guerre, d'une tête de pont, d'un cheval de Troie, d'une base », ont préféré inventer de faux prétextes sécuritaires ou moralisants ?

Le résultat, en tout cas, est là.

La mort de David Kelly, l'intégrité faite homme, qui ne disait que la vérité.

Une parole politique qui sera, dans les deux pays, pour longtemps discréditée.

Et surtout, surtout, un nouveau coup porté, sur le terrain, à la légitimité d'une guerre à laquelle nul, déjà, n'entendait plus rien : ni les Irakiens, dont on sait la fâcheuse tendance à confondre libérateurs et occupants, ni les militaires américains, qui en sont, ce mardi, à leur 39ᵉ mort et dont on imagine sans peine le désarroi quand ils apprennent que leurs états-majors se sont tout bonnement payé leur tête.

Alors, que faire à partir de là ?

Peut-on – et, d'abord, faut-il – sauver les soldats Bush et Blair de ce désastre dont l'onde de choc commence à peine de se répandre ?

Je crois, personnellement, que oui.

Je crois que nul n'a intérêt à voir ces deux grandes démocraties s'enliser dans ce qui, vu le contexte créé par la montée du terrorisme international, ne pourra être qu'un Vietnam au carré, une Somalie puissance dix.

Je crois, plus exactement, que le scénario le plus terrible serait celui d'une Maison-Blanche qui, lassée de voir ses « boys » tirés comme des lapins, pressée par son opinion publique de se désengager d'une guerre coûteuse et illisible, se contenterait de sécuriser les puits de pétrole et abandonnerait le reste, tout le reste, aux diverses factions chiites, post-baasistes, pour ne pas dire crypto-Al-Qaeda, qui se disputent déjà le pays.

Et c'est pourquoi il y a urgence, par-delà les querelles et les amertumes, par-delà les positions prises par les uns ou les autres depuis le début d'un conflit dont chacun sent bien qu'il nous concerne désormais tous, à travailler ensemble à la re-multilatéralisation, à la re-internationalisation d'un après-guerre qui, sinon, aurait très vite – mais en pire ! – le même parfum d'inachèvement, de cauchemar, que la première guerre du Golfe, version Bush père.

La France a peut-être cette ressource.

Les responsables français, parce qu'ils ont eu raison les premiers et qu'ils en ont tiré, sur la scène mondiale, un crédit qui ne fait rétrospectivement que grandir, peuvent, s'ils le veulent, contribuer à cette sortie de crise.

Mieux : notre pays, et à travers lui l'Europe, a, en matière de reconstruction démocratique, un savoir-faire que l'on a vu à l'œuvre, par exemple, au Kosovo et dont le moins que l'on puisse dire est qu'il fait cruellement défaut à une Condoleezza Rice s'écriant, dès avant le 11 septembre : « l'armée américaine n'est pas là pour aider les enfants à traverser la rue. »

Eh bien oui, pourtant.

Rebâtir une nation, c'est prendre la main des enfants pour leur faire traverser la rue.

C'est empêcher les musées d'être pillés, les postes de police d'être brûlés, l'insécurité de régner.

C'est s'atteler, en un mot, à ce dont les Américains font profession de se moquer mais qu'une force internationale, repassant par la case ONU et intégrant, aux côtés des Anglo-Saxons, des bataillons d'Européens et de non-Européens, pourrait peut-être essayer de faire.

Telle serait, sur la longue durée, la condition de la victoire sur le terrorisme.

Tel est le type d'initiative que, sans tarder, la France et l'Europe pourraient lancer.

25 juillet 2003.

Sauver Ingrid Betancourt. Hegel au Liberia. Warhol chrétien. Arte et l'exception culturelle. Appel d'un Tchétchène à Chirac.

Une chose à dire, une seule, à propos de l'imbroglio Betancourt. Il se trouve que je connais la Colombie. Je connais, très précisément, San Vincente del Caguan, cette zone dite « libérée » qu'administrent les guérilleros des FARC et qui leur sert, en pleine jungle, de repaire, de sanctuaire, en même temps que de cache pour leurs centaines d'otages et, donc, sans doute, Ingrid Betancourt. Et il suffit de connaître les lieux, il suffit, comme je l'ai fait à l'époque de mon enquête sur les guerres oubliées, d'avoir passé ne fût-ce que quelques jours chez ces tueurs délicats, adeptes des tortures morales les plus sophistiquées, pour ne plus trop se poser de questions. Tout est bon pour tirer l'ancienne candidate écologiste de l'enfer où elle croupit. Et, la jeune femme étant française en même temps que colombienne, le gouvernement français est fondé à mettre en œuvre tous ses moyens pour tenter de la sauver. Le reste est argutie. Tartuferie. Non-assistance à une femme admirable, oubliée de tous ou presque, et, plus que jamais, en danger de mort.

Horreur au Liberia. Horreur, par-delà le Liberia, dans cette bonne moitié de l'Afrique dont la même enquête, il y a deux ans, m'avait donné à voir le calvaire lent. Et si elle était là, dans cet abandon, cette déréliction, cette détresse absolue et sans issue, la vraie fin de l'Histoire annoncée par les hégéliens ?

Hegel, encore. « L'esprit du christianisme et son destin ». Le peuple juif, dit-il, est un peuple premièrement servile. Il est inapte, deuxièmement, à toute espèce de liberté. Il ne peut donc – tertio, et conclusion – échapper à son esclavage qu'en esclavagisant, à son tour, autrui. Et si c'était le propre théorème dont s'arme la canaille quand elle entonne le grand air du peuple-victime-devenu-bourreau ? Et s'il était là l'inspirateur secret de cette fameuse réversibilité des rôles dont s'autorise l'antisémitisme contemporain ?

La différence, selon Levinas, entre un catholique conservateur et un musulman fondamentaliste ? Le premier prend la parole juive pour la donner à tous. Le second la prend aussi, mais pour la couper de ses sources et fonder une nouvelle origine.

Warhol à Monte-Carlo. Ne jamais oublier la dimension mystique de l'auteur des « Marilyn ». Ne jamais perdre de vue l'ancrage chrétien du fils de mineur de Pittsburgh qui, presque tous les jours, en pleine gloire, se rendait à Saint Vincent Ferrer, distribuait de la soupe (Campbell ?) aux pauvres de la paroisse et, un an avant sa mort, donnait sa version de la Cène. Quel christianisme ? Le christianisme uniate de Julia, sa mère. Le christianisme byzantin dont il aurait pu voir les icônes dans les basiliques de Ruthénie. Cocteau en Christ de Sofia. Les Beatles ou Mick Jagger en anges amphétaminés du culte de la Factory. Non plus : « tu ne feras pas d'images peintes. » Mais : « tu ne feras plus que cela ; de chaque idole tu feras une icône, et vice versa, éternellement. »

Un grand penseur ? Quelqu'un qui écoute mieux que les autres.

L'inventeur du romanquête ? Hugo dans son essai sur Walter Scott. « Peu d'historiens, dit-il, sont aussi fidèles que ce romancier. » Et, plus loin :

« j'aime mieux croire au roman qu'à l'histoire » car « je préfère la vérité morale à la vérité historique ».

Le président d'Arte accusé d'avoir failli, dans je ne sais quel propos de colloque, au dogme sacrosaint de l'exception culturelle. On croit rêver. Car la lettre d'un propos est une chose. Son contexte – sa vérité morale – en est une autre. Comment l'un des hommes qui, en France, a le plus fait, depuis vingt ans, pour ladite exception culturelle peut-il, sans manipulation des contextes, se voir reprocher de brûler ce qu'il est lui-même en train de bâtir ?

Gare, nous disent les Colombiens, à ce que l'arbre Ingrid ne nous cache pas la forêt des centaines d'autres otages anonymes ! Soit. Encore que là, en revanche, c'est Hegel qui a raison et qu'il y a des hommes, ou des femmes, dont le sort, ou le courage, ou le sens qu'ils ont su donner à leur combat, leur martyre, voire leur mort, ont fait des symboles immenses. Ainsi Daniel Pearl. Ainsi Salman Rushdie. Et ainsi Ingrid Betancourt dont le destin n'est, en effet, pas celui d'un otage ordinaire. Les assassins connaissent la loi. Faut-il que, tartufes encore, nous feignions, nous, de l'ignorer ?

Une autre affaire d'otage. Il s'appelle Rouslan Guerikhanov. C'est, lui, en revanche, un Tchétchène ordinaire, sans importance particulière. Or voici qu'au matin du 14 juillet, faubourg de Grozny, une escouade de soldats russes encagoulés fait irruption dans la maison familiale et le kidnappe. Le père, me dit-on, fut l'un des cinquante soldats de l'Armée rouge montés, en 1945, sur les toits en ruine du Reichstag pour y arracher le drapeau allemand. La même Armée rouge, cinquante ans après, rafle donc le fils et le fait disparaître selon des méthodes qui sont celles d'une soldatesque fascinante. Qu'en pensent les partenaires de Poutine ? Qu'en dira le président français Chirac ? Il a sur son bureau, depuis lundi, une lettre où la sœur de Guerikhanov, désespérée, le supplie d'user de son autorité pour intervenir en faveur du disparu – un des innombrables Betancourt tchétchènes.

1er août 2003.

Grisoni, mon ami. Les mains de Nadine Trintignant, les mains de Bertrand Cantat. Un nouveau mur de Berlin, vraiment ?

Dominique-Antoine Grisoni, c'était mon vieux copain. C'était un philosophe, bien sûr. C'était même un très bon philosophe, ami de Lyotard et de Foucault il y a vingt ans, complice de Desanti ces dernières années, vulgarisateur de l'œuvre de Levinas en France, passeur d'immense talent dans ses articles du Point, du Magazine littéraire, puis de La Vie, et auteur enfin, lui-même, de quelques textes importants – « De la volupté et du malheur d'aimer » ou « Le corps ingénu ». Mais voilà. Pour moi, Dominique, c'était d'abord ce gai compagnon, cet ami généreux et solaire, ce complice des bons et des mauvais tours joués ensemble à l'institution. Là, quand il fallut donner l'assaut, début des années 70, aux citadelles éditoriales. Là, quelques années plus tard, lors des états généraux d'une philosophie à l'agonie, quand il fallut faire le coup de poing, oui, vraiment le coup de poing, contre les grandes têtes molles de l'intelligentsia de l'époque. Là, dès le début de *La Règle du jeu*. Là, pour m'amener chez Sartre. Là, déjà, en pleine bataille des nouveaux philosophes, pour lancer dans les pattes des progressistes cette redoutable botte secrète qu'il était seul, ou presque, à connaître et qu'étaient les marxistes critiques italiens, Galvano della Volpe en tête. Et puis là, enfin, pour donner à qui voulait voir et entendre d'admirables leçons de vie – génie des vies multiples, art de vivre plusieurs vies en une et sens consommé de la clandestinité qui va avec : c'est moi qui m'appelais « Lévy » et c'est lui qui pratiquait « les vies ». Un des plus grands vivants que j'aie connus. Un type comme lui n'aurait jamais dû mourir.

Ce qui restera dans ma mémoire de ce drame de Vilnius qui vient, à juste titre, d'épouvanter la France, ce sont deux images de mains. Les mains de Nadine Trintignant au-dessus du visage de sa fille chérie, tentant de la protéger des flashs des photographes qui, à la sortie de l'hôpital, prennent d'assaut la petite civière – ultime, dérisoire et magnifique réflexe de mère veillant sur l'enfant qu'elle a déjà perdu. Et puis, un peu après, dans la salle d'audience du tribunal lituanien, les mains de Bertrand Cantat : son visage défait et honteux plongé entre ses mains de possédé devenu meurtrier et qui ne peut plus affronter ni le regard des autres ni le sien – est-il encore permis, dans l'émotion ambiante, au milieu de la clameur lyncheuse qui couvre les demandes de pardon de cet artiste désormais suicidé, de dire que ma compassion va aussi un peu à lui ? Souvenir de cet ami (l'anti-Bertrand Cantat) dont nous avions, avec Françoise Giroud, dans notre livre à quatre mains, longuement commenté le cas : quand il sentait monter en lui la passion, c'est-à-dire toujours, au fond, la jalousie, quand il devinait la bête prête à surgir et à frapper, il préférait se frapper lui-même, se défoncer la tête contre un arbre ou un mur – cette fameuse nuit, dans une ville du sud de la France, où on dut l'hospitaliser, le crâne cabossé, le visage ensanglanté, mais au moins avait-il, dieu soit loué, épargné l'aimée.

La mauvaise foi, en politique, est décidément sans limites. Et le débat autour de la clôture élevée par Israël pour protéger sa frontière cisjordanienne en est une nouvelle preuve. Je passe sur la comparaison avec le mur de Berlin. Je passe sur l'idiotie qui fait mettre sur le même plan une enceinte défensive dont le but est de se protéger des kamikazes et un mur offensif qui était comme une ligne de front dans la guerre de longue durée déclarée par le monde communiste au monde libre. La vraie question, en l'espèce, est celle de la cohérence des impératifs. On peut, on doit, demander aux Israéliens de sortir de Cisjordanie. On peut, on doit, les inviter à le faire, non pas demain, mais tout de suite ou, en tout cas, le plus tôt possible. Et je pense même, pour ma part, que la seule idée un peu neuve récemment apparue sur la scène de ce conflit est celle d'une inversion de la démarche qui n'en finit pas, depuis trente ans, d'être essayée et d'échouer : non plus le processus de reconnaissance d'abord, l'apprentissage lent de l'amour et, ensuite, une fois que les deux peuples auront donné les preuves de leur entente, la conclusion du traité de paix ; mais la paix d'abord, la paix pour commencer, le traité de paix maintenant, sans attendre, et même si l'on ne s'aime pas encore – l'amour viendra après. Mais alors, attention ! Il faut savoir que, dans ce cas, les extrémistes palestiniens ne désarmeront pas tout de suite. On doit même s'attendre à ce que la violence meurtrière, dopée par ce qui apparaîtra comme un recul israélien, redoublera d'intensité. Et c'est pourquoi l'édification du « mur » est l'inévitable corrélat de la reconnaissance accélérée de l'Etat voisin. On ne peut pas demander à Israël tout et son contraire. On ne peut pas lui dire : « soyez réaliste, ne demandez pas l'impossible, n'attendez pas la fin des attentats pour partager la terre » et, aussitôt après, quand c'est de la sécurité de ses civils qu'il est question : « soyez angélique, ouvrez votre frontière, faites confiance à la nature des hommes pour surmonter haines et passions. »

8 août 2003.

Les altermondialistes à la croisée des chemins.

J'ai dit ici même, il y a deux ans, et à cette date, les réflexions contradictoires que m'inspirait le développement du courant altermondialiste.

J'ai dit – et je n'en retire, bien entendu, rien – que, si tel ou tel aspect de son idéologie me semblait appeler d'expresses réserves, je me sentais d'accord, en revanche, avec nombre de ses buts affichés : taxe Tobin, effacement de la dette des pays les plus pauvres, libre accès de tous aux médicaments, défense des nations prolétaires.

Et ce n'est évidemment pas à l'heure du Liberia, à l'heure où la moitié, ou presque, de l'Afrique est en train de faire naufrage, ce n'est pas au moment où des zones entières de la planète sont menacées d'une sortie plus ou moins sanglante de l'Histoire universelle, que je vais marchander ma sympathie à ceux qui, même maladroitement, disent ne pas se résigner à cet insupportable état de choses.

Reste que deux ans, justement, ont passé et que le mouvement, loin d'avoir mis à profit ces deux années pour réfléchir, avancer, gagner en maturité, trouver peut-être des réponses aux questions qu'il se posait et se débarrasser, pour cela, de ses idées toutes faites, semble, comme on vient de le voir lors du rassemblement « Larzac 2003 », persévérer au contraire dans ce que son discours et ses pratiques pouvaient avoir de plus inquiétant.

Je passe sur l'étrange manifestation d'intolérance que fut le démontage musclé du stand du PS.

Je passe sur les aspects un peu ridicules de la grand-messe joséboviste : ce collectif d'intermittents invitant les 200 000 présents à s'exercer à « pousser un cri » – sic – « pour que la vie triomphe de l'OMC ».

Car c'est l'essentiel de l'événement, en fait, c'est tout ce Barnum de la contestation où la cause des mal logés côtoyait celle des producteurs de roquefort, et celle des Palestiniens le refus de la société de consommation, qui a choisi de se placer sous le signe de l'infantilisme politique, de la démagogie populiste la plus débridée et, en guise de main tendue aux déshérités de la planète, d'un narcissisme communautaire qui, parfois, frisa l'obscène.

Un exemple : le millier de militants qui, en une sorte de cérémonie mimétique censée reproduire, je suppose, la geste des grands manifestes de l'époque 121 et compagnie, vinrent avouer, la mine grave, qu'ils avaient « signé un engagement » pour

« participer à des destructions de plants transgéniques ».

Un autre : José Bové qui, tout en prétendant, main sur le cœur, n'avoir aucune espèce d'ambition politicienne, reprenait les plus vieux trucs de la rhétorique syndicale la plus éculée pour prédire au gouvernement « un septembre, non pas chaud, mais brûlant ».

Un troisième : cet orateur qui, à en croire les comptes rendus de presse, confondait, comme au sombre temps de la gauche totalitaire et de sa politique du pire, la cause de la révolution avec celle de la paralysie pure et simple de toutes les tentatives visant à réformer la société française.

Les altermondialistes, en réalité, sont plus que jamais à la croisée des chemins.

Ou bien ils consentent à entrer dans la complexité du monde ; ils acceptent d'entendre que l'OMC, loin d'être, comme le veulent les plus ignorants de leurs leaders, le centre d'on ne sait quel complot, est l'un des rares lieux où, au contraire, peuvent être, et sont, contestées les décisions des pays les plus riches du monde ; ils font pression, en d'autres termes, pour que soient concrètement mises en œuvre quelques-unes des réformes capables de réduire le fossé de misère et de sang qui sépare les nations nanties du Nord des trous noirs de l'hémisphère Sud – et au lieu, comme Bové, d'appeler la grande armée des intermittents d'une lutte des classes de plus en plus spectaculaire à occuper la rue pour, le 6 septembre prochain, faire échouer le sommet de Cancun, ils se souviennent, par exemple, que le principe si essentiel du primat de la santé sur le commerce (donc de la diffusion gratuite des génériques) a déjà été affirmé par l'OMC, qu'il en sera de nouveau question à Cancun et que le vrai combat, notre combat à tous, devrait être, au lieu de saboter la rencontre, de tout faire pour que, justement, elle réussisse.

Ou bien ils continuent de psalmodier leur haine d'un « libéralisme » devenu, à les en croire, le visage même de la barbarie ; ils refusent toujours de voir que ce libéralisme qu'ils exècrent, avant d'être l'autre nom de la dictature des marchés, est le principe même de l'Etat de droit, du pluralisme politique, de la liberté de croyance et de critique, des droits de l'homme ; ils persistent à croire, ou à faire semblant de croire, que les vrais ennemis du genre humain s'appellent, non Saddam Hussein, ou Charles Taylor, ou Fidel Castro, mais Tocqueville et Montesquieu ; et alors, non contents de ne rien faire en faveur de ces peuples du Sud dont ils se prétendent les hérauts et qui ne seront bons qu'à leur fournir des slogans avantageux, ils renoueront, je le répète, avec cette politique du pire qui a toujours fini par être celle des temps obscurs de la gauche européenne et ils ne serviront, pour l'heure, qu'à accélérer encore un peu plus la décomposition du politique et la montée des extrémismes qui va toujours avec.

15 août 2003.

Le Laclos de Dayan. Le Cocteau de Claude Arnaud.

L'événement télé de la rentrée, ce sera, à n'en pas douter, l'adaptation par Josée Dayan, sur TF1, des « Liaisons dangereuses » de Laclos. Il fallait bien de l'audace pour, après Stephen Frears, Milos

Forman et même Vadim, se lancer dans une nouvelle écriture de cette « planche d'anatomie sociale » qui n'en finit pas, depuis deux siècles, de sidérer ses lecteurs. Mais l'as de la fiction populaire de qualité, la réalisatrice qui a su filmer Depardieu en Balzac ou Moreau en Duras comme ils ne l'avaient, l'un comme l'autre, plus été depuis longtemps, a pleinement gagné son pari et l'on ne sait ce qu'il faut le plus admirer, dans ces quatre heures, de la beauté de Deneuve, de l'âpre noirceur de Rupert Everett en Valmont, de la folie douce, puis tragique, d'une Nastassja Kinski inoubliable en Mme de Tourvel, de la musique « out of joint » d'Angelo Badalamenti, des ombres ou des faux jours de la lumière, des huis clos, des grands espaces ou de la splendeur inspirée des paysages irlandais où Dayan et son scénariste ont eu l'heureuse idée de dépayser un dénouement qui n'est pas plus étrange, après tout, que ne l'était celui du livre lui-même : souvenons-nous de Grimm et de La Harpe hurlant à l'invraisemblance « moliéresque », à l'« artifice », de la fin voulue par l'auteur ! On savait la caméra de Dayan généreuse. On connaissait son art d'aller, sous le masque des stars les plus filmées du monde, retrouver un visage inédit. On la découvre ici en lectrice hors pair d'un des livres les plus énigmatiques de la littérature européenne. Jusqu'au fond même de l'affaire, jusqu'à la signification morale et même politique de la fable que le point de vue adopté rend, me semble-t-il, avec une fidélité que seuls rendent possible les palimpsestes réussis : jamais comme dans les dernières scènes irlandaises je n'avais si bien compris, par exemple, ce que l'écrivain artilleur voulait dire quand il protestait qu'il était un disciple, non de

Voltaire, mais de Rousseau ; jamais, comme dans le duel final de Valmont et Danceny, je n'avais pris la mesure de ce « rousseauisme noir » dont il se réclamait et qui lui faisait dire, à la surprise générale, qu'il n'avait rien fait, dans son propre livre, que récrire « La nouvelle Héloïse » : et, quant à la supposée froideur de Rupert Everett, quant à cette raideur, cette sensualité sèche, ce côté hybride glacé et un peu mécanique, qui semblent avoir gêné quelques-uns des commentateurs qui se sont déjà exprimés sur le sujet, n'est-ce pas impeccable fidélité, là aussi, à un personnage dont Laclos lui-même nous dit que tout le secret tient à ce qu'il n'a justement – c'est la Merteuil qui parle – « pas le génie de son état » ?

Quelle belle idée a eue Claude Arnaud de consacrer cette biographie au plus mal aimé, au plus diffamé, au plus persécuté, des écrivains du XXe siècle – je veux parler de Jean Cocteau ! On connaît la phrase fameuse : « les autres, on les envisage, moi on me dévisage ». On connaît moins le véritable harcèlement dont fut l'objet, de la part de ses contemporains, l'auteur du « Sang d'un poète ». On a oublié les insultes dont il fut abreuvé dans La Révolution surréaliste et ailleurs. On a oublié Breton (« l'être le plus haïssable de ce temps ») ou Eluard (« nous parviendrons bien à l'abattre comme une bête puante »). On a oublié les tabassages, oui, vraiment les tabassages organisés, au terme de courses-poursuites dans les rues du Paris des années 30, par la meute des homophobes adeptes de l'« amour fou ». On a oublié que cet amateur de cinéma et de théâtre aura passé la moitié de sa vie à quitter la salle avant la fin car il savait que René Char l'attendait, à la sortie, pour le cogner et on a oublié la méconnaissance pathétique dont il continua d'être accablé, dans les années 50 encore, de la part de ceux – Picasso, Aragon – dont il cherchait, lui, si éperdument, si naïvement, l'amitié. Claude Arnaud, donc, rappelle tout cela. De même qu'il rappelle le très grand écrivain qu'il fut, et l'inventeur du cinéma moderne, et le touche-à-tout de génie tenant les divers genres – cinéma donc, roman, mais aussi théâtre, poésie, journalisme, dessin – comme autant de relais, ou de taxis qu'il faudrait emprunter puis quitter, pour continuer en quelque sorte la route et l'aventure. Caméléonisme ? Histrionisme ? Risque, en s'essayant à tout, de n'exceller en rien ? Et une œuvre qui, à l'arrivée, serait cannibalisée par son auteur, dévorée par l'ombre qu'il lui faisait – ainsi que, plus grave encore, par l'insoutenable diversité qui la faisait aller de « Thomas l'imposteur » aux « Dessins d'un dormeur », aux « Entretiens sur le musée de Dresde » avec Aragon ou à un chandail pour Chanel ? Il y a de cela, c'est sûr. Il y a ce « grand écart » qui, aujourd'hui encore, quarante ans après sa mort, contribue à son discrédit. Sauf qu'il n'est pas plus grand, l'écart, que celui qui sépare les hétéronymes de Pessoa. Ni que celui de Gary inventant Emile Ajar. Et sauf que c'est en lui et autour de lui qu'il organisa, lui, ce terrible ballet des doubles. Plusieurs œuvres en une. Voix diverses dans une même langue. Hétéronymie dans un seul visage, sous un seul nom et un unique pavillon. D'autres, ici et ailleurs, le rediront : cet hommage monstre, ce « Pour saluer Jean Cocteau » de huit cents et quelques pages, est l'une des meilleures surprises de cette rentrée.

22 août 2003.

Le « Nuit et brouillard » de Jean Hatzfeld.

Qu'apprend-on dans le nouveau livre que Jean Hatzfeld, grand reporter à Libération, consacre au génocide rwandais de 1994 ?

Son précédent texte, « Dans le nu de la vie » (Seuil), racontait l'histoire des tueries, du point de vue des rescapés.

Dans cette nouvelle série de récits, « Une saison de machettes » (Seuil), ce sont les coupables qui, cette fois, parlent – Hatzfeld, voulant mettre des voix et des visages sur les noms des tueurs évoqués par les survivants, retrouve, au pénitencier de Rilima, dans le sud du pays, une bande de tueurs, déjà condamnés, et ce sont eux, donc, qu'il fait parler.

On apprend que les génocidaires hutus allaient en bande justement, en joyeuses équipes de joyeux copains, se levant aux aurores, festoyant, vidant des bouteilles de mauvais alcool, avant de partir, en chantant, à la chasse au « cancrelat », c'est-à-dire au Tutsi.

On apprend que, comme dans l'Allemagne hitlérienne, comme dans le Cambodge de Pol Pot, comme dans tous les génocides, c'est une folie collective, une ivresse, presque une transe, qui s'est emparée de ces villageois ordinaires, de cet instituteur tranquille, de ce fonctionnaire sans histoire, et qui les ont métamorphosés – ce sont leurs mots – en « animaux » féroces, « lestes en tueries », emportés dans le « brouhaha » d'une barbarie qui leur semble, après coup, « surnaturelle ».

On apprend que la plupart de ces hommes étaient aussi, en même temps, à la façon de ces snipers que l'on voyait s'installer chaque matin, avec leur pliant et leur glacière, sur les collines surplombant Sarajevo, des hommes méthodiques, consciencieux, des bons ouvriers du crime faisant juste leur devoir et allant, comme on va au boulot, dépecer leur contingent de fugitifs, broyer leur lot prescrit de nouveau-nés, enfumer l'église ou la carrière que le chef de colline avait préalablement fait remplir de vivants à éliminer.

On les voit, ces génocidaires, courant dans les marigots, criant, riant, appelant leurs anciens voisins par leurs noms avant de les saigner, pataugeant dans la boue, écartant les feuillages pourrissants sous lesquels une mère et son nourrisson se cachent, on les voit se vautrer dans le massacre, savourer le plaisir de voir et entendre mourir, on les voit violer, torturer, taper dans le tas, s'enivrer du sang qui gicle, piller – et on voit leur effroi « levinassien » quand le hasard d'un face-à-face les oblige à croiser, tout à coup, le regard d'une victime sortie du tas, et debout : mieux vaut cogner, souffle l'un des récitants, Adalbert, sur un rampant en haillons ! immortels, renchérit Pancrace, les yeux de celui qu'on va tuer !

Eternel mélange de banalité et de radicalité du mal.

Eichmann à Kigali, sous la plume d'une Arendt qu'aurait inspirée « l'air de la guerre ».

Avec, tout de même, des variantes, j'allais dire des détails, qui enrichissent le modèle et font aussi le prix du livre. La foi devenue folle de ceux qui, comme Fulgence, tuent en entonnant des psaumes. L'égocentrisme si étrange de ces gens qui, loin, comme les criminels contre l'humanité déjà connus, de s'excuser, de se défausser, de charger de hauts décideurs dont ils n'auraient été que les humbles exécutants, ne semblent préoccupés, dans leurs récits, que de se placer, au contraire, bien au centre de la scène. Ou bien cette autre bizarrerie, plus étrange encore, que j'avais moi-même pointée dans un chapitre de « La pureté dangereuse », et qui fait que nul n'est capable, justement, d'identifier le point de départ, le moment de la décision, voire le responsable de ces douze semaines de carnage insensé : des « encadreurs » bien sûr ; des « intimidateurs » traçant les itinéraires de la journée et organisant les rondes sanglantes ; l'immonde Radio Mille Collines ; tel adjudant du camp militaire de Gako ; tel bourgmestre ; tel parti politique testant, de longue date, ses slogans exterminateurs ; mais pas d'architecte proprement dit, pas de Himmler, nulle part une conférence de Wannsee où, fût-ce dans le secret, la chose eût été décidée ; un génocide sans chef, sans tête, comme acéphale – un génocide de proximité, dit Hatzfeld, dont le régime de propagation ne ressemble à aucun autre et tient davantage, pour le coup, de la logique virale que de celle du crime d'Etat.

Physique de l'extermination.

Un autre « Nuit et brouillard » au pays des machettes et des rivières de sang.

On apprend, dans ce beau livre, deux choses : que la communauté internationale, occupée qu'elle était à ses devoirs de mémoire, a laissé liquider, en douze semaines, 800 000 « juifs » de l'Afrique (efficacité inégalée, note Hatzfeld ! record du monde horaire du génocide !) ; et que l'esprit génocidaire est de tous les temps et de toutes les latitudes (le génocide comme un genre dont le siècle écoulé aurait, d'un continent l'autre, avant et après la Shoah et son inégalé étalon de l'horreur, donné à voir quelques espèces ; l'air du diabolique, son imagination sans limites, sa ressource infinie – où en sommes-nous, au fait, avec le diabolique ? du siècle suivant, qui jurera qu'il a soldé ses comptes, vraiment, avec le Mal ?).

29 août 2003.

C'est la rentrée...

C'est la rentrée où il va falloir que la gauche choisisse entre sa ligne réformiste et libérale ou sa tentation altermondialiste.

C'est la rentrée où il faudra clairement dire que jouer avec l'extrême gauche n'est pas moins grave pour la démocratie que ne l'était, sous Mitterrand, le fait de jouer avec l'extrême droite.

C'est la rentrée où les nationalistes corses – autres adeptes de la volonté de pureté, autres partisans de la politique du pire – vont devoir enfin décider s'ils réclament des Canadair ou s'ils mettent le feu au maquis et aux esprits.

Sera-ce la rentrée de Laurent Fabius (qui sut, sur la question, par exemple, de Cuba, trouver, au printemps dernier, les mots de la refondation) ou celle de François Hollande (par qui, quels que soient ses mérites, la gauche n'est pas près de renouer avec la culture, les réflexes de gouvernement) ?

C'est la rentrée où l'on saura si Canal + existe toujours ou non.

C'est une rentrée où les Goncourt, au lieu, comme cela se murmure, de céder à la pseudo-audace qui ferait sacrer Milan Kundera, s'honoreraient en couronnant un nouveau nouveau roman – un écrivain jeune, traitant subjectivement de la réalité du monde du XXIe siècle et attendant de la fiction, comme le recommandait, d'ailleurs, Kundera lui-même il y a quinze ans, qu'elle soit aussi moyen de connaissance.

C'est une rentrée où l'on a vu, à huit jours d'intervalle, sortir le livre de Frédéric Beigbeder et la transcription des derniers mots, au téléphone, des occupants du World Trade Center – c'est une rentrée où l'on n'échappera pas, autrement dit, à l'éternelle question de savoir si c'est l'art qui s'inspire du réel ou le réel qui, au contraire, imite l'art.

C'est la rentrée où un vrai intellectuel, Régis Debray (j'ai beau être en désaccord avec lui, Debray est, à l'évidence, un intellectuel de grand talent), signe un livre avec un nigaud (Jean Bricmont, l'homme de Sokal et Bricmont, les duettistes qui, voilà dix ou vingt ans, instruisirent un procès en « intellectualisme » qui visait à peu près tout ce que la seconde moitié du XXe siècle, en France, avait produit de philosophie).

C'est une rentrée Gauguin – c'est le moment où les gens qui, comme moi, n'ont pas une passion pour Gauguin vont pouvoir au moins vérifier s'il est à la hauteur du personnage de Vargas Llosa.

C'est la rentrée où l'on comprend, grâce au livre d'un académicien, que c'est, tout compte fait, Chateaubriand qui, plus que Barrès, plus que Zola, plus que Gide, Drieu la Rochelle ou Malraux, a posé les termes de l'équation qui règle les relations, en France, de l'écrivain et de la politique : l'écrivain, politique manqué ; le sentiment, chez les politiques, d'un destin littéraire avorté ; entre les deux, une gémellité sourde, nostalgique, douloureuse, inavouée.

C'est une rentrée où une jeune femme, du fond des jungles colombiennes, nous donne une admirable leçon de courage et de dignité : reste à percer le mystère de ce message qu'elle nous adresse, n'en doutons pas, avec l'assentiment de ses geôliers et où elle en appelle, étrangement, à une opération militaire contre ces derniers.

C'est la rentrée la plus triste, la plus désespérante qu'aient vécue, depuis longtemps, les Israéliens et les amis d'Israël : il faudra lire, dans cette perspective, et nonobstant les désaccords qui, sur d'autres points, ont pu et pourront nous opposer, le livre que Finkielkraut, me dit-on, consacre aux nouvelles formes de l'antisémitisme en France et dans le monde.

C'est une rentrée marquée au sceau, en Angleterre, d'un formidable gâchis politique : parti pour être un nouveau Churchill, Blair n'est plus qu'une sorte de « Bliar », de « menteur » conspué par sa presse et son opinion.

C'est la rentrée des classes, donc des profs et de leur ministre : à quoi joue le Premier ministre avec son ministre de l'Education ? croit-il qu'il pourra, longtemps encore, le maintenir dans cette position d'illégitimité, d'inconfort – Ferry en Tex Avery continuant de pédaler lors même qu'on lui a, sous les pieds, retiré le sol où il se tenait ?

C'est la rentrée où, avec un peu de chance, les Californiens s'apercevront que la politique n'est pas du cinéma.

C'est une rentrée où, j'en fais le pari, un écrivain s'emparera de ce terrible et troublant fait divers que fut la mort de Marie Trintignant : Vilnius, par exemple... raconter, véritablement, Vilnius... rappeler que Vilnius fut l'un des très hauts lieux, en Europe, de la science, de l'érudition rabbiniques... s'aviser de cette ironie du sort qui fait que c'est là, donc, à Vilnius, que croupit un artiste dont on se rappelle les choix politiques et que l'on a entendu, à Damas, à Beyrouth, ou dans son soutien sans nuances aux dérapages de José Bové à Ramallah, tenir sur le « sionisme » des propos pour le moins surprenants...

La France entière, au printemps dernier, défilait pour ses retraites. La même France, un mois plus tard, laissait mourir ses vieux. Est-ce la rentrée où l'on s'apercevra que la retraite est, au fond, une histoire de jeunistes attardés ?

5 septembre 2003.

La descente de police du commissaire Birenbaum.

Ce n'est pas un livre, c'est une rafle. Et il y a dans cette rafle, dans ce ballet de puissants convoqués, en trois cents pages bâclées, à la barre d'on ne sait quelle Haute Cour de la vertu, il y a dans « Nos délits d'initiés » que viennent de publier, sous la signature de Guy Birenbaum, les éditions Stock et où l'on est supposé tout nous dire des grands et petits secrets de nos élites, un geste qui me semble inédit.

Tout y passe.
L'enfant caché du président.
La vie sexuelle de la journaliste.

Une sombre histoire de partouze évoquée par un hebdomadaire auquel on fait reproche de ne pas avoir donné le nom du notable qui y participait.

La page hallucinante où, après avoir évoqué quelques explications possibles du suicide, en 1993, du « mari de Claude Chirac », l'auteur ose faire état de cette « assurance » pleine de sous-entendus : Philippe Habert a « surtout eu le tort » de s'opposer politiquement à Jacques Chirac – il « a commis l'erreur de sortir de son rôle de Monsieur Gendre ».

Et l'on ne sait ce qui horrifie le plus dans ces pages, du parfum de délation qu'elles dégagent, du mélange qu'elles opèrent entre rumeurs et informations, des ravages qu'elles provoqueront dans les familles et les entourages, ou des arguments dont on croit devoir se targuer pour opérer ce « mani pulite » des alcôves.

Le droit des citoyens à être informés des forfaitures commises par les puissants ? C'est un droit, en effet. Mais c'est une saloperie de mettre sur le même plan notre droit à tout savoir d'un détournement de fonds publics et d'une liaison clandestine entre tel chef de parti et son attachée parlementaire.

L'idée selon laquelle les vices privés seraient la clé des fautes et des vices publics ? C'est un parfait sophisme, là, en revanche. C'est le type même de la symétrie en trompe-l'œil et, donc, c'est un sophisme. Sans compter que ce fut, en d'autres temps, le maître mot des salopards qui, dans Gringoire ou L'Humanité, jetaient sur la place publique les supposés vices privés de Blum, Jules Moch ou Georges Mandel.

Notre droit, à nous, citoyens, d'avoir toutes les cartes en main lorsque nous voyons une jolie journaliste interviewer un ministre à la télé – notre droit, autrement dit, à savoir que ces deux-là, derrière l'écran, coucheraient ensemble ? Le sophisme, là, confine à l'ignoble ; et l'on est presque gêné d'avoir à rappeler à notre corbeau que nous n'avons, justement, aucune espèce de droit en ces matières et que seuls comptent le métier, la conscience, la déontologie de l'intervieweuse – en l'espèce incontestés.

Et quant à l'argument selon lequel cette campagne de purification éthique servirait les nobles buts de la résistance au lepénisme, quant à la façon qu'a l'auteur de nous raconter qu'un lepéniste est toujours, et d'abord, quelqu'un qu'a rendu fou le sentiment d'une omerta généralisée chez ceux d'en haut et qu'il convient, par conséquent, de briser cette omerta, il est clair que l'on ne fait là qu'entériner la paranoïa, donc l'analyse, donc la vision du monde, dudit lepéniste et qu'en se donnant des raisons nobles de taper bas l'on ne peut que précipiter encore un peu plus la décomposition ambiante.

Non.

Face à cette opération de police des mœurs, face à cette page où, par exemple, on dénonce la supposée cocaïnomanie de tels caciques de la télé en des termes qui pourraient éveiller la curiosité de la Brigade des stups, face à ce grand déballage nauséabond et persécuteur, il faut réaffirmer quelques principes très simples.

Le droit au secret, d'abord – le droit, pour chacun, y compris les cocaïnomanes, les maris infidèles, les « éléphants socialistes » qui « se déchirent après s'être tant aimés », à une inaliénable part d'ombre.

Le droit à la vie privée – l'imprescriptible droit, pour chacun, y compris les tartufes, de soustraire à la meute des fouilleurs de placards professionnels ce noyau d'intimité qu'on voudrait nous rendre aussi condamnable qu'une fraude fiscale, une escroquerie ou un trafic d'armes.

Le droit à la contradiction – le célèbre droit, que réclamait Baudelaire, de s'en aller (ce qu'un nombre grandissant d'hommes publics feront si doit continuer ce jeu de massacre) et de se contredire (d'être complexe et compliqué, de penser une chose et son contraire, d'être un autre en même temps que soi, de ne pas être toujours impeccablement fidèle au programme que l'on défend).

Le danger de la pureté ou, cela revient au même, d'une dictature de la transparence dont on a encore vu les ravages lors du psychodrame puritain de l'affaire Clinton-Lewinsky – le cauchemar d'une société de l'aveu, de l'outing permanent et, au fond, de proche en proche, au-delà même des hommes et femmes politiques, de la surveillance de tous par tous.

L'importance, en un mot, de cette autre « exception française » qui nous a retenus, jusqu'ici, sur la pente du journalisme de caniveau et dont la défense ne saurait se dissocier de celle de l'esprit démocratique : gare à ces néo-inquisiteurs, ces mouchards, dont la prétention à la vérité ne fait que creuser le lit d'un type nouveau d'asservissement.

12 septembre 2003.

Le Castro de Raffy. Un tombeau pour Massoud. Les éternels méfaits du progressisme. Exercice de futurologie appliquée. Négocier avec le Hamas ? Les enragés de François Armanet.

Echec de Cancun. Agonie de l'OMC. S'en féliciter ? Non, bien sûr. On ne répétera jamais assez que l'OMC, malgré ses défauts, est l'une des rares instances où les pays les plus puissants consentent à autolimiter leur pouvoir. Dernière limite avant la loi de la jungle. Ultime parapet avant la plongée dans le rapport de forces nu. L'alter des altermondialistes, ce n'est pas la justice, c'est l'enfer.

L'un des chapitres les plus forts de la biographie de Castro par Serge Raffy (Fayard) : la disgrâce, la chute, puis l'exécution d'Arnaldo Ochoa, ce héros de la révolution dont le seul crime fut de pressentir avant tout le monde la folie du Lider Maximo. L'une des scènes les plus saisissantes du chapitre : l'auteur de « Cent ans de solitude », Gabriel Garcia Marquez, assistant, derrière une glace sans tain, au côté de Fidel lui-même, aux grands moments de ce procès de Moscou tropical, puis, peut-être, à l'exécution – voyeurisme littéraire ? cynisme ? étrange figure du romancier allant, jusque dans la bouche du diable, prélever son épice et ses mots...

Conversation avec un ami suédois, désespéré par les résultats du référendum sur l'euro. L'argument le plus efficace, me dit-il, des partisans du non fut : quid de l'Europe à l'heure de Schröder et Raffarin ? pourquoi entrer dans un club dont les membres fondateurs sont les premiers à bafouer les règles ? comment désirer, simplement désirer, une construction politique que ses promoteurs eux-mêmes traitent comme un « machin » miné par sa propre bureaucratie ? Navrant mais imparable.

Deux ans déjà. Deux ans qu'a disparu, comme en prologue au 11 septembre, le légendaire Ahmad Shah Massoud, condottiere et guerrier de la paix, adversaire des talibans et incarnation de l'islam modéré. Un livre, aujourd'hui, lui rend hommage. Ecrit par la porte-parole des amis de la résistance afghane en France, Hélène Surgers, ainsi que par Mehrabodin Masstan, l'homme qui fut, vingt ans durant, l'un des plus proches compagnons du commandant, ce livre est à la fois biographie, portrait croisé, bloc de mémoire vive, tombeau. A lire toutes affaires cessantes (« Massoud au cœur », Le Rocher).

Tout le raisonnement de Raffarin tient, au fond, à la triple conviction : que la reprise américaine a commencé ; qu'elle ne pourra, des Etats-Unis, que gagner mécaniquement l'Europe ; que peu importent, donc, les déficits, les équilibres, les règles communautaires, quand toute l'astuce sera de se laisser, le moment venu, cueillir par la bonne vague. Naïveté de l'économisme, auraient dit mes maîtres d'autrefois. Effet pervers de l'optimisme dans sa version, non socialiste, mais libérale. Allez, allez donc, laissez faire et laissez aller, il n'en sortira que le meilleur : autre version du progressisme.

Conte philosophique ? Fable politique ? Polar ? Science-fiction ? Détournement ironique des rêveries raéliennes postmodernes ? Roman sur le fanatisme et ses carnages ? Le livre d'Anouar Benmalek, « Ce jour viendra » (Pauvert), est tout cela à la fois. Il nous parle, dans le même souffle, de l'Algérie des GIA et des effroyables perspectives offertes par la science du vivant. Et il y a dans ces cinq cents pages, il y a dans l'histoire de cet enfant témoin du meurtre de sa mère par un commando d'islamistes puis victime d'un accident qui lui détruit la moitié du cerveau, l'un des tons les plus étranges, les plus originaux de cette rentrée. Biophysique et métaphysique. Futurologie appliquée. La mort et son clone. « Ce jour viendra » – ou comment l'espèce humaine est en train de se détacher de l'humanité.

Ce n'est pas encore une thèse. Mais c'est une question que l'on entend de plus en plus souvent, non seulement dans les chancelleries, mais en Israël même. Et s'il fallait négocier avec le Hamas ? Et si l'erreur était, depuis le début, d'avoir exclu du champ de la discussion les organisations palestiniennes les plus extrémistes ? Et si, d'une façon générale, l'on sortait mieux des guerres en parlant avec les plus radicaux qu'avec les plus modérés ? Pourquoi, en d'autres termes, s'entendre avec Ferhat Abbas quand on sait que, tôt ou tard, on se trouvera en face de Boumediene ? L'argument, sous des dehors raisonnables, est terriblement spécieux et il pourrait, à terme, s'avérer tragique. J'y reviendrai.

Sur ce que fut, en vérité, la saga du gauchisme français dans sa version, notamment, maoïste, nous avions eu le « Tigre en papier » d'Olivier Rolin. Voici, un an plus tard, « Enragé », de François Armanet qui a, entre autres mérites, celui d'illustrer mieux que jamais la double polarité de l'aventure : gravité et frivolité mêlées, la volonté de casser en deux l'Histoire du monde déclinée sur un mode qui, parfois, tient plus des « Pieds Nickelés » que des « Possédés »... A lire, à nouveau. A lire pour conjurer le double cliché – héroïsation, diabolisation... – qui encombre, ces jours-ci, notre représentation des années 68.

19 septembre 2003.

New York, New York.

Deux fois huit jours à New York pour cause de sortie de livre. Je vois des journalistes, des intellectuels, des politiques en pagaille, des amis. Or la première chose qui me frappe, c'est que personne, je dis bien personne, ne me parle du 11 septembre – Ground Zero est toujours là, plaie béante au bas de la ville, mais deux ans se sont écoulés et tout se passe comme si ce traumatisme énorme, censé avoir précipité l'Amérique dans une époque nouvelle, appartenait déjà à l'Histoire. Alors, quoi ? Refoulement ? Occultation ? Le dynamisme légendaire qui fait que les New-Yorkais, comme d'habitude, vont de l'avant, tournent la page ? Amnésie ? Déplacement, quasi freudien, en direction de la scène irakienne ? Je n'ai pas d'explication.

Chirac est en ville et les journalistes ne me parlent que de cela : que veut, réellement, la France ? est-elle, de partenaire, devenue ennemie ? quel est le secret de Villepin, cet étrange personnage qui n'en finit visiblement pas de les intriguer ? A la fin de la journée, sur Fox News, la chaîne de Rupert Murdoch, où l'on me demande pour la énième fois, sur le ton jugulaire-jugulaire du colonel de « Full Metal Jacket », si la France est « un élément de la solution ou du problème », je ne peux m'empêcher de lâcher : « je viens juste d'entendre, depuis la cabine de maquillage, la charge inouïe de violence du sénateur Ted Kennedy contre votre gouvernement ; êtes-vous sûr, vraiment, que Bush n'ait pas de pire ennemi que le président français ? »

Car pourquoi, après tout, cette fixation sur la France ? Pourquoi pas l'Allemagne, par exemple, dont l'Amérique pourrait légitimement estimer qu'elle l'a portée à bout de bras pendant quarante ans, dont la « trahison » devrait lui être, de ce fait, bien plus choquante encore et dont il n'est, pourtant, jamais question ? J'interroge Christopher Hitchens, intellectuel libéral, voire gauchiste, converti au néoconservatisme et auteur de quelques articles sur une France transformée en « proxénète abject de Saddam ». Je m'aperçois, en l'écoutant, que la clé, c'est, comme toujours, le rendez-vous manqué, la déception, la proximité paradoxale, l'amour déçu : les intellectuels américains n'attendent rien, dans le fond, de l'Allemagne, alors que la France reste, quoi qu'ils en disent, l'un des rares pays au monde dont ils attendent encore quelque chose – haine amourée de l'Amérique pour la France et, bien entendu, vice versa.

Rencontre avec George Will, commentateur vedette à ABC, chroniqueur pour le Washington Post ainsi que pour un « syndicat » d'une bonne centaine d'autres journaux dispersés dans tout le pays, conférencier, essayiste à succès, j'en passe : ce ténor de l'intelligentsia néoconservatrice est à la tête, me dit-on, d'une PME idéologique ; il aurait une armée de nègres chargés de lui préparer discours, brouillons d'articles, formules ; il a un emploi du temps de ministre, un bataillon de secrétaires digne de Kissinger, un cabinet ; c'est l'archétype, en un mot, de ces journalistes d'institution – William Safire, Charles Krauthammer – dont nous n'avons, en Europe, pas de véritable équivalent. Au physique, un air de grand vertueux, tonnant contre la dépravation de l'ère Clinton. Au politique : la haine, encore, de cette France où l'on défile contre George Bush en Nike et tee-shirts made in USA.

John MacArthur, directeur du Harper's Magazine,

le mensuel intello new-yorkais, est, lui, de l'autre bord. Parle français. Pense européen. Fier de publier des textes de Baudrillard, Debray ou Sloterdijk. Ne vous méprenez pas, me dit-il. La colère anti-Bush monte. Pas sur la guerre elle-même, non. Pas sur le nouveau Vietnam, les boys tués tous les jours, etc. Mais sur le mensonge. Juste le mensonge. N'oubliez pas que mentir est, dans ce pays, l'un des crimes politiques les plus impardonnables. Clinton a frisé l'impeachment pour avoir menti sur une misérable affaire de sexe – difficile d'imaginer que son successeur puisse se tirer de son mensonge sur les armes de destruction massive de Saddam. Une campagne d'impeachment pour Bush ? Guetter la prochaine livraison du Harper's...

Car c'est une autre illusion d'optique européenne. Ce que les libéraux américains reprochent au gouvernement, ce n'est pas la guerre elle-même. Aucun de ceux que j'ai croisés – pêle-mêle : les écrivains Doctorow ou Safran Foer, les grandes prêtresses de la branchitude new-yorkaise Diane von Furstenberg et Tina Brown, le columnist du New Yorker Adam Gopnick... – ne m'a fait le coup de l'Amérique impérialiste, prédatrice, etc. Aucun ne tombe dans les pièges et clichés de l'altermondialisme européen. Non. Le problème, de leur point de vue, ce serait plutôt les risques de régression sociale, les menaces sur la santé, l'éducation, le Welfare State, la montée du néofondamentalisme chrétien, la peine de mort. Pour ceux-là, la cause est entendue : Bush, avant d'être un danger pour le monde, est un danger pour son propre pays.

Dernière déambulation dans Manhattan. « L'étrange douceur lasse que prennent les visages, à New York, quand les premières lampes s'allument dans Broadway. » Sartre, « Situations III ».

3 octobre 2003.

Tariq Ramadan et les altermondialistes.

Voici quelques jours que circule sur le Net, dans le cadre des listes de discussion préparant le Forum social européen qui doit se tenir à Paris et Saint-Denis, du 12 au 15 novembre prochain – dans le cadre, autrement dit, des espaces de libre débat de la grande mouvance altermondialiste –, un texte sidérant de M. Tariq Ramadan, cet imam genevois devenu, depuis quelques années, l'un des porte-parole des courants les plus durs de l'islam européen.

On y apprend par exemple que les intellectuels français – Bernard Kouchner, André Glucksmann, Pascal Bruckner – qui ont soutenu la guerre américaine en Irak ne l'ont fait qu'en fonction des « intérêts israéliens ».

On y découvre que l'écrivain et éditorialiste Alexandre Adler, dont les lecteurs du Monde et, aujourd'hui, du Figaro connaissent l'indépendance d'esprit, ne pense et n'écrit qu'en fonction de la seule grille de lecture de « son attachement à Israël ».

On y découvre que l'historien du racisme Pierre-André Taguieff, qui se trouve – on rougit d'avoir à le préciser – n'être pas juif, est représentatif, avec Alain Finkielkraut, d'un groupe d'« intellectuels juifs » que l'on avait « jusqu'alors considérés comme des penseurs universalistes » et dont les « analyses » seraient « de plus en plus orientées » par le souci « communautaire juif ».

Et, quant à moi, j'ai la stupeur de lire, dans ce texte toujours, que ma récente « campagne contre le Pakistan », qui semblait à M. Ramadan « comme sortie de nulle part et presque anachronique », trouve sa vraie signification lorsque l'on prend la peine de la « rapprocher » de la « visite historique » d'Ariel Sharon en Inde, pays ennemi du Pakistan – j'ai la stupeur de voir une année d'enquête sur la mort de Daniel Pearl, ce martyr de la liberté de la presse égorgé par un commando de fous de Dieu, réduite au rang de simple marchepied d'une opération diplomatique préparée de longue date par le chef d'un gouvernement dont je n'ai cessé de dire, ici et ailleurs, tout ce qui me sépare.

Je passe sur l'infamie de ces propositions qui, sous couvert d'une attaque en règle contre l'esprit communautaire, ne font que ressusciter le bon vieux thème du complot juif : Lévy et Adler en ambassadeurs occultes de Sharon – le Protocole des Sages de Sion n'est pas loin.

Je passe sur le cas de M. Ramadan lui-même, cet intellectuel habile, formé à l'école des Frères musulmans, mais qui avait toujours su, jusqu'ici, dans son expression exotérique et publique, offrir une façade lisse, convenable : avec ce texte, il met bas le masque, il se déshonore.

Le vrai problème, c'est le lieu où cet article, après avoir été refusé par la plupart des grands quotidiens nationaux, a fini par atterrir – le problème, c'est l'attitude de ces altermondialistes qui hébergent, qu'on le veuille ou non, un texte nauséabond sans l'avoir, à l'heure où j'écris, en aucune façon désavoué.

Réflexe libertaire de gens croyant, comme au bon vieux temps, qu'il est interdit d'interdire ?

Statut hybride de ces sites de libre parole qui, ne sollicitant pas leurs contributions, n'auraient pas non plus de raison de les dénoncer ?

Ou bien désir, vieux, lui, comme l'extrême gauche, de ne pas se couper d'une base – en l'occurrence « les banlieues » – qui verrait dans Ramadan l'un de ses porte-drapeaux ?

Toutes les explications sont possibles.

Mais aucune, cela doit être dit, ne rend ce silence acceptable.

Aucune raison au monde, aucun calcul d'aucune sorte ne saurait faire oublier que des déclarations comme celles-là ne sont pas des opinions mais des appels à la haine, des délits.

Je ne suis pas toujours d'accord, loin s'en faut, avec MM. Gresh, Cassen ou Bové. Mais je respecte leur combat. Je reconnais, malgré les différends, leur honnêteté intellectuelle et morale. Qu'ils puissent, sous prétexte de ne pas désespérer le nouveau Billancourt islamiste, cautionner des propos pareils, qu'ils puissent, par ruse ou manœuvre tactique, laisser un seul instant penser à ceux qui les écoutent que l'antisémitisme est une manière comme une autre de dire sa révolte politique, voilà qui serait désastreux, non seulement pour eux, mais pour nous tous.

M. Ramadan, chers amis altermondialistes, n'est pas, ne peut pas être, des vôtres.

L'antisémitisme, cher Gresh, cher Bové, n'est pas, ne peut pas redevenir, ce socialisme des imbéciles qui a coûté si cher, vous le savez comme moi, à nos aînés.

Nous pouvons, c'est parfaitement normal, n'avoir pas toujours le même avis sur telle ou telle question brûlante. Mais il y a une catégorie d'énoncés qui, pour chacun d'entre nous, doivent absolument marquer le seuil de l'intolérable : c'est le cas des énoncés racistes (raison pour laquelle j'avais, de mon côté, immédiatement stigmatisé le livre d'Oriana Fallaci) ; mais c'est le cas, au moins autant, des énoncés antisémites (et c'est pourquoi je vous adjure de prendre vos distances, très vite, avec un personnage qui, en accréditant l'idée d'une conspiration des élites aux ordres du sionisme, ne fait que jeter le feu dans les esprits et ouvrir la voie au pire).

Il y va de votre probité.

Il y va de nos valeurs démocratiques partagées.

10 octobre 2003.

La feuille de route Beilin-Rabbo. François Mitterrand vu par Nicole Avril. Il s'appelait Philippe Grumbach.

C'est l'information la plus sensationnelle de la semaine. Un plan de paix israélo-palestinien vient d'être rendu public, à Genève, par deux groupes de personnalités des deux bords. Il prévoit, ce plan, la reconnaissance par Israël du droit des Palestiniens à un Etat viable et la reconnaissance par les Palestiniens d'Israël comme patrie légitime du peuple juif. Il recommande l'évacuation par les uns des colonies et la renonciation par les autres au droit au retour. Il montre qu'il n'y a pas un point de crise ou de conflit qui ne soit justiciable d'une solution de compromis où chacune des parties aurait, comme dans un pari pascalien, plus à gagner qu'à perdre. Bref, c'est le premier plan de bon sens dont j'aie connaissance depuis trente ans – c'est le premier texte qui montre de manière irréfutable que la paix est possible, qu'elle est même à portée de main et qu'il suffirait, pour la faire, d'un peu d'imagination et de courage. Il n'a qu'un défaut, bien sûr, ce document, qui est de n'être signé ni par Arafat ni par Sharon. Mais il est l'œuvre d'un groupe de personnalités qui ne sont, pour autant, nullement marginales dans leurs sociétés civiles respectives : côté israélien, l'artisan des accords d'Oslo Yossi Beilin, les députés Amram Mitzna et Avraham Burg, Amos Oz, ainsi que l'ancien chef d'état-major de Tsahal, Amnon Lipkin-Shahak ; côté palestinien, les anciens ministres Nabil Kassis et Hisham Abdal-Raziq, deux chefs des Tanzim, l'ex-porte-parole de l'Autorité palestinienne Yasser Abed Rabbo. Bref, un plan crédible. Un plan sérieux. Un plan dont toutes les chancelleries, toutes les organisations juives, tous les intellectuels arabes modérés seraient bien inspirés de s'emparer. Pourquoi pas, à Paris, une Conférence internationale qui aurait pour ordre du jour l'examen, la discussion, l'amendement, de la feuille de route Beilin-Rabbo ?

Tombé, dans le livre que vient de publier Nicole Avril (« Le regard de la grenouille », Plon), sur un portrait de François Mitterrand où je retrouve, en quelques pages, la clé de ce qui fut l'un des vrais mystères, à mes yeux, de la personnalité de l'ex-président. La scène se passe à Rambouillet. Le président vient de lire l'un de ses romans. Il l'invite à déjeuner. La presse de questions, comme il faisait souvent avec les écrivains, sur la part, dans son récit, de la réalité et de la fiction. Il lui demande ses clés. Exige ses secrets de fabrication. Il a perdu, dit-elle, son « regard carnivore » d'autrefois. Mais il y a dans sa façon de lui demander si telle anecdote est vraie ou non, si le père de la narratrice fut bien, dans la vie réelle, cet inventeur du verlan avant la lettre nommant « jibou », pour la dédramatiser, la maladie de son « bijou », il y a dans la gourmandise impérieuse avec laquelle il revient inlassablement sur son mystère à elle et dans sa façon de la convaincre qu'elle est, à cet instant, la plus impénétrable et passionnante des créatures, il y a dans cet art de pianoter sur le clavier des vanités une force de séduction plus vive que jamais. Mitterrand Casanova. Mitterrand Don Giovanni. Mitterrand en romancier des vivants donnant à chacun, et chacune, la certitude d'être un personnage de roman.

Il s'appelait Philippe Grumbach. C'était mon ami. Mais c'était, surtout, l'un de ces grands journalistes à l'ancienne qui ont imprimé à la presse française le meilleur de son style d'aujourd'hui. Il était drôle et courageux. Un jugement infaillible sur les grands événements politiques. Un tempérament d'homme libre. Une culture shakespearienne au service d'une curiosité sans faille devant les incohérences d'une époque qui, pour n'être plus tout à fait la sienne, le divertissait par sa vulgarité pittoresque. Avec ses costumes impeccables et ses manières presque anglaises, avec sa voix bien timbrée qui semblait vouloir mettre de la distance jusqu'entre les syllabes, avec son insolence et ses éclats, ses impatiences et ses outrances, il aura eu, jusqu'au bout, cette allure de grand seigneur méchant homme qui masquait mal une générosité sans limites. Au Figaro, dont il dirigea la rédaction, il se fâcha avec Robert Hersant. A L'Express, dont il fut longtemps l'âme, aux côtés de Françoise Giroud et de Jean-Jacques Servan-Schreiber, il ne tarda pas à se brouiller avec Jimmy Goldsmith. A la fin de sa vie, ce grand insomniaque qui s'est nourri jusqu'à la toute dernière extrémité de dépêches et de journaux, aimait dire, par facétie, qu'il ne présidait plus, depuis son lit de douleur, qu'un fantomatique BOUM (Bureau d'observation universelle des médias) qui restait pour Nicole Wisniak, sa femme, et pour quelques-uns de ses amis, une source inépuisable d'informations et de points de vue. Tel était Philippe qui, aux maîtres du jour, préféra toujours Churchill, son demi-dieu. Tel était cet intraitable qui passait pour mauvais coucheur alors qu'il était juste aussi exigeant envers les autres qu'envers lui-même. Il manquera longtemps à ceux qui eurent le privilège de le connaître. Et à un type de journalisme qui vient de perdre, avec lui, un peu de son panache.

17 octobre 2003.

L'insulte faite à Chirac. Ramadan et les altermondialistes, suite. Quand s'éteint un héraut de l'islam des Lumières.

Absurde, lamentable, folle, l'accusation d'antisémitisme lancée par un journal israélien à l'encontre de Jacques Chirac et flambant comme de l'étoupe, vingt-quatre heures durant, dans la presse internationale. Ce que l'on a reproché au président français ? De s'être opposé à l'intégration, dans le communiqué final de la dernière réunion du Conseil européen, d'une phrase condamnant le dérapage antisémite du Premier ministre de Malaisie, Mahathir Mohamad, qui venait de déclarer, à la tribune de l'Organisation de la Conférence islamique, que « les juifs règnent sur le monde par procuration ». L'affaire est bien obscure. Mais, outre que l'on ne comprend pas très bien en quoi la condamnation des propos tenus sur cette tribune-ci était nécessairement du ressort de cette enceinte-là, il apparaît : 1. qu'aucun des diplomates présents n'a le moindre souvenir de cette tentative française de bloquer une motion de condamnation ; 2. que la condamnation a bel et bien eu lieu, un peu plus tard, au nom de tous, par la bouche du président en exercice de l'Union, le chef du gouvernement italien ; 3. que l'on peut faire tous les reproches que l'on veut au premier président de la République française à avoir solennellement affirmé la responsabilité de l'Etat français dans Vichy et ses déportations de juifs mais, de grâce, pas celui-là, pas lui et pas ce procès-là ; 4. que le vrai, le seul, scandale, l'affaire d'Etat internationale, celle qui aurait dû provoquer un tollé là même où elle advint, c'est le fait qu'un Premier ministre musulman puisse se laisser aller ainsi, publiquement, à proférer de telles infamies. Les juifs maîtres secrets du monde ? On attendait la réaction de Chirac et de l'Europe : on l'a eue. On attend celle de tous les esprits libres, en Malaisie et dans le reste du monde musulman : elle tarde à venir.

Beaucoup moins clair, en revanche, et à propos, toujours, d'antisémitisme, le débat nauséabond en train de s'instaurer autour de ce qui devient l'affaire Tariq Ramadan et dont j'aurais préféré, franchement, ne pas avoir à reparler. C'est comme au moment de Renaud Camus. On avait là un type qui comptait les juifs présents sur l'antenne de France Culture et qui trouvait, en gros, qu'il y en avait trop. Cela devenait : « Renaud Camus accusé d'antisémitisme », ou « débat autour de l'antisémitisme de Monsieur Camus » – sentiment, en un mot, que l'antisémitisme était une chose obscure, mystérieuse, aux signes indécidables et qu'il fallait toute une discussion savante pour trancher de ce qui, dix ans plus tôt, eût semblé tragiquement clair. Eh bien, avec Ramadan, c'est la même chose. On a là quelqu'un qui dit aux intellectuels juifs : ce n'est pas vous qui parlez quand vous parlez, c'est votre race, ou c'est Sharon. On a là un type qui, confortablement installé dans son bureau genevois, ose écrire qu'il a enfin compris, quand il a vu Sharon en visite officielle en Inde, pays ennemi du Pakistan, pourquoi j'avais passé un an de ma vie à crapahuter sur les traces du journaliste assassiné Daniel Pearl. Et il se trouve des commentateurs qui, au lieu de dire que ce genre de propos est juste dégueulasse, titrent : « Débat autour des déclarations de Monsieur etc. » ou : « Monsieur Ramadan accusé d'antisémitisme par etc. ». Sentiment, en d'autres termes, soit d'un renversement des rôles où les insultés deviendraient les insulteurs, soit, là encore, d'un débat oiseux, compliqué, où les deux camps tiendraient leur part de la vérité. Je me moque, personnellement, de savoir si Monsieur Ramadan est, ou n'est pas, antisémite. Et je n'ai jamais pensé, au demeurant, que l'antisémitisme fût une essence qui caractérisât, en son être, tel ou tel. Je dis seulement que les textes existent, qu'il faut les lire et que ces textes-ci sont incontestablement crapuleux.

Trois erreurs, au moins, dans les portraits d'Izetbegovic que je trouve, ici ou là, en ce matin de sa mort. Il ne fut pas l'homme de l'Occident dans les Balkans, mais l'homme que l'Occident, à commencer par François Mitterrand, n'a cessé, au contraire, de bercer de fausses promesses, de tromper, de trahir. Le combat de sa vie ne fut pas seulement l'Islam mais la démocratie, la citoyenneté, l'idéal multi-ethnique dont sa ville, Sarajevo, resta jusqu'à la fin, et à travers lui, le symbole martyr mais vivant. A Dayton enfin, il ne s'est pas résigné, comme je le lis partout, à une Bosnie unitaire que lui aurait, à la fin des fins, imposée la communauté internationale, mais à une Bosnie divisée, coupée en deux ou en trois, et tournant pour longtemps le dos à cette coexistence des communautés dont il aura été, lui, contre tous, et pendant toutes les années de guerre, l'infatigable militant. J'ai aimé, en cet homme, l'esprit de résistance, l'héroïsme tranquille. J'ai aimé que, comme un héros de Malraux, il mît tant de talent à faire la guerre sans l'aimer. Et j'ai aimé, enfin, que cet intellectuel venu, en effet, de l'islam orthodoxe se soit, dans l'épreuve, comme hissé au-dessus de lui-même pour devenir l'incarnation de cet islam modéré, moderne, laïque, éclairé, qui est le seul rempart possible à l'intégrisme. Après Massoud il y a deux ans, c'est un autre héraut de cet islam des Lumières qui s'éteint – et qui manquera.

24 octobre 2003.

Adieu à Izetbegovic.

Obsèques d'Alija Izetbegovic, le président bosniaque qui fut, pendant quatre ans, l'incarnation de la résistance de Sarajevo.

Notre petite délégation comprend Philippe Morillon, le général Courage de Srebrenica ; l'ancien ministre Hervé de Charette, coparrain des accords de Dayton ; Gilles Hertzog, mon compagnon d'aventure, avec qui j'écrivis « Bosna ! » ; et moi, donc, si ému de me retrouver là, dans cette ville aimée, pour accompagner une dernière fois ce vieux musulman dont tant de choses me séparaient mais qui est pourtant bien, lorsque j'y songe, le seul homme de pouvoir au destin de qui j'aurai, un peu, associé ma vie.

Les autres pays ? Une grosse délégation turque. Des Arabes, en nombre. Le président du Sénat pakistanais, numéro deux du régime de Moucharraf, visage blême et regard stupéfait quand le hasard du défilé des condoléances, tout à l'heure, nous a fait nous retrouver nez à nez, nos deux signatures se succédant sur la même page du registre. Peu d'Européens, en revanche. Pas un ministre, hélas, venu de cette Europe dont je l'ai tant de fois entendu confier, à Paris, au Vatican, ou dans son palais austro-hongrois bombardé, qu'elle était sa vraie patrie de cœur.

Mort comme il aura vécu, me dis-je, tandis que l'on nous place dans l'arc de cercle qui entoure la tombe encore vide et protégée par de grandes bâches vertes contre les coulées de boue qui dévalent de la colline. Aussi seul, en ce dernier instant, qu'il l'aura été de son vivant, au fil de ces années de guerre où on l'a si cruellement abandonné. Restent les siens. Reste – et c'est l'essentiel – le peuple de Sarajevo qui, malgré les trombes de pluie, malgré le froid, est venu en masse honorer son « vieux bonhomme ». Restent ces tombes blanches et pointues, toutes neuves – pas une qui remonte au-delà du jour d'avril 1992 où commença la tuerie : il y a d'autres cimetières sous la lune de Sarajevo ; mais Izetbegovic a choisi celui-ci ; il a voulu ce pur cimetière de victimes, puis de combattants, où il reposera parmi ses braves ; c'est comme si Montgomery avait demandé à être enterré à Omaha Beach ou de Gaulle parmi ses Compagnons de la Libération.

A côté de nous, sur la gauche, les invalides de guerre, unijambistes sur leurs béquilles, culs-de-jatte sanglés dans des blousons de cuir trop grands, gueules cassées.

A droite, mes amis Silajdzic et Ganic, qui furent ses adversaires politiques et que je sens bizarrement perdus ; Jovan Divjak, le général légendaire qui assura, quoique serbe, la défense de la ville contre les premières milices de Karadzic ; la ronde des imams ; les dignitaires du gouvernement.

En face, à mi-pente, là même où, jadis, se postaient les snipers qui tenaient la ville sous leur feu, une haie de bérets verts, l'arme au pied, qui s'apprêtent à rendre les honneurs.

Derrière, la foule immense et grelottante : passés les premiers rangs, on ne voit plus qu'une mer de parapluies noirs ruisselants et, derrière encore, en enfilade, la mosquée, la cathédrale, la synagogue – tout l'esprit de la ville, tout le miracle de Sarajevo, visibles en un coup d'œil lorsque l'on se retourne.

Toutes les Bosnie sont là. Celle de la guerre et

celle de la paix. Celle des vieux de la vieille, des grognards, dont on sent parfois – Kemal Muftic, le conseiller spécial d'Izetbegovic, son plus proche compagnon civil – qu'on les a admis du bout des lèvres, comme à regret, et celle des nouveaux, des inconnus au bataillon, ces drôles de gueules d'après-guerre que je n'avais jamais vues mais qui ont, elles aussi, la larme à l'œil.

Une heure passe. La pluie, toujours. Un silence très étrange, plein de piétinements assourdis, de respirations innombrables et, toutes les deux ou trois minutes, du vrombissement des hélicoptères américains qui patrouillent dans le ciel bas. Et puis, soudain, une clameur, un début de cohue, des drapeaux aux couleurs bleu et or de la Bosnie qui jaillissent au-dessus des têtes : c'est l'arrivée du cercueil, précédé d'un officier en grande tenue portant, sur un coussin, les médailles de guerre du défunt, puis d'un autre qui tient, lui, une stèle de bois blanc où l'on a juste inscrit « Alija Izetbegovic, 1925-2003 » – et le fils aîné, Bachir, dont je découvre qu'il s'est, en quelques heures, incorporé les gestes, le pas, le regard de son père, descend dans le tombeau ouvert pour, aussitôt suivi de son propre fils, jeter, à mains nues, les premières poignées de terre sur le cercueil.

Les bérets verts tirent en l'air.

Le canon tonne, un peu plus haut, sur la colline de Grondj où nous avions tourné le générique de « Bosna ! ».

Osman, le vieux garde du corps, boudiné dans son uniforme trop petit, ferme son parapluie et pleure comme un enfant.

Il s'arrête de pleuvoir. Morillon murmure : « c'est un signe ». Et voilà que la prière des imams monte en effet vers le ciel, reprise par des milliers de poitrines. Et voilà que lui, Morillon, le catholique, et moi, le juif, et Divjak l'orthodoxe, et les autres, tous les autres, tous ceux pour qui la Bosnie cosmopolite reste une région, non du monde, mais de l'âme, communions en silence avec des « Allah akbar » qui ont le son, tout à coup, de la miséricorde et de la paix.

31 octobre 2003.

Le livre posthume de Benny Lévy.

Que la célébration des Lumières et la cérémonie de la naissance qu'elle prescrit sont une certaine façon d'en finir avec la facticité juive.

Que le juif moderne, dans sa figure notamment révolutionnaire, résulte d'un double effacement : celui du père (dans la Nuit), de la mère (via les Lumières).

Qu'il y a là un néo-marranisme, le plus abouti de tous, puisqu'il occulte jusqu'à l'ultime identité, le nom secret du Juif – ô le pathétique effort déployé, nous dit-il, par l'auteur dans sa jeunesse pour ne surtout pas revenir, renouer, se souvenir.

Comment tout l'effort, aujourd'hui, devrait être de s'arracher, non à l'athéisme, mais à ce néo-marranisme, c'est-à-dire à l'ignorance et, en fait, au judéo-christianisme dont la commémoration lancinante de la Shoah rehausse encore les prestiges.

Que le principe de l'ignorance est, toujours, la disjonction des voix et des paroles – que l'ignorant est celui qui, à la lettre, entend des voix obscures.

Qu'il y a un cercle de l'ignorance, celui-là même

qu'avait vu Platon, mais qui trouve ici toute sa mystérieuse radicalité : la science ne vient qu'à celui qui sait et il y a en même temps, forcément, un savoir insu du non-savant.

Qu'est-ce qu'un miracle ?

Faut-il dire « la théologie » ou « l'athéologie » du juif moderne ?

Pourquoi shabbat n'est pas dimanche ?

Pourquoi le cercle brisé de l'ignorance n'est-il l'équivalent ni d'une foi ni d'une religion ?

Quid de la thématique du mal radical ? Que veut réellement dire Levinas dans son article sur la souffrance inutile ? Et le judaïsme, alors, n'est-il pas la pointe avancée de cet humanisme judéo-chrétien avec lequel il faudrait rompre ?

Comment le mot de conversion est le plus inadéquat, de toute façon, pour décrire cette rupture, ce tournement, cette manière, pour un juif oublieux de soi, d'être jeté, tel Rosenzweig, sur la voie du Retour.

Que l'auteur, en tout cas, ne s'est jamais « converti » à quoi que ce soit – qu'il n'est pas allé, comme cela se disait de son vivant, « de Mao à Moïse », mais « de Moïse à Moïse en passant par Mao » : nuance décisive qui a pour premier effet de briser la fausse symétrie de ses deux engagements ; autre langue qui a le mérite, au moins, d'arracher le tournement à ces deux asiles d'ignorance que sont la dialectique et la théodicée.

Que le récit de cette « techouva », la chronique pathétique des mille et une ruses déployées par l'ancien chef de la Gauche Prolétarienne, rescapé des visions politiques du monde, pour ne surtout pas avoir à savoir et pour réinventer, à chaque pas, un paganisme défini, non comme un avant mais comme une anti révélation, que tout cela, donc, n'aurait, au demeurant, pas d'intérêt : le propre de l'homme juif ne tient-il pas, justement, à ce qu'il vient non pour témoigner, mais pour étudier ?

Qu'il y a une immobilité, une façon de se tenir dans l'ouverture d'une Parole donnée, qui sont, si l'on peut dire, l'occasion d'un baptême absolu : est-ce à cette absoluité, à cette façon de trancher tous les liens, que pensait le dernier Sartre écrivant du peuple juif qu'il est un « peuple métaphysique » ? ou pensait-il à Heidegger ? face à son jeune camarade, enfiévré par ce qu'ils pressentaient ensemble, entrevoyait-il un Absolu sans incarnation ou poursuivait-il son interminable débat avec le philosophe de « Etre et Temps » ?

La leçon de Levinas, enfin.

Le retournement de la malédiction en exultation qui est, selon lui, Levinas, le propre signe du Retour.

Quel Levinas ? Celui qui, réfléchissant sur le néant, dialogue avec le Kant du « Fondement de l'existence de Dieu » ? Celui qui parle d'« Ancien Testament » et alla jusqu'à déclarer, un jour, qu'il entendait poursuivre l'œuvre de la Septante ? Ou bien le Levinas lituanien qui, retournant à Rabbi Halim de Volozine, rompait avec lui-même et avec le concert des juifs du siècle ?

Tels sont quelques-uns des thèmes et des thèses énoncés par Benny Lévy dans ce tout dernier livre, « Etre juif », achevé quelques jours avant sa mort, et que publient ces jours-ci ses chères éditions Verdier. Je ne peux pas ne pas me reconnaître, parfois, dans ce « juif du siècle » dont il brosse le portrait sévère. Je ne peux pas ignorer que chaque page, ou presque, de ce texte de feu plaide pour un

« être juif » qui est infiniment loin du mien et eût alimenté, entre nous, à Jérusalem ou Paris, l'une de ces discussions dont je sortais toujours ébranlé. La discussion, hélas, n'aura plus lieu. Ne me restait qu'à énumérer ainsi, simplement, avec juste la probité qu'il requérait de ses interlocuteurs athées, les nœuds de ce texte étrange, et très beau, et paradoxalement lumineux. N'est-ce pas la première fois, après tout, que mon ami me laisse le dernier mot ?

7 novembre 2003.

Lectures.

Etrange comme le débat sur le déclin français s'est focalisé sur un livre (« La France qui tombe », de Nicolas Baverez) alors qu'il y en avait un autre, à la fois plus nuancé et, somme toute, plus stimulant (« Le désarroi français », d'Alain Duhamel, chez Plon). Il s'achève, ce second livre, sur une discussion avec, justement, le premier. Malaise, oui, dit-il. Situation proprement critique où nul ne peut prédire dans quel sens arbitrera le destin. Mais une série d'atouts, ignorés par Baverez, et qui font que les choses sont loin, pour autant, d'être jouées. Bonne intégration, par exemple, dans les flux du marché mondial. Bonne tenue du commerce extérieur et compétitivité des produits français. Classement plus qu'honorable dans la liste, produite par le magazine Forbes, des quatre cents entreprises les plus performantes de la planète. Des chemins de fer qui marchent mieux qu'en Grande-Bretagne. Un réseau électrique plus fiable qu'aux Etats-Unis. Un système de santé honnête. Des services publics qui tiennent bon. L'un des meilleurs réseaux routiers et autoroutiers. Un attrait qui, de ce fait, est bien plus vif qu'on ne le dit aux yeux d'investisseurs soucieux de l'environnement socioculturel autant que du régime de fiscalité, du système de prélèvements ou de la réglementation éventuellement archaïque des pays où ils s'établissent. Sans parler de cette « Europe » à laquelle, de Monnet et Schuman à Giscard d'Estaing, nous aurons finalement donné quelques-uns de ses meilleurs accoucheurs. La France est malade, donc. Elle l'est de manière particulièrement visible depuis le 21 avril 2002 et la semi-victoire d'Ubu. Mais les jeux ne sont pas faits. Et c'est ce que répond ce « Désarroi français » aux apôtres de la nouvelle décadence.

Inventer un mot (un « cliché ») ou un titre (un « titre-pétard »), n'est-ce pas la double recommandation du poète à un jeune auteur soucieux de se faire, vite, un chemin dans la République des lettres ? Jérôme Béglé, dans « Célébrièveté » (Plon), fait les deux. Le livre a, certes, un côté gadget. L'auteur n'est pas poète, mais journaliste. Il me semble injuste, surtout, avec Philippe Sollers dont la stratégie d'ensemble (apparaître pour mieux se cacher ; tenir qu'on préserve mieux ses secrets en les disant qu'en les taisant) méritait mieux que quelques lignes désinvoltes. Mais il l'invente, son mot. Il propose même, sinon un concept, du moins un schéma d'explication somme toute assez convaincant de l'invasion des télés et, parfois, des âmes par les personnages du « Loft », de la « Star Academy » et autres « Bachelors ». Au XXIe siècle, prophétisait Andy Warhol, chacun sera célèbre un quart d'heure. Eh bien, voilà. Nous y sommes. Nous nous trouvons, pour de bon, dans l'ère de la « mens momentanea » et de son terrible cogito : « j'apparais, donc je suis. » Quid des écrivains dans cet âge ? Des politiques ? Doivent-ils, comme Laurent Fabius dans son propre livre, pactiser avec les lutins de la « célébrièveté » ? Faut-il s'écarter, au contraire ? Tenir le phénomène pour négligeable, voire indigne ? Passer son chemin ? Et pourquoi, dans « Le jour et la nuit », avais-je, à la toute dernière minute, fini par couper cette réplique, au fond si juste, mise dans la bouche de Delon : « j'ai connu toutes les formes de la déchéance et même le succès » ? Célébrièveté, oui. Paradoxes de la lumière à l'âge du tout-puissant visible.

Le livre de Jean-Claude Milner – auquel la revue La Règle du jeu consacrait, ce lundi, au théâtre Hébertot, une longue soirée de discussion avec, non seulement Milner, mais François Regnault, Jacques-Alain Miller, Alain Finkielkraut, moi-même –, le livre, donc, de Milner, ses cent cinquante pages de propositions écrites à la manière de Spinoza et rassemblées sous le titre « Les penchants criminels de l'Europe démocratique » (Verdier), ses soixante-quatorze « scolies » ou « éclaircissements », ses gloses laconiques et véhémentes autour de l'antijudaïsme censé gouverner l'Europe moderne, tout cela est, pour l'homme des Lumières que je suis, ce qui peut se lire, ces temps-ci, de plus troublant, de plus choquant mais, aussi, de plus puissant. Sa thèse : l'Europe issue des Lumières a un problème de structure avec le « nom juif ». Ou bien : Hitler a perdu la guerre mais, sur un front au moins, celui de ce but de guerre qu'était la « solution » de ce « problème juif » formulé comme tel par les

Lumières, il l'a, pour l'essentiel, emporté – voir cette autre Europe, quasi judenfrei, que nous découvrîmes avec horreur quand tomba le mur de Berlin. Ou encore : parce qu'il est perçu comme l'esprit qui toujours nie, parce qu'il est ce qui est censé se mettre en travers de cette demande des demandes qu'est, depuis qu'il y a une histoire de la sexualité, la demande de rapports humains, le nom juif est ce que doivent liquider tous ceux qui, ici et ailleurs, adhèrent au grand programme conciliateur voulu par la modernité progressiste. Herman Cohen ? Mendelssohn ? Levinas ? Rosenzweig ? Le Scholem de la correspondance avec Benjamin ? Milner, et c'est mon grand désaccord avec lui, semble n'en avoir cure. Les Lumières, disait-il à Hébertot, sont comme un portrait de Dorian Gray dont l'éternelle et rayonnante jeunesse ne dissimulerait qu'à grand-peine la très profonde corruption. Un livre, alors, comme un coup de poignard ? Le débat ne fait que commencer.

14 novembre 2003.

Avec Freud et Lacan, pour les Lumières.

Il s'appelle Bernard Accoyer. Il est député. C'est probablement un brave homme, soucieux du bien-être de l'humanité en général et de ses contemporains en particulier. Le problème, c'est qu'il est mal informé et qu'en faisant voter par l'Assemblée nationale, le 8 octobre dernier, un projet d'amendement qui aurait pour résultat d'encadrer la pratique de la psychanalyse et d'exiger de ses praticiens une formation de médecin ou de psychologue il vient de commettre, mine de rien, une série de bien mauvaises actions.

En n'envisageant d'autre voie pour un psychanalyste que le passage par la médecine, il exclut, qu'il le veuille ou non, tous les praticiens qui sont venus à leur métier par d'autres disciplines : philosophes d'origine, linguistes, littéraires, ce sont les « laïques » du freudisme ; c'est même l'une des plus fécondes révolutions apportées par l'auteur de « L'interprétation des rêves », puis par celui des « Ecrits », que de les avoir embarqués, au même titre, dans l'aventure de leur clinique ; et l'expérience a d'ailleurs montré que ces thérapeutes non médecins (qu'il faudrait, si l'amendement passait, repêcher au cas par cas) contribuent à la santé publique avec autant de compétence que leurs collègues formés par la Faculté.

En mettant ainsi l'accent sur cette affaire de formation, en donnant donc à entendre que la priorité des priorités serait de fixer les procédures d'agrément des praticiens, il alimente l'idée reçue d'un univers de charlatans où l'on se mettrait analyste comme on se mettait jadis grand coiffeur : faut-il rappeler à quel point cette idée est non seulement poujadiste, mais fausse ? faut-il redire, non seulement à Monsieur Accoyer mais aux sénateurs qui auront à juger bientôt de son amendement, que rien n'est plus codifié, au contraire, que la formation d'un praticien ? faut-il répéter aux étourdis que les écoles analytiques ont toutes leurs disciplines et leurs procédures de validation, leurs techniques d'évaluation affinées par des décennies d'écoute et de parole, leurs analyses didactiques, leurs séminaires, leurs stages cliniques, leurs contrôles ? il faut le rappeler, oui ; il faut rappeler, aussi, que la formation d'un analyste prend souvent plus de temps que celle d'un médecin ; même si l'on peut craindre, hélas, qu'il ne soit déjà tard et que le mal ne soit déjà fait.

De même pour la réduction de la psychanalyse à une affaire de pure médecine – de même pour cette autre idée reçue, sous-jacente à l'amendement comme au rapport Clery-Melin sur lequel il vient s'adosser, d'une expérience analytique qui n'aurait d'autre visée que thérapeutique. Là aussi, c'est réducteur ; là aussi, c'est faire l'impasse sur toute une autre dimension de cette psychothérapie pas comme les autres qu'est la psychanalyse et qui vise à l'interrogation des choix existentiels du patient ; là aussi, autrement dit, c'est un grand bond en arrière de cinquante ou de cent ans qui nous fait renouer avec les pires idées reçues d'un scientisme dont la coupure freudienne avait, croyait-on, fait justice.

De même, encore, l'idée de « santé mentale » telle que la présupposent et l'amendement et le rapport – de même ces procédures « quantitatives » que les doctrines Accoyer comme Clery-Melin voudraient imposer aux praticiens et dont les opposants à la réforme, regroupés derrière Jacques-Alain Miller, ont aisément démontré que, non contentes de passer à côté de l'essentiel du mal-être qualitatif du sujet, elles pourraient être à l'origine de nouvelles pathologies mentales (cf. les Etats-Unis, n'est-ce pas... cf. les grandes épidémies qui ont déferlé, là-bas, depuis les années 70, sous le règne des psychothérapeutes « bien formés » : personnalités multiples, faux souvenirs, enlèvements extraterrestres...) : quel recul, à nouveau ! quelle épaisse et navrante bêtise ! et comme on est loin de la profonde réflexion, engagée par le freudisme, sur les notions mêmes de normal et de pathologique, de santé et de malaise, de remède et d'irrémédiable – comme on est loin, avec cette furieuse volonté de guérir, de la plus forte idée du freudisme, de celle dont nous avons tous, au XXe siècle, par-delà même la question des troubles mentaux, le plus profondément appris et qui est celle de l'impossible guérison !

Et je passe, enfin, sur l'étrange façon de parler de ces gens qui, parce que le scientisme – nous devrions le savoir, depuis le temps – a toujours fait bon ménage avec la police, rêvent, je les cite, d'une « planification » rigide d'un « champ de la santé mentale » où régneraient des « coordinateurs régionaux » qui seraient autant de superpréfets de l'âme chargés de dresser des listes de professionnels agréés, d'établir et de comparer des statistiques, de contrôler la durée moyenne des cures, bref, de veiller sur une santé publique conçue sur le mode, une fois de plus, du médicalisme le plus obtus et, surtout, le plus anxiogène...

Il y a, dans tout cela, un parfum de régression qui devrait inquiéter. Il y a, dans cette affaire qui n'en est, hélas, pas encore une, quelque chose de l'éternel débat entre un obscurantisme et des Lumières qui se présentent, comme souvent, sous des visages inversés. Ecrasons l'infâme, donc, du scientisme antifreudien. Faisons barrage, ici aussi, à la marée noire des occultismes. L'amendement Accoyer, j'espère, ne passera pas.

21 novembre 2003.

L'esprit de Genève.

Mais qu'a-t-il donc de si particulier, ce fameux plan Beilin-Rabbo, signé à Genève ? Et d'où vient que nous ayons été si nombreux, ce lundi, à nous rendre dans la cité helvétique pour voir naître, sceptiques et fervents, cette nouvelle lueur d'espoir ?

1. Il prouve qu'il reste encore, dans l'une comme dans l'autre société, des hommes et des femmes qui, malgré tout, malgré les mensonges et la guerre, malgré les morts, malgré le deuil, continuent de militer pour une solution de compromis et sont prêts, pour cela, à céder sur une part de leur rêve : à tous ceux qui avaient perdu espoir depuis trois ans, au camp de la paix israélien qui, après Taba, avait vu la partie palestinienne répondre par les pierres, puis la guerre, à l'offre de paix d'Ehoud Barak, il prouve qu'il y a encore, toujours, un partenaire.

2. Il reprend l'affaire, justement, au point où Barak l'avait laissée ; c'est le même plan, exactement, sauf qu'il réaffronte les deux questions (Jérusalem d'un côté, le « droit au retour » de l'autre) sur lesquelles, du temps de Barak et Clinton, on avait finalement achoppé ; il obtient des Israéliens que le mont du Temple devienne esplanade des Mosquées ; il arrache aux Palestiniens la renonciation à un droit au retour dont le texte stipule que, exception faite de ceux des « réfugiés » qu'Israël, en toute souveraineté, déciderait ou non d'accueillir, il s'exercera dans le cadre de l'Etat palestinien à créer ; en apportant, oui, une réponse courageuse et claire à ces deux questions, il réussit là où Camp David, puis Taba, avaient échoué.

3. Il énonce des intentions, bien entendu ; il réaf-

firme les mêmes grands principes essentiels sans lesquels il n'y aurait ni Etat palestinien viable ni Israël dans des frontières légitimes et sûres ; mais il descend dans le détail ; il trace, village après village, presque olivier par olivier, la ligne du partage ; ce plan, autrement dit, n'est pas un plan de rêveurs ; ce n'est pas cette utopie que dénoncent déjà les jusqu'au-boutistes des deux camps ; c'est un plan concret ; c'est un plan précis, empirique, qui distingue, par exemple, entre les implantations qui seront démantelées et celles qui, contiguës à Jérusalem et à la Ligne verte, devront être conservées en échange d'une portion égale de territoire ; c'est une leçon de pragmatisme donnée aux politiques par les deux sociétés civiles.

4. Parce qu'il n'esquive donc nul écueil, parce qu'il ne laisse rien pour demain et après-demain, parce que, d'aucune question, il ne dit : « c'est trop chaud, trop compliqué, nous verrons bien à la toute fin », parce qu'il rompt avec l'idée même d'« étapes » et de « processus » qui était au centre de l'esprit d'Oslo, parce qu'il se présente comme un bloc, à prendre ou à laisser, ce plan vient réduire, autant que faire se peut, l'espace concédé à la ruse, au double langage, à la manœuvre ; à personne, il ne permet de dire : « oui, d'accord, je signe, j'entre dans le processus, mais je sais bien, moi, que j'en sortirai à l'étape x, que je m'échapperai à l'étape y » ; c'est un plan anti-échappatoires ; c'est un plan anti-arrière-pensées ; c'est un nouveau concept de plan qui, s'il était appliqué, aurait littéralement pour effet de déminer les bombes à retardement semées jusqu'à présent sur le chemin de la paix.

5. Pour toutes ces raisons, parce que tout est sur la table et que rien n'est passé sous silence, parce

qu'il prend les partenaires tels qu'ils sont et non tels que l'on voudrait qu'ils soient, parce qu'il ne présuppose nullement, par exemple, l'amour des peuples les uns pour les autres ou la démocratie en Palestine, parce qu'il ne pose plus en préalable cette fraternité venue du fond des âmes dont rêvait, encore, Oslo, bref, parce qu'il dit : « signons, l'amour suivra », et : « vive la paix sèche, sans idylle », ce plan n'est plus ni un pari, ni un saut dans le vide ou l'inconnu – c'est le premier de tous les plans élaborés depuis trente-six ans dont les amis d'Israël, tous ceux qui, comme moi, savent qu'Israël n'a pas droit à l'erreur et reste trop fragile pour se permettre une aventure, n'ont plus de vraie raison de dire : « oui, d'accord, nous signons – mais après ? »

Alors on peut, bien sûr, refuser de signer. On peut, quand on est palestinien, continuer de vouloir noyer Israël sous un flot de réfugiés. On peut, si l'on est israélien, juger que des pierres saintes valent que l'on continue – jusqu'à quand ? – de verser le sang. Mais, alors, les choses sont claires et c'est même le dernier mérite de ce plan que d'obliger chacun à se déterminer et se découvrir : qui veut la paix, qui ne la veut pas ? qui prétend la vouloir mais ne la veut, en réalité, qu'en paroles ? qui la veut en paroles mais, quand vient le moment de s'asseoir autour de la table et de nous en dire un peu plus, avoue qu'il n'en sait rien et n'a pas de plan du tout ? Opération vérité. Un plan comme un révélateur, un détecteur d'hypocrisie, un analyseur sauvage. Il n'est pas parfait, ce plan. Et nul doute que des négociateurs dûment mandatés auraient à en affiner telle ou telle disposition. Mais au moins a-t-il le mérite de mettre chacun au pied du mur.

En ce sens, oui, il y aura un avant et un après-Genève.

5 décembre 2003.

La star selon Baudelaire. Benny Lévy, un Augustin juif ? Nietzsche, Hegel et la mort de Dieu. La corruption selon Mandeville. Le retour du Céline de « L'école des cadavres ». Stendhal et le New York Times. Dieudonné, antisémite. Silence, les Tchétchènes ! Dix ans de « Bloc-notes ».

Un acteur hollywoodien croisé à Los Angeles où je donne une conférence sur le thème : « existe-t-il une autre Amérique ? » Définition même de la star (cf. Baudelaire dans « Les Phares ») : solitaire, singulière, étrangère à la lumière dont elle brille.

Cette leçon d'Augustin (livres V, VI et, surtout, VII des « Confessions ») selon laquelle c'est, d'abord, des livres que vient le salut ; cette histoire d'une conversion qui, autant et avant qu'affaire de « foi », fut affaire de lecture, de rapport à un texte lu, de relation personnelle à une lettre vive et ardente ; dans le livre VI notamment, et dans sa description d'Ambroise, non pas encore prêchant, mais lisant, cette insistance extraordinaire sur l'idée d'une conversion par et à travers les textes... Mon ami Benny Lévy ne disait finalement rien de vraiment différent lorsqu'il contait l'histoire de son « tournement ». Et j'entends tout à coup comme un écho de ce paradoxe augustinien dans la façon, chez ce juif intraitable, aussi peu judéo-chrétien que possible, de nous décrire sa « Techouva » comme, d'abord, une aventure de pensée. En était-il conscient ? Qu'eût-il pensé de ce rapprochement ?

Un lapsus. Attraction mystérieuse entre deux signifiants. Attirance absurde, contingente et, pourtant, empreinte d'une nécessité cachée. La politique, comme la poésie, n'est faite que de cela.

Ce n'est pas Nietzsche, mais Hegel, qui, le premier, lance sur la scène philosophique le thème de la mort de Dieu – c'est lui qui, le premier, annonce : « le sentiment sur lequel repose la religion moderne est le sentiment que Dieu même est mort » (« Foi et savoir », traduction Méry, p. 298).

Un columnist néoconservateur américain auprès de qui je m'étonne de la confusion grandissante des ordres, sous Bush, entre politique, guerre et business : si l'on admet, me répond-il, la fable de Mandeville, si l'on consent à l'idée qu'une société fonctionne à partir de ses vices davantage qu'à partir de ses vertus, alors au nom de quoi la lutte contre la corruption ?

L'ordinateur sur lequel j'écris. Son disque dur. Sa mémoire implacable et cachée. Ce soin que je prends, moi-même, à stocker, sauver, mes propres données. Ce qui se perd : la possibilité même de la perte – le désir, que j'ai aussi, de l'effacement, de l'annulation. Ce qui triomphe : le destin d'une écriture semblable à celui des déchets atomiques – impossibles à détruire, juste ensevelis.

La persécution, puis la tentative d'extermination, des juifs d'Europe au XXe siècle : « sous-hommes », vraiment ? ou, au contraire, « trop humains » ?

Quand je lis cet incroyable sondage (Le Point n° 1629) selon lequel une majorité d'Européens verraient dans Israël la principale menace à la paix du monde, je pense à l'absurdité, d'abord, de la situation : quoi ? dans une liste comprenant la Russie massacreuse de Tchétchènes, deux ou trois Etats terroristes dûment patentés, une Corée du Nord totalitaire et détentrice de l'arme atomique, les Européens d'aujourd'hui ne verraient pas de plus grand danger que celui représenté par la petite démocratie israélienne ? Mais je pense également, et aussitôt, à Céline qui, dans ses textes antisémites des années 30 et 40, n'avait finalement pas de meilleur argument contre la « juiverie » internationale : qu'est-ce que « L'école des cadavres », par exemple, sinon cette idée, déjà, que les juifs sont les grands pédagogues de la guerre à venir ? le thème « racial » n'arrive-t-il pas, dans ce texte, loin derrière celui des juifs pousse-à-la-guerre-et-au-crime ?

La mort de Dieu, encore. Le christianisme est la première grande religion à s'être bâtie, non sur la naissance (banal), mais sur la mort (unique) de sa figure adorée du divin. Incarnation, résurrection, corps glorieux : tout part de là – tout procède, oui, de cette théologie, sans précédent, de la mort de Dieu.

Discussion, à New York, avec les responsables d'une grande organisation juive qui s'interrogent, comme nous, sur les progrès du négationnisme et la perte de mémoire qui s'ensuit : qu'est-ce qui rapproche, vraiment, les hommes ? que partagent-ils le plus volontiers ? la mémoire, vraiment ? ou l'oubli ?

Opposer à ce critique du New York Times célèbre pour ses éreintements le mot de Stendhal notant que ce que l'on appelle l'« esprit », et dont la forme la plus courante est, au fond, la « méchanceté », est « ce qui se démode le plus vite ».

Pas vu – New York, encore – l'émission de télévision, sur France 3, où un comique est arrivé sur le plateau déguisé en rabbin orthodoxe et s'écriant « Heil Israël. » Voilà. Nous y sommes. Antisémitisme gras, épais et, puisque le public semble avoir applaudi, malheureusement populaire.

Que va coûter aux Tchétchènes l'élection triomphale de Poutine, appuyé par les deux partis ultranationalistes qu'il a aidés en sous-main ?

Dix ans, jour pour jour, de « Bloc-notes ». Dix ans que Claude Imbert m'a proposé ce rendez-vous hebdomadaire avec vous, lecteurs du Point. Etrange discipline – et grande chance – que d'être ainsi sommé, chaque mercredi matin depuis dix ans, dans un climat de liberté sans pareil, d'avoir un avis et de le donner.

12 décembre 2003.

Le visage de Saddam.

Dans la longue histoire de la chute des dictatures, la capture de Saddam restera comme une date.

Il y avait la fin de Hitler, wagnérienne, dans son bunker.

Il y avait le modèle Staline, redoutable, impérieux, le cortège des blouses blanches n'osant, jusqu'au dernier instant, lui dire qu'il était mort.

Il y a eu le cas Mao, impérial lui aussi, mourant avec une lenteur incroyable, grand soir du Grand Timonier, soleil rouge qui s'éteint.

Et voici donc la figure, complètement inédite, du tyran traqué, terré comme un animal blessé ; voici le cas d'un homme de fer qui a su faire trembler, des décennies durant, des millions et des millions d'hommes et que l'on retrouve là, hagard et hirsute, le regard terrifié, presque soulagé de voir finir ainsi sa cavale ; voici ce mort-vivant retrouvé au fond d'un trou, presque d'une poubelle – voici, en direct, filmées pour la première fois, les fameuses poubelles de l'Histoire où l'on aimerait que finissent tous les tyrans déchus !

La première réaction, alors, c'est la joie, juste la joie, à l'idée, non seulement de la chute, mais de l'anéantissement symbolique et moral de cet homme parfaitement infâme, responsable de la mort de centaines de milliers de chiites et d'au moins autant de Kurdes : il aurait pu, n'est-ce pas, finir comme Guevara ou Robin des bois ; il aurait pu mourir en martyr et devenir l'étendard d'une nouvelle « revanche arabe » ; eh bien non ; l'aventure est finie ; vraiment et lamentablement finie ; et, donc, on se réjouit.

Immédiatement après, pourtant, arrive l'inquiétude. On se disait : c'est lui, Saddam, qui, tel Satan, ou une grande araignée maléfique, tire les ficelles des attentats depuis ses bunkers, ses palais secrets, ses souterrains. On sait, désormais, qu'il n'en était rien. On sait que ce despote devenu SDF n'avait ni portable, ni radio, ni aucun moyen de communication et était, en réalité, coupé de tout. Et on en conclut que cette guerre sans tête, sans vrai chef ni commandement, peut donc continuer de plus belle.

Puis surviennent des questions, plus larges, touchant à la nature même du pouvoir, du rayonnement malin, qu'il exerçait. Quoi ? C'était donc ça ? C'est ce personnage pathétique, cet être docile et craintif, en train, face au dentiste des armées américain, d'ouvrir la bouche, de la fermer, de montrer la joue droite quand on lui examine la gauche, de gémir quelque chose que la caméra filme mais sans l'enregistrer – peut-être juste : « c'est là, j'ai mal là, je suis Saddam Hussein, et j'ai un atroce mal aux dents » – c'est ce pauvre diable, donc, qui nous a fait si peur ? c'est lui qui a tenu en respect, non seulement les Irakiens, mais la communauté internationale tout entière ? On sait, depuis La Boétie, que les tyrans ne sont forts que de nos faiblesses. On sait qu'ils ne sont riches que du charme noir que nous leur prêtons. Mais là ! A ce point ! Cet être veule ! Ce petit homme ! Ce roi nu, caché et couché avec son magot « en petites coupures » ! On n'est plus chez La Boétie. Encore moins chez Shakespeare. Mais dans Balzac.

Et puis, enfin, un malaise, oui, un vrai malaise quand même, face à cette image inouïe du bon toubib américain, ganté de latex, en train d'ausculter la bête enragée, de la tâter, de la palper, de lui épouiller la barbe et les cheveux, de l'exhiber dans sa nudité démunie face aux milliards de regards des habitants du village planétaire. Voyez l'animal, semble-t-il dire ! Voyez le fauve humilié, l'abominable homme des souterrains enfin domestiqué ! Voyez le vieux lion mort tournant, depuis des semaines, dans sa cage minuscule et sordide et dont le corps lamentable, désormais, nous appartient ! Et il y a dans cette image, il y a dans cette version moderne du pouce abaissé du vainqueur dans les jeux du cirque à la romaine quelque chose de gênant, et d'obscène, qui nous gâche notre joie : fallait-il filmer cela, vraiment ? le montrer ? fallait-il, pour montrer que l'on tenait Saddam, l'humilier de la sorte, violer l'intimité nue de ce visage affolé ?

Je sais, entendons-nous bien, que Saddam, à cet instant, est traité comme n'a jamais été traité, sous son règne, aucun de ses prisonniers. Et je sais surtout que cet homme était un monstre qui s'était lui-même, par ses crimes, exclu du cercle des humains. Mais, outre que tous les prisonniers du monde, fussent-ils criminels de guerre, ont droit à d'ultimes et intimes égards, outre que c'est l'honneur des démocraties, lorsqu'elles tiennent à leur merci un ennemi, de ne se conduire, justement, pas comme lui-même se serait conduit, outre qu'il y a des lieux (en gros le prétoire, la prison, l'hôpital – toutes choses qu'était, d'une certaine façon, le terrier de Saddam Hussein) où on laisse les hommes en paix et où on ne les filme en aucun cas, c'est le paradoxe de la situation de rendre à cet homme inhumain un peu de son humanité reniée ; c'est un effet pervers de cet examen « live » de se retourner contre lui-même et, la première stupeur passée, de provoquer comme une dernière compassion ; et c'est pourquoi les Américains, en choisissant de diffuser ces images et de nous transformer, tous, en complices et voyeurs de leur geste, ont commis une faute morale doublée – et ce serait, en l'occurrence, presque pire – d'une possible erreur politique.

19 décembre 2003.

2004

Vœux.

Je fais le vœu que le peuple américain, qui n'a pas pardonné à Clinton d'avoir menti sur une fellation, ni à Richard Nixon d'avoir appuyé sur une touche de magnétophone, sanctionne, en novembre prochain, un Bush qui a menti, lui, sur le thème des armes de destruction massive en Irak.

Je fais le vœu – car je suis, en même temps, beau joueur – que la chute puis la capture de Saddam Hussein ouvrent réellement la voie à ce cours nouveau géopolitique que nous promettaient les partisans de la guerre : je fais le vœu que Kadhafi soit sincère quand il dit renoncer à ses ambitions militaires ; que les ayatollahs iraniens soient sérieux quand ils se rapprochent de Washington ; les Syriens crédibles quand ils envoient les premiers signes d'un dialogue possible avec Israël.

Je fais le vœu que 2004 soit, enfin, l'année de la réforme de l'ONU : n'était-ce pas le vrai point fort de l'argumentation américaine ? n'y avait-il pas quelque chose d'étrange, en effet, dans l'idée de confier le destin du monde à une organisation internationale dont la commission des droits de l'homme était présidée par la Libye ? et pourquoi pas une réforme alors, une toute petite réforme aux conséquences incalculables : de même que, dans la vie, l'on prive de ses droits civiques un criminel caractérisé, pourquoi ne pas suspendre, pour un temps donné, le droit de vote d'un Etat convaincu de génocide, de crime contre l'humanité, de manquement grave au droit de ces minorités ?

Je fais le vœu que les altermondialistes français déclarent persona non grata, en 2004, le prêcheur islamiste et antisémite Tariq Ramadan, qu'ils ont, en 2003, porté sur les fonts baptismaux – je forme le vœu qu'ils le fassent vite, très vite, avant qu'il ne soit trop tard et que le juge espagnol Garzon ne balance les informations dont il paraît disposer quant aux liens dudit Ramadan avec la mouvance d'Al-Qaeda.

Je forme le vœu que la France oublie, pour de bon, l'infecte affaire Baudis ; je forme le vœu que le Français Alain Juppé, avec lequel je n'ai, dans le passé, pas été souvent d'accord, mais qui reste l'une des figures les plus présentables de la vie politique de notre pays, je forme le vœu que cet homme dont je sais bien que tout, ou presque, me séparerait à l'instant même où il reviendrait dans le jeu, ne soit pas empêché par les juges de reprendre, sur la scène, la place qui lui revient.

Je fais le vœu – il faudrait dire, là, le pari – d'une opération clarté qui verrait Chevènement passer définitivement à droite et Bayrou définitivement à gauche ; je fais le pari d'une année où il apparaîtra, de plus en plus clairement à nouveau, que les deux grands candidats à la prochaine présidentielle ne peuvent être que Jacques Chirac et Lionel Jospin. Pourquoi ? Parce que, du face-à-face entre ces deux-là, les Français ont été frustrés. Et parce que telle est la logique profonde de la société du spectacle contemporaine que tout ce qui est, non pas exactement rationnel, mais pensable, spectacularisable, doit, d'une manière ou d'une autre, devenir réel – parce que la vie politique est comme un grand film dont toutes les scènes écrites doivent être, tôt ou tard, effectivement mises en scène et tournées.

Je fais le vœu que 2004 soit l'année du prix Nobel de la paix pour Yossi Beilin et Yasser Abdel Rabbo ; que la salle soit vide, à Paris, le soir de la première du prochain spectacle de Dieudonné ; que les parents qui, depuis des années, déposaient leurs enfants à la porte du ranch de Michael Jackson pour mieux, ensuite, le faire chanter, soient poursuivis pour proxénétisme ; que les audiences de « Star Academy », au terme d'une mutation culturelle, presque anthropologique, majeure dans la sensibilité française contemporaine, chutent et se rapprochent de zéro ; je fais le vœu que Yann Moix, dont on annonce la sortie de « Podium », le film adapté de son roman éponyme, administre la preuve que la France a changé et qu'il n'est plus impossible d'y être et écrivain et cinéaste.

Salman Rushdie prix Nobel de littérature ; Modiano, Sollers, Robbe-Grillet, à l'Académie ; Françoise Sagan en Pléiade, avant Marguerite Duras ; la petite revue Ligne de risque imposant ses réponses aux faux radicaux de « La littérature sans estomac » ou « à l'estomac » ; une rentrée littéraire allégée où l'on mettrait, d'emblée, de côté les livres dont chacun sait qu'ils ne sont destinés qu'à faire de mauvaises fictions télé ; Garcia Marquez se décidant, au terme d'une nuit de feu pascalienne, à balancer sur l'Internet les chapitres censurés de ses Mémoires où il dit la vérité sur Fidel Castro – autres vœux pour 2004.

Ainsi que celui-ci, le dernier. Baudelairien impénitent, me souvenant du « frémissement d'horreur » qui saisissait l'auteur des « Fleurs du mal » chaque fois qu'il pensait à la « femme Sand », songeant, avec lui, que cette virago d'un progressisme qui n'en finit pas, un siècle et demi plus tard, de nous encombrer de ses naïvetés funestes, avait « de bonnes raisons pour vouloir supprimer l'enfer », je fais le vœu que l'on ne nous casse pas trop les pieds, ces prochains mois, avec l'« année Sand ».

2 janvier 2004.

Etat de siège. Je me souviens de Jovan Divjak. Saddam et Eschyle. Halte à l'hallali contre Michael Jackson. Lucio Fanti, lecteur de Maïakovski. Louis Althusser et ses peintres. Faire du Hegel sans le savoir. Pour Bernard Kouchner.

Aéroports bloqués, vols annulés, agents du FBI à bord des avions, renforcement de la surveillance à la frontière mexicaine, canadienne, ailleurs : état de siège généralisé ; guerre civile planétaire ; on avait l'œil sur Huntington, on croyait devoir débattre avec Fukuyama, mais non, c'est Carl Schmitt qui l'a emporté.

Je me souviens de Jovan Divjak, le général courage de Sarajevo. Je me souviens de la stupeur de Mitterrand quand, avec Alija Izetbegovic, à Paris, nous lui avions expliqué : « eh oui, monsieur le président, un général d'origine serbe chargé de la défense de Sarajevo – c'est comme si Jean Moulin ou Delestraint avaient été allemands, c'est le miracle de cette Bosnie cosmopolite, citoyenne, antifasciste. » Divjak, aujourd'hui, écrit. Il s'apprête à publier ses Mémoires et me demande de les préfacer. Février prochain. Buchet-Chastel. Cela s'appellera, comme de juste, « Sarajevo mon amour ».

Mais oui, chers lecteurs, je persiste et signe à propos des images de l'arrestation de Saddam : il y a, depuis « L'Orestie » d'Eschyle, un grand principe fondateur de la civilisation – la substitution de la justice à la vengeance.

Mais non, amis lecteurs, je ne « défends » pas Michael Jackson : je dis juste que ce climat de chasse à l'homme, cet hallali médiatique et, désormais, judiciaire, ce proxénétisme organisé, sont intolérables – je dis que le problème c'est moins Jackson que les familles qui, depuis des années, lui vendent leurs enfants pour le faire chanter.

Dali s'inspirait de Freud. Les cubistes, d'Apollinaire. Il y a les douze portraits de Balzac par Picasso. Cézanne qui, pour sa « Vieille au chapeau », disait devoir l'essentiel à un « ton Flaubert, une couleur bleuâtre et rousse qui se dégage de "Madame Bovary" ». Il y a le peintre qui, comme l'Elstir de Proust ou le Frenhofer de Balzac, n'existe que dans l'imagination d'un écrivain. Eh bien, en voici un autre, voici un peintre bien vivant, lui, bien réel, qui s'appelle Lucio Fanti et qui nous dit que tout, pour lui, procéda d'un vers interrompu de Maïakovski. Un tableau comme un effet de texte ? Une œuvre comme un songe littéraire ? Un architexte habitant la profondeur de la couleur et structurant sa surface en secret ? Mais oui. Comme toujours. Ces très belles natures mortes, ces vignes saturées de lumière et de poésie (galerie Lavignes-Bastille, jusqu'au 17). La lettre était dans la toile et regardait l'artiste.

L'Iran, endeuillé, accepte, que dis-je ? sollicite, et c'est bien normal, l'aide de l'Europe, de la France, des Etats-Unis, de la planète entière, de Satan lui-même s'il le faut. Sauf qu'il y a un pays dont il ne veut pas. Il y a un pays, un seul, auquel il dit : « plutôt crever, et laisser crever les pauvres gens de Bam, que d'accepter quoi que ce soit venant de vous. » Ce pays maudit, réprouvé, ce pays plus-que-satanique, c'est... Israël.

Voir c'est lire ? Le texte au principe ? Oui. Mais aussi, bien entendu, l'inverse. Breton et Masson. Baudelaire et Rubens. Cendrars réinventant Sonia Delaunay. Char commentant Courbet. Segalen glosant sur Gauguin. Hofmannsthal, sur Van Gogh. Stendhal et la « Transfiguration » qu'il venait voir « six fois la semaine » et « cinq à six heures par jour ». Et donc Lucio Fanti, ce peintre que je connaissais à peine et dont je découvre à ma courte honte que trois, au moins, des écrivains que j'admire lui ont déjà consacré des textes. Calvino (1979). Semprun (1982 et 2003). Et surtout, plus étrange encore, un texte peu connu de Louis Althusser, écrit en 1977, avec cette phrase énigmatique sur sa relation à Maïakovski : « le souffle coupé d'un poète est encore un poème, qui dit pourquoi il acceptait de vivre. »

Les juifs, peuple de victimes devenu peuple de bourreaux ? Origine dans Hegel, « L'esprit du christianisme et son destin », où nous est dit ceci : « un peuple naturellement servile, structurellement esclave et voué à la déréliction ne peut accéder à la liberté qu'en esclavagisant les autres peuples. » Voilà. Nous y sommes. Faire du Hegel sans le savoir. Origines philosophiques d'une vulgarité contemporaine.

Kouchner a inventé le devoir d'ingérence. Peu, non seulement en France mais dans le monde, ont fait autant que lui pour les oubliés du monde. Il risque sa peau. Il se dépense sans compter. Il est de tous les combats, depuis presque quarante ans, pour la liberté et la dignité des hommes. Et voilà des « défenseurs des droits de l'homme » qui, confortablement installés dans les bureaux de leurs ONG, essaient de lui coller sur le dos une sale affaire de scandale pétrolier. On croit rêver. On sent les ficelles de la petite machination. Et on sait – je sais – que Bernard répondra, qu'il fera justice, très vite, de la sale calomnie. Mais quid de la fumée qui reste après le feu ? Quid de la remarque terrible de Debord, dans ses « Commentaires » : seule la première frappe compte – il n'y a, dans ces situations, jamais vraiment de deuxième frappe ?

9 janvier 2004.

Libérer Khawar Mehdi Rizvi ! Foucault et l'obscurité de Jacques Lacan. Dieudonné, antisémite. Nouvelle réponse à la question « qu'est-ce que les Lumières ? ». Kant et le foulard.

Ainsi donc nous sommes toujours sans nouvelles de Khawar Mehdi Rizvi, le reporter pakistanais qui a servi d'interprète à Marc Epstein et Jean-Paul Guilloteau, les deux journalistes de L'Express récemment rentrés en France. Comme tous ceux qui ont travaillé à Islamabad, j'ai eu l'occasion de croiser Rizvi. C'est un esprit libre. Un vrai professionnel. C'est l'un de ces excellents journalistes, formés à l'anglo-saxonne, qui sont l'honneur du Pakistan. Et je sais que nous avions, à Arte, des projets avec lui qui, s'ils aboutissent, contribueront à resserrer les liens entre nos deux pays. Un comité de soutien vient de se former, à l'initiative de Reporters sans frontières. Puisse-t-il aider à la mobilisation de la communauté journalistique internationale autour de l'un des siens. Puissent les autorités françaises peser de tout leur poids pour obtenir la libération d'un homme dont la seule faute aura été de servir de « fixeur » à deux Français. Epstein et Guilloteau sont libres. Il est terriblement choquant que Rizvi ne le soit pas et paie, au fond, pour eux.

Retrouvé, dans le feu de la bataille contre l'amendement Accoyer, un texte ancien et peu connu de Michel Foucault sur Jacques Lacan qui offre l'explication la plus belle et, surtout, la plus juste de la fameuse « obscurité » de l'auteur des « Ecrits ». Pas de coquetterie, dit en substance Foucault. Pas d'hermétisme pour le plaisir de l'hermétisme. Non. Juste la volonté de provoquer une lecture qui ne soit pas simple « prise de conscience » d'un sens préexistant. Juste le désir, soigneusement calculé dans une stratégie générale d'intelligence et de construction de soi, que le lecteur se découvre lui-même, en lisant, comme véritable sujet de désir. Juste l'idée que le travail fait pour entrer dans un texte devrait toujours être, aussi, un « travail à réaliser sur soi-même ». Belle leçon de lecture. De l'histoire de la lecture entendue comme un chapitre de l'histoire de la littérature et des idées.

Après s'être écrié « Heil Israël ! » à la télévision, voici que Dieudonné déclare, sur une antenne radio, qu'il « se torche avec le drapeau israélien ». On hésite à réagir à de telles ignominies. On craint, en répondant, de leur donner une importance qu'elles ne devraient pas avoir. Mais il paraît que l'homme est populaire. Il paraît qu'il est même « drôle » et qu'il comptait, avant ce passage à l'acte, parmi nos comiques de talent. Colère, alors. Amertume. Malaise grandissant face à toute cette série de verrous en train de sauter un à un. Un jour, c'est une synagogue profanée. Un autre, c'est un élève juif tabassé. Ailleurs encore, dans les quartiers difficiles, ce sont des juifs moqués, insultés, menacés, parfois battus. Et maintenant, chez un habitué des tréteaux médiatiques, c'est cette poussée de haine sur fond d'imaginaire scatologique. Le cocktail est connu. Le mélange – antisémitisme plus scatologie – est un classique du genre. Sommes-nous assez nombreux à nous en indigner ? Savent-ils, ceux qui iront bientôt l'applaudir sur telle ou telle scène parisienne, que c'est avec des insanités de ce genre que l'on met le feu dans les esprits ?

Nouvelle réponse, pour l'hebdomadaire allemand Die Zeit, à la vieille question kantienne « qu'est-ce que les Lumières ? ». Partir de Lacan, justement, évoquant, dans sa parabole de « Kant avec Sade », son « diamant de subversion ». Commencer par l'extrême bonne nouvelle que fut et demeure cette liberté de vouloir la liberté de l'autre, c'est-à-dire – Lacan, toujours – son « droit à la jouissance ». Revenir sur l'urgence, plus vive que jamais à l'heure, par exemple, du débat sur le foulard, de ce commandement intimé à chaque sujet de penser par soi-même, sans limites ni tuteurs, en sortant de sa propre minorité. N'empêche. Naïveté, aussi, des Lumières. Ombre de ces Lumières dont Milner a bien montré comment, en posant qu'il existe une « modernité politico-juridique » dont le prestige incontesté suffirait à donner congé à toute forme religieuse différenciée, elles ont aussi leurs « penchants criminels ». C'est toute la question posée, naguère, par l'Ecole de Francfort, puis par Georges Canguilhem. C'est toute l'aventure de ces critiques rationnelles de la rationalité dont le propos était de montrer que les formes dominantes de rationalité ne sont que l'un des visages possibles du travail de la raison. De même, oui, pour les Lumières. De même pour cette critique kantienne des Lumières – ce tri, à partir de Kant, dans la parole même de Kant : peut-être, mine de rien, l'une de nos tâches les plus urgentes.

Les défilés, donc, de ce week-end en faveur du foulard ? Ces étranges protestations républicaines de femmes et, surtout, d'hommes qui n'ont que faire, en réalité, des principes de la République ? Eh bien, Kant, justement. Cette réflexion kantienne sur le kantisme. Et, aussi, deux livres excellents où devraient se plonger, d'urgence, les ignorants qui croient que l'islam prescrit vraiment le port du voile, la haine de la sexualité et du corps, le mépris des femmes, l'antisémitisme : « Le sexe d'Allah », de Martine Gozlan (Grasset), et « La maladie de l'islam », d'Abdelwahab Meddeb (Seuil).

22 janvier 2004.

Pour la loi sur le voile.

Oui, tout bien pesé, en dépit des effets pervers, voire des risques, que tout le monde a soulignés, je suis partisan d'une loi interdisant clairement le port du voile à l'école.

J'en suis partisan, d'abord, par attachement au principe de laïcité. Cela n'a l'air de rien, la laïcité. Cela finit, avec le temps, par sonner comme un slogan ronflant, un peu creux, IIIᵉ République, désuet. Or, qui dit laïcité dit émancipation des sujets par rapport aux disciplines et carcans religieux, donc liberté. Qui dit laïcité dit mise à distance, au sein de l'espace public, de toutes les appartenances spirituelles ou communautaires, donc égalité. Qui dit laïcité dit construction d'un espace citoyen où hommes et femmes communient quelles que soient leurs croyances et leur foi, donc fraternité. La laïcité, en d'autres termes, n'est pas un élément parmi d'autres de la pensée républicaine, c'est sa devise. Ce n'est pas un corollaire de la démocratie telle qu'elle s'est bâtie, en France, au fil des deux derniers siècles, c'est son principe. En sorte que céder sur cette laïcité, céder au chantage de ceux qui, au nom – et c'est un comble ! – de la liberté d'expression ou de mœurs voudraient nous imposer leur fanatisme, c'est viser la République au cœur.

Je suis partisan de cette loi, ensuite, à cause de ce que signifie, dans un cadre politique général, cette offensive des partisans du foulard. Une chose est, en effet, la poignée de jeunes filles dont, chaque année, depuis vingt ans, les chefs d'établissement avaient à arbitrer, au cas par cas, la situation. Une autre est ce climat nouveau dans lequel la France semble baigner et qui culmina, l'autre samedi, dans les rues de Paris et d'ailleurs, avec ces étranges manifestations menées par un Parti des musulmans de France jusqu'ici presque inconnu, mais qui donna, ce jour-là, plus de raisons qu'il n'en faut pour se voir dissous et interdit. Le problème, alors, ce n'était pas le voile, mais la volonté – sic – de semer la terreur et la zizanie. L'enjeu, ce n'était plus les quelques centaines de jeunes filles embrigadées par des prêcheurs sans science ni conscience, mais la journaliste française et juive dont on conspua le nom. L'affaire du voile, autrement dit, n'était plus qu'un levier dans la longue épreuve de force entre les valeurs démocratiques et ce qu'il faut bien appeler l'intégrisme. Considérons-nous, oui ou non, que cet intégrisme est l'un des grands dangers du siècle qui commence ? Si oui, si nous estimons qu'il est bien là, le fascisme qui vient, alors cette loi est, plus que jamais, un signal politique nécessaire.

La troisième raison, c'est l'islam lui-même – la troisième raison, c'est cet autre islam qui, de Kaboul à Casablanca en passant par Paris, plaide pour un Coran qui serait adverse de celui-là et qui, en faisant le même chemin que, jadis, les autres monothéismes, en reléguant les exigences de la foi dans la seule sphère de l'intime et de la subjectivité, deviendrait compatible avec les principes de démocratie, de droits de l'homme, de tolérance. Est-ce lui ou son adversaire que nous voulons aujourd'hui appuyer ? Allons-nous, une fois encore, rééditer l'erreur qui nous fit jouer, naguère, les talibans contre Massoud, les imams saoudiens contre les Algériens persécutés ? Qui sommes-nous prêts à désespérer : celles et ceux qui, en islam, nous rappellent que le port du foulard n'est en aucune façon un commandement du Coran ou les partisans de la lapidation des femmes qui manifestaient, l'autre semaine, devant les consulats français, iranien et pakistanais ? Toute la question est là. Voter la loi, ce sera rendre service à l'islam en lui permettant de revenir à son message de miséricorde et de paix. Ne pas la voter, ou la voter du bout des lèvres, ce sera trahir ces adversaires de l'intégrisme qui sont l'honneur de l'islam d'aujourd'hui.

Car voici enfin la dernière, et peut-être la principale, raison d'être favorable à cette loi : les femmes elles-mêmes, le sort de ces jeunes Françaises musulmanes qui, même si elles n'en sont pas encore à se faire vitrioler lorsqu'elles contreviennent aux ordres des imams, sont les otages de ce triste débat. Cela a été dit cent fois. Mais la confusion ambiante, les doutes des uns ou des autres, l'ignorance générale quant à ce que disent réellement les textes sacrés obligent, semble-t-il, à le répéter. Le voile est un signe, non religieux, mais politique. Le voile est un signe, non de piété, mais de stigmatisation, de haine. Induire une femme à se couvrir, lui raconter – au mépris, je le répète, de la vérité des textes – que le port du hidjab serait un commandement sacré, lui cacher qu'il se trouve des commentateurs, et non des moindres, pour soutenir, par exemple, que le hidjab fut le privilège des femmes du Prophète et que c'est un péché d'orgueil, au contraire, de prétendre à leurs statut et dignité, c'est lui donner à croire que son visage est une offense à Dieu, son corps une source de péché, son sexe une souillure. Et c'est pourquoi il ne faut pas craindre de l'affirmer : par-delà même cette loi sur l'école, le combat contre le voile est un combat pour la liberté des femmes, donc pour les droits de l'homme, qui ne s'arrêtera pas à la réaffirmation des principes de laïcité.

29 janvier 2004.

Quand le Pakistan reconnaît avoir vendu ses secrets nucléaires. Juppé et les juges. Oz et Weitzmann : deux regards d'écrivains sur Israël.

Rebondissement dans l'affaire des savants atomistes pakistanais soupçonnés de vendre leur savoir-faire aux Etats voyous de la région. C'était le point crucial de l'enquête de Daniel Pearl, puis de la mienne. C'est le point qui, dans mon livre, a suscité les réactions les plus vives, notamment au Pakistan. Or voici que des informations en provenance d'Iran puis de Libye, voici que des aveux circonstanciés faits par ces deux pays à l'Agence internationale de l'énergie atomique et au gouvernement des Etats-Unis, confirment, et au-delà, mes conclusions. Voir la presse américaine depuis huit jours. Voir les quotidiens français des 2 et 3 février. Tout y est. Toute l'histoire d'Abdul Qadeer, ce père du programme nucléaire pakistanais, dont on apprend que les laboratoires ont livré plans et pièces de centrifugeuses permettant de produire de l'uranium enrichi. Toute la série de « prestations » qu'il a accomplies, depuis quinze ans et plus, en Corée du Nord. Jusqu'à Musharraff lui-même auprès duquel il occupait, jusqu'à samedi, les fonctions de « conseiller spécial » et qui vient de déclarer, à Davos, qu'il traiterait comme il se doit cet « ennemi de l'Etat ». A la bonne heure. Hommage à Daniel Pearl.

J'ai rencontré Alain Juppé au moment de la guerre de Bosnie. Il était, à ce moment-là, ministre des Affaires étrangères de Balladur, donc de Mitterrand. Et nous avons trop ferraillé pour que j'entre dans le chœur des hypocrites qui lui prêtent soudain toutes les vertus. N'empêche. L'homme est probe.

Il reste – je l'ai écrit, ici, le 2 janvier dernier – l'une des figures les plus honorables de la vie politique de ce pays. Et je continue de penser qu'il y a quelque chose qui ne va pas dans ce pouvoir qu'ont désormais les juges de mettre, de fait, hors jeu un responsable de cette qualité. Le droit, soit. La punition rétroactive des délits liés, avant la loi, au financement occulte des partis, admettons. Mais est-ce le rôle de la justice de dire d'un homme politique qu'il a « trompé la confiance du peuple souverain » ? Est-ce aux magistrats d'apprécier si un élu a trahi ces « valeurs de service public » qui « constituent le cœur de l'enseignement dans les grandes écoles de la République » ? Et qui menace le principe de la séparation des pouvoirs : un premier ministre se déclarant « surpris », ce qui est tout de même son droit, par une décision de justice en effet hors normes – ou des juges que l'on devine saisis par l'ivresse d'écrire à leur façon, dans les prétoires, l'histoire politique, voire institutionnelle, de leur pays ?

Dans le roman de Marc Weitzmann (« Une place dans le monde », Stock) une belle description de Tel-Aviv, cette ville étrange, sous-estimée, dont j'ai toujours pensé qu'elle inspirerait tôt ou tard un écrivain. C'est la partie finale du livre. Henri Froment, le narrateur, arrive en Israël où l'a convoqué le mystérieux Max Chapkin. Où est-il ? Que veut-il ? Qui est ce faussaire de génie qui a déjà ruiné la vie de Froment père et qui compte apparemment sur le fils pour écrire le dernier volume de ses Mémoires ? Pour l'heure, le rond point Dizengoff. Le béton fatigué de Ben Yehuda. Des vieux cinémas transformés en boîtes de nuit. Un front de mer étincelant, avec ses bars américains et ses embouteillages monstres. Des ruines de maisons coloniales coincées entre des immeubles modernes. Le plus beau quartier Bauhaus du monde. Des cubes de verre et de béton. Le vent. La mer. Une ville coincée, dit joliment Weitzmann, entre une « fondation inachevée » et une possible « destruction prochaine » – scène toute désignée pour l'ultime coup de théâtre d'un récit endiablé, et qui en comptait déjà quelques-uns. Israël, roman ?

« Faites la paix, pas l'amour » lance Amos Oz dans cet « Aidez-nous à divorcer » qu'il publie, ces jours-ci, chez Gallimard. C'est très exactement ce que j'appelle, moi, la « paix sèche ». Une paix sans lyrisme ni pathos. Sans émotion ni sentimentalité obligée. Une paix qui ne se croirait pas forcée d'inventer, en plus, on ne sait quelle formule magique soldant des décennies de conflit. Une paix qui – c'est le fond de l'affaire – romprait avec tout le raisonnement qui prévalait depuis trente ans et qui a culminé avec Oslo : étapes, petits pas, double et progressive reconnaissance et, au terme du processus, comme une sorte de couronnement ou de récompense ultimes, le partage de la terre, le compromis entre les rêves. Avec Oz, nous proposons l'inverse. La paix d'abord. Le compromis tout de suite. Un repositionnement de Tsahal sur des frontières sûres, reconnues, claires. Une rupture, autrement dit, avec une situation, la pire de toutes, qui oblige à livrer une guerre sans vraie ligne de front où chaque Israélien, de ce fait, devient une ligne de front à lui tout seul. Et, alors, seulement alors, au fil du temps, l'apprentissage de l'amour.

5 février 2004.

Nouvelles informations sur Abdul Qadeer Khan.

L'affaire Abdul Qadeer Khan, à nouveau. L'incroyable histoire de ce savant nucléariste pakistanais qui livrait, depuis quinze ans, en toute liberté et impunité, ses secrets les plus sensibles à la Libye, l'Iran, la Corée du Nord et dont on vient d'apprendre que le Président Moucharraff en personne, au terme d'une entrevue dont rien ou presque n'a filtré, a fini par lui accorder son « pardon ». Dossier clos, vraiment ? Affaire classée ? C'est ce que l'administration américaine, emboîtant étrangement le pas à la doctrine officielle pakistanaise, est en train d'essayer de faire croire. Connaissant un peu le dossier et me trouvant être, sauf erreur, l'un des premiers observateurs français à avoir tenté d'alerter l'opinion sur l'extrême gravité de la situation je crois, moi, au contraire, que nous ne sommes qu'au tout début de cette histoire...

On ne va pas tarder à découvrir, par exemple, que, loin, comme cela se raconte, de s'être arrêté il y a deux ans, ce terrifiant trafic s'est poursuivi jusque hier c'est-à-dire, en réalité, jusqu'après la prétendue prise de conscience du 11 septembre : ce dernier voyage à Pyongyang, le treizième, effectué en juin 2002 par le bon docteur Khan ; ce bateau, arraisonné en août dernier encore, en pleine Méditerranée, et qui transportait vers la Libye quelques-uns des éléments constitutifs d'une centrale nucléaire – le monde, derrière l'Amérique, avait les yeux fixés sur Bagdad et ses armes de destruction massive imaginaires alors que c'est de Karachi que partaient les grandes ondes de la prolifération nucléaire de demain.

On lira vite, très vite, que loin d'être le Docteur

Folamour surexcité mais, finalement, plutôt isolé que dépeignent la plupart de nos media, Khan était au centre d'un réseau immense, d'une toile incroyablement dense et serrée : sociétés écrans à Dubaï, rencontres à Casablanca et Istanbul avec ses collègues iraniens, complicités en Allemagne et en Hollande, agents malais et philippins, détours par le Sri Lanka, connexions chinoises et londoniennes – un monde, oui, toute une planète du crime et de la guerre sale que les occidentaux, empêtrés dans un grand jeu qui est en train de les dépasser, ont laissé se développer avec une légèreté qui rappelle, mais en bien pire, celle qui présida, naguère, à la mise sur orbite des Talibans.

On s'apercevra que, le Pakistan étant tenu d'une main de fer par ses services secrets et son armée, il est tout simplement inconcevable que Khan ait opéré seul, sans ordres ni couverture : on comprendra, plus exactement, qu'on ne peut pas à la fois répéter, chaque fois qu'est posée la question de la fiabilité du système : « ne vous inquiétez pas ; l'arsenal pakistanais est sous contrôle ; pas une tête de missile ne bougera sans que les autorités en soient informées » et, aujourd'hui, face à l'ampleur de la catastrophe annoncée, jurer, main sur le cœur : « Khan était un homme seul, une sorte de soldat perdu, il jouait pour son propre compte, pas un officiel n'est impliqué ».

On remontera jusqu'à Moucharraf – le Pakistan étant ce qu'il est, l'on ne pourra pas ne pas remonter, non seulement jusqu'à tels ou tels généraux ou ex-généraux (d'ores et déjà, ces noms, croisés dans le cours de ma propre enquête et auxquels j'ose espérer que de plus compétents que moi s'intéresseront : Mirza Aslam Beg et Jehangir Karamat, tous deux anciens chefs d'état-major interarmes), mais jusqu'au Président lui-même dont tout le monde sait, à Islamabad, qu'il n'ignorait rien des sombres menées de celui qu'il vient, au moment même où il le confondait, de célébrer comme un « héros » : que sait Khan de ce que sait Moucharraf ? que sait Dina, sa fille, repartie pour Londres en annonçant qu'elle emportait des valises de dossiers plus compromettants les uns que les autres ?

Et puis on en viendra enfin, tôt ou tard, au vrai secret, le plus lourd, celui que Daniel Pearl avait commencé d'entrevoir et qui lui a peut-être coûté la vie, celui que j'avais, à mon tour, en remettant mes pas dans les siens, tenté de percer un peu plus : Al-Qaeda ; les liens de Khan avec le Lashkar-e-Toïba, ce groupe terroriste et fondamentaliste qui est au cœur d'Al-Qaeda ; le fait, autrement dit, que ce savant fou est d'abord un fou de Dieu, un islamiste fanatique, un homme qui, en son âme et conscience, croit que la bombe dont il est le père devrait appartenir, sinon à l'Oumma elle-même, du moins à son avant-garde telle que l'incarne Al-Qaeda ; la probabilité, donc, du scénario de cauchemar que j'annonçais au terme de mon enquête et qui est, plus que jamais, notre horizon – un Etat pakistanais qui, à l'abri de son alliance avec une Amérique qui n'en est décidément pas à une inconséquence près, fournirait à Ben Laden les moyens de passer à l'étape ultime de sa croisade.

Combien de temps faudra-t-il pour que tout cela se dise ? Combien de temps durera la mascarade d'Islamabad ? C'est le mois prochain que le Congrès américain votera les trois milliards de dollars d'aide au Pakistan : cet aspect des choses sera-t-il pris en compte ? exigera-t-on enfin, en échange de cette aide, l'inspection des sites pakistanais, ainsi que la mise en place du système de double clé que nous sommes quelques-uns, en Europe et aux Etats-Unis, à réclamer ? Ces quelques éléments pour l'instant. Cette modeste contribution à un débat qui ne fait, je le crains, que commencer.

12 février 2004.

Le Byzance de Julia Kristeva. Bondy + Reza. Libérez Battisti.

Julia Kristeva, « Meurtre à Byzance ». Voilà un roman dont on n'a pas lu l'équivalent depuis « Le nom de la rose », d'Umberto Eco. Voilà un thriller. Une fable métaphysique. Un roman d'amour. Un autoportrait crypté. Voilà un récit picaresque sur fond de sectes, de terrorisme, de fin de l'Histoire, d'Europe en construction ou convulsion, de meurtres rituels, de manuscrits mystérieux. Voilà une méditation sur le Mal. Un retour, mais à travers la fiction, sur cette irrémédiable « étrangeté à soi » explorée, ailleurs, par l'auteur. Voilà un roman sur le roman. Une mise en abyme du genre et de ses conventions. Une démultiplication des temps, des espaces, des régimes de crédibilité devenus, sous la plume de Kristeva, autant d'occasions de virtuosité narrative. On y rencontre un serial killer et une amoureuse compulsive. Des prêtres du XIe siècle et des érudits polyglottes. Un policier au double visage. Un savant qui est aussi un assassin. Un voleur de feu dissertant sur les gargouilles. Un Premier ministre que l'héroïne appelle Lionel. Des moines iconophiles. Des foules, mêlées, de pèlerins et de touristes japonais. Des obsédés de l'idéologie française. Des bogomiles modernes. Des rois byzantins contemporains. Des transfusions de sens et de mémoire où l'on ne sait plus, soudain, qui parle, de tel chroniqueur de la première croisade ou de tel universitaire spécialiste d'histoire des migrations. Un roman total, en somme. Le rêve de la Grande Forme tissant, dans la même intrigue, tous les fils du romanesque. Et, en prime, une lecture passionnante.

Bizarre cette façon, un peu partout, de tirer à boulets rouges sur « Une pièce espagnole », de Yasmina Reza, mise en scène par Luc Bondy au Théâtre de la Madeleine. Fait-on payer à l'une un succès trop éclatant et qui doit si peu à la critique ? A l'autre, d'avoir « trahi » la cause du sacro-saint théâtre public dont il reste, avec Chéreau, l'une des éminences incontestées ? J'ai une autre hypothèse. Le contenu même de la pièce. Son jeu sur le jeu, sa parodie des codes et des croyances propres à toute représentation, sa façon de démystifier, désenchanter, un jeu théâtral auquel nous tenons peut-être davantage que nous ne voulons bien l'admettre – sa façon de nous dire que les acteurs ne sont pas des personnages, ni les personnages des humains ordinaires, et que c'est le monde entier qui est, théâtre compris, une universelle tromperie. Reza et Bondy ne sont pas les premiers, bien entendu, à dire cela. Et l'on entend, dans leur spectacle, comme un lointain écho des fables les plus grinçantes d'un Bernhard ou d'un Vauthier. Mais ils vont, il me semble, un peu plus loin. Ils progressent dans cette mauvaise foi raisonnée. Et il y a, dans la chimie même de la rencontre entre leurs deux formes d'ironie, quelque chose qui les dépasse, dont ils ne sont eux-mêmes peut-être pas conscients, mais qui finit de faire exploser les derniers codes de l'illusion comique. Les scènes de théâtre dans le théâtre, dignes de Pirandello... L'imprécation de lever de rideau contre la « lâcheté » des acteurs... L'outrance hyperréaliste, donc déréalisée, du jeu de Marianne Denicourt, Bulle Ogier, Thierry Fortineau, Dominique Reymond, André Marcon... Tout cela crée le malaise ou au contraire – c'est mon cas – la plus intense jubilation. A vous de voir. A vous de juger.

Cesare Battisti, cet ancien responsable des Prolétaires armés pour le communisme reconverti dans la – bonne – littérature policière et arrêté, l'autre matin, par les policiers français. Je l'ai croisé, naguère. Il était là, je m'en rends compte en relisant mes notes de l'époque, lors de la réunion organisée, en novembre 1978, à Rome, par le quotidien italien Lotta continua et où l'on débattit, avec Félix Guattari et d'autres, de la question de savoir si le terrorisme était, ou non, l'enfant naturel d'un couple diabolique, le fascisme et le stalinisme. Aujourd'hui le temps a passé. La guerre est finie. La révolution aussi. Et tout le monde, parmi les protagonistes du débat d'alors, serait d'accord pour estimer que le choix de la « lutte armée » était à la fois absurde et criminel. Qui a intérêt, dans ce cas, à rouvrir la vieille plaie ? Pourquoi, alors que Battisti vivait à visage découvert, avec femme, enfants, éditeur pour ses romans, amis, adresse connue, faire tout à coup semblant de le prendre pour une sorte de clandestin ? Et est-ce une si bonne idée, vraiment, pour une Italie visiblement menacée par une nouvelle sorte de terrorisme, de venir chercher noise à un retraité de la violence à l'ancienne qui a, dans ses romans, plus fait que n'importe quel autre pour donner à penser, donc conjurer, le phénomène ? Ici, en tout cas, en France, la question ne se pose même pas. La chambre d'accusation de la cour d'appel de Paris a en effet, voilà treize ans, déjà répondu non à une précédente demande d'extradition. Tous les gouvernements, depuis ce temps-là, ont implicitement ratifié une position notamment dictée par cette particularité du droit italien qui fait qu'un condamné par contumace devrait, s'il était livré, filer directement en prison sans possibilité de nouveau procès. En sorte que, nul élément nouveau n'étant apparu depuis ce temps, les autorités françaises n'ont, aujourd'hui, qu'un mot à dire, un geste à faire : libérer Cesare Battisti.

19 février 2004.

Au fil des jours.

Comment écrire la biographie d'un écrivain qui s'est évertué à effacer ses propres traces ? Comment raconter un homme qui, jusqu'au bout, aura multiplié les masques, les fausses pistes, les leurres ? Le faut-il, d'ailleurs ? Ce que cet Arkadin à l'envers s'est ingénié à déconstruire et dont la déconstruction fit proprement partie de l'œuvre, au nom de quoi va-t-on, peut-on, le reconstituer ? Quand un écrivain a fait sien jusqu'au vertige le paradoxe fameux de Cioran, quand le risque d'avoir un jour un biographe l'a dissuadé, vraiment, d'avoir une vie, est-il légitime de passer outre et de lui rendre, de force, le corps qu'il a fui ? Nous avions eu, dans le genre, le « Pessoa » de Bréchon. Puis le « Blanchot » de Bident. Eh bien, voici, de même, un énorme « Henri Michaux », chez Gallimard par Jean-Pierre Martin. J'y reviendrai.

Deux ans déjà de détention pour Ingrid Betancourt. Et deux ans que l'on nous ressert la même rengaine : « on ne négocie pas sous la menace, on ne traite pas avec les terroristes... » L'argument, hélas, ne tient pas. Le raisonnement n'est que le cache-misère de ce que Leonardo Sciascia, au moment de l'affaire Moro, appelait « le pire mensonge d'Etat ». Car enfin tous ceux qui connaissent un peu la situation le savent : on ne fait que cela, en Colombie, de traiter avec les FARC ! elle est, cette affaire colombienne, le cas d'école absolu où l'on voit comment la discussion permanente, le va-et-vient des émissaires, le compromis font partie intégrante du jeu de la guerre ! J'ai, au moment de mon enquête sur les guerres oubliées, rencontré quelques-uns de ces émissaires. J'ai visité la zone du Caguan, grande comme deux fois la Suisse, que les autorités colombiennes ont offerte à une guérilla avec laquelle elles prétendent, tout à coup, ne pas vouloir pactiser. Quelle dérision ! Quelle tartuferie ! Et comme on comprend la colère de la famille et des amis de la députée martyre !

Deux regrets le soir des césars. Le traditionnel hommage aux disparus de l'année (Marie Trintignant...), qui, pour la première fois, fut bizarrement oublié. Et puis l'image qui, à la fin, devint franchement pénible de ces mutins strassés venant, l'un après l'autre, entre messe et kermesse, chahuter un ministre à qui le dispositif même de la soirée ne permettait que de sourire et se taire. La cause des intermittents est juste. Et sans doute Aillagon pourrait-il faire encore plus pour empêcher que la chasse à la fraude ne serve d'alibi au démantèlement en douceur d'un régime dont le Medef, on le sait, ne veut plus. Mais pourquoi, mon Dieu, tant de violence ? Pourquoi cette complaisance à se draper dans la pose d'une radicalité qui n'avait, en l'espèce, pas lieu d'être ? Et est-ce ainsi, vraiment, qu'avancera la bonne querelle démocratique – celle qui, hors démagogie, permettra de mettre à plat ce qui a été sauvé, ce qui ne l'a pas été et ce qui peut encore l'être de ce régime d'intermittence qui participe, ô combien, de l'exception culturelle ? Je n'aime pas beaucoup ce gouvernement Raffarin. Mais je trouve bien exagérée l'idée qu'il aurait « déclaré la guerre à l'intelligence ».

Autre thème qui, cette semaine, a permis aux adversaires de la pensée complexe de s'en donner à cœur joie : la fameuse « clôture de sécurité » dont le procès vient de s'ouvrir à La Haye. Nul ne dit que cette clôture soit la solution rêvée. Nul ne songe à nier que le tracé projeté serait, s'il valait frontière, inacceptable. Mais qui, justement, parle de frontière ? N'est-il pas présenté, ce mur, comme une enceinte provisoire, démontable, et dont un tronçon, à l'heure où j'écris, est d'ailleurs en train d'être démonté ? Pourquoi « mur de Berlin » ? « Apartheid » ? Mur de la « haine » et de la « honte » ? Pourquoi, une fois de plus, n'entendre qu'un des deux bords et endosser, sans esprit critique, le discours de sa propagande ? Plus intéressante, cette autre nouvelle qui fait, hélas, moins de bruit alors qu'elle montre que le parti de la paix commence, enfin, de marquer des points jusque dans le gouvernement Sharon : l'armée israélienne va évacuer Gaza.

Les intellectuels face au terrorisme – cette vraie guerre, pour le coup, à l'intelligence ? Deux textes, signés de deux noms à bien des égards contemporains. D'un côté Alain Badiou (Le Monde du 22-23 février), qui, après avoir appelé Mallarmé à la rescousse des jeunes islamistes forcées au « déshabillage », termine par un portrait du kamikaze en « révolutionnaire » mourant « au nom d'une idée » et nous renvoyant à notre destin de « vieux enfants » coupables d'avoir liquidé « jusqu'au souvenir de l'idée de révolution ». De l'autre Jacques Derrida, qui, dans un livre à deux voix avec Habermas (« Le concept du 11 septembre », Galilée), ne se prive pas de réfléchir au type d'événementialité inauguré par le nouveau terrorisme, à la rupture qu'il opère avec le schéma schmittien de la lutte frontale entre ennemis, à son enracinement dans l'intime d'une relation auto-immune, donc suicidaire, des démocraties avec elles-mêmes – mais sans jamais tomber, et tout est là ! dans le vieux piège progressiste de la victime coupable du malheur qui la frappe. Deux lignes, oui. Et deux styles.

26 février 2004.

Les intermittents et le spectacle. Debord et Sartre. La gauche divine des « Inrockuptibles ». Fin du théologico-politique ? Gide, Cravan et Bataille. La concurrence des victimes selon Dieudonné.

Intermittents du spectacle ou fantômes du permanent ? D'où vient qu'il n'y ait plus une manifestation culturelle, un hommage, une grand-messe sans ces provocations calibrées, mises en scène, minutées ? D'où vient que le clou de tels césars ou de telles autres festivités, le sommet du spectacle, le grand moment que le public attend et qui fait la réussite de la soirée, soit toujours, désormais, l'une de ces imprécations préparées et soigneusement calculées ? Relire Daney.

« L'aventurier est celui qui fait arriver les aventures plus que celui à qui les aventures arrivent » : cette formule des lettristes, plusieurs fois reprise par Debord qui en fit le cœur du programme situationniste, je lis dans « Pour Mémoires », de Boris Donné (éditions Allia), qu'elle est reprise de « La nausée », de Sartre. Eh oui. Sartre et Debord. Sartre à l'origine de ce segment de la pensée Debord. Et ce, même si Debord s'ingénie, ensuite, à effacer la trace du détournement. Piller Sartre et l'insulter...

Comment écrivez-vous ? Comme Picasso : je trouve d'abord, je cherche après. Ou comme le peuple juif selon la Bible : nous ferons, et nous écouterons.

Quoi de commun entre archéologues privés de fouilles et professeurs mal-aimés ? psychanalystes évalués et chercheurs sans crédits ? la situation des urgentistes et les progrès de l'ordre moral ? le sort de Battisti et celui des intermittents ? quoi de commun entre ces « catégories » d'un « parti de l'intelligence » auquel le gouvernement Raffarin aurait déclaré la guerre et dont « Les Inrockuptibles » s'instituent les porte-parole ? Pour ma génération, ce type d'amalgame porte un nom. Pour ceux qui, comme moi, ont vécu les ravages de la religion progressiste, cette volonté d'« unifier les luttes », cette façon de postuler une harmonie providentielle entre « les combats », cette idée selon laquelle il y aurait « un certain point » à partir duquel toutes les plaies ouvertes de la société révéleraient leur ténébreuse mais profonde unité, tout cela, donc, sent l'esprit de parti dans ce qu'il a de plus religieux. Ombre du bourdivisme. Spectre des grands rassemblements incantatoires qui, une fois déjà, tuèrent la « gauche divine » (Baudrillard).

Le Massoud de Morillon. Le mot de Brecht, terrible, dans « La vie de Galilée », tableau 13 : « malheur aux peuples qui ont besoin de héros ».

Trop de confusion autour de cette affaire Dieudonné. Comment expliquer aux uns que lorsqu'un type nous explique que les juifs sont des anciens négriers reconvertis dans la banque il est sans le moindre doute antisémite ? Aux autres que faire de cet antisémite une victime, le transformer en combattant de la liberté d'expression bafouée, lui donner, en l'interdisant d'Olympia, la palme du martyre, céder, en d'autres termes, à sa pathétique injonction, toujours la même (« voici ma provocation ; où est votre persécution ? »), était un piège terrible où trop de bons esprits sont tombés ? Double tenaille.

Jadis, la philosophie : l'art de s'étonner. Aujourd'hui, depuis Bataille : l'art d'avoir peur, l'exercice de la terreur.

J'ignorais que ce fût lui, Arthur Cravan, le « colosse mou », qui, après avoir tant inspiré Breton, servit de modèle au Lafcadio de Gide.

Si j'étais pour cette loi sur le foulard, c'est, aussi, parce que j'en ai assez des pièges du théologico-politique. Qu'il y ait un lieu au moins où l'on disjoigne les deux ! Qu'il y ait un lieu – la France, peut-être l'Europe – où l'on cesse de faire comme s'il y avait un axe du Bien, une justice infinie, un

« in God We Trust » aux commandes de la politique ! Qu'il y ait un lieu où l'on ait la force de casser la molécule, de provoquer la grande fission du siècle – nouvelle séparation, non de l'Eglise et de l'Etat, mais du théologique et du politique.

Un intellectuel digne de ce nom est toujours extrêmement en avance ou extrêmement en retard. Pasolini. « Lettres luthériennes ».

Et, en même temps, la justice ne s'arrête pas non plus au droit ; peut-être même ne commence-t-elle que lorsqu'il a, le droit, tout dit de son dernier mot.

Au cœur de l'affaire Dieudonné, l'éternel poison de la concurrence des victimes – l'éternelle bêtise de ceux qui vont partout répétant : « à trop vous occuper des juifs, vous ne vous occupez plus assez des autres ; il est, votre martyre juif, comme une ombre portée sur, par exemple, le malheur de l'Afrique ». Je n'ai attendu personne, grâce au ciel, pour m'occuper des deux. Ne pas céder sur la Shoah ne m'a jamais empêché, bien au contraire, d'avoir le Burundi, le Rwanda, l'Angola, le Sud Soudan, au cœur – ni, aujourd'hui, de me réjouir de voir le peuple haïtien débarrassé de son tyran.

4 mars 2004.

Kouchner contre les nains. Grandeur de Lanzmann. Adresse à Jean-Pierre Raffarin sur le cas Cesare Battisti.

Bernard Kouchner, c'est notre jeunesse. Vraiment « Notre jeunesse ». Au sens de Péguy, donc, autant qu'au sens ordinaire. Nos combats. Nos engagements. La fidélité la plus têtue à ce que ces combats, ces engagements eurent, et continuent d'avoir, de meilleur. Un parfum de dreyfusisme perpétuel. Une façon, quand tant de nos contemporains se rangent, renoncent ou se complaisent dans le cynisme, d'être, lui, toujours en mouvement. Ne céder sur rien. Défendre, haut et fort, son cher devoir d'ingérence. Avec, en prime, cette façon qu'il a, en vieillissant, de tempérer l'optimisme de principe qui est la seule chose, en lui, qui m'agaçait autrefois – avec cette façon, oui, d'adosser ses anciennes ferveurs à ce bel et bon pessimisme qui est le meilleur allié des philosophies authentiquement démocratiques. Alors, quand j'entends que cet homme-là est populaire chez les Français, mais pas chez les secrétaires de section du PS, quand je lis que la classe politique fait tout ce qu'elle peut pour le marginaliser ou l'éliminer, quand je vois, enfin, des chroniqueurs mondains brocarder, ici ou là, le livre qu'il vient de publier et où se croisent et se répondent son expérience au Kosovo et les débats sur la guerre en Irak, j'avoue que les bras m'en tombent. Ressentiment ? Revanche de la pensée nanifiée contre l'un des rares à prendre la grandeur au sérieux ? Guerre, par-delà Kouchner, à ce qui reste de vivant dans ce fameux « émoi de Mai » (Jacques Lacan) qui hante plus que jamais l'époque ? Je ne sais pas.

Bizarres aussi ces attaques croisées, quoique encore feutrées, contre Claude Lanzmann et son « Shoah ». Ici, ce sont des blagues grasses sur sa supposée intolérance aux autres films sur la « question ». Là, des considérations confuses – et témoignant, surtout, de ce que l'on parle du film sans l'avoir vu – sur l'« interdit » qu'il ferait peser sur l'idée même de représenter le trou noir de la destruction des juifs. Là encore (Georges Didi-Huberman, « Images malgré tout », Minuit), une étrange « guerre des images » dont le seul effet est, pour l'heure, de relancer les débats les plus oiseux autour des « preuves » des chambres à gaz. Et puis le comble, enfin : ce gros livre (Shlomo Sand, « Le XXe siècle à l'écran », Seuil) qui se présente sans rire comme une synthèse des relations entre le cinéma et le siècle et qui, dans les quatre pages consacrées à « Shoah », accumule les niaiseries, les contre-vérités les plus énormes et, parfois, les calomnies (quelques lignes, ordurières, sur la production du film). Je ne vais pas rappeler ici l'importance d'une œuvre qui bouleversa la vision du monde de nombre d'entre nous. Je ne vais pas redire la force d'une entreprise qui sut, sans prétendre les « ressusciter », faire parler les âmes mortes d'Auschwitz et de Treblinka. Et je ne m'inquiète guère, au demeurant, du tort que peuvent causer des vomissures de cette espèce à un film qui a d'ores et déjà sa place – et quelle place ! – dans l'histoire du cinéma. Mais il y a là, simplement, un signe. Un très, très mauvais signe. Je ne « sacralise » pas Lanzmann. Mais je suis persuadé que le cas Lanzmann est un marqueur. Cracher sur « Shoah », c'est dire que le pire est, de nouveau, à portée de souffle.

Puisque le Premier ministre dit me compter (Libération du mardi 9 mars) au nombre des « esprits libres » de ce pays, je voudrais lui dire un mot, librement, d'un cas qui n'en finit apparemment pas de défrayer la chronique politique : celui de Cesare Battisti. Pour ceux qui redoutaient, et redoutent encore, son extradition vers l'Italie, il ne s'agit évidemment pas, monsieur le Premier ministre, de nourrir la moindre indulgence à l'endroit du mal absolu qu'est le terrorisme. Il s'agit juste de rappeler ce principe élémentaire de notre droit qui s'appelle l'autorité de la chose jugée : Battisti fut déclaré non extradable par un arrêt de la cour d'appel de 1991 ; quel est l'élément nouveau qui permettrait, au mépris de toutes nos règles, de rejuger ce qui l'a déjà été ? Il s'agit de s'inquiéter de cette particularité de la loi italienne qui fait qu'un condamné par contumace n'a, s'il finit par se livrer ou être livré, plus droit à un procès : vu la complexité du dossier, vu le caractère pour le moins passionné des débats de l'époque, vu le fait, par exemple, que deux des crimes qui lui sont imputés furent commis, à la même heure, dans deux villes différentes d'Italie, pouvons-nous décemment livrer un possible innocent à une police qui n'aurait d'autre choix que de l'enfermer immédiatement, mécaniquement, et pour le restant de son existence ? Et puis il s'agit aussi, monsieur le Premier ministre, d'une question de morale : un homme qui s'est trompé et qui le dit, un propagandiste de la violence qui juge, trente ans après, que cette violence était une impasse et un crime, un mauvais maître qui, non content d'abjurer son mauvais passé, exhorte les générations nouvelles, dans ses romans, à ne surtout pas l'imiter, cet homme-là ne mérite-t-il pas, sinon le pardon, du moins une certaine indulgence ? C'est ce qu'avait compris François Mitterrand en proposant de tourner la page des années de plomb. C'est ce qu'ont redit, d'une même voix, Jacques Chirac et Lionel Jospin, il y a cinq ans. C'est ce qu'il vous appartient de réaffirmer en tenant, du même coup, la parole de la France.

11 mars 2004.

Premières leçons de Madrid.

La guerre. Vraiment la guerre. Une étrange guerre, sans doute. Une guerre sans champ de bataille. Une guerre sans ligne de front où nous sommes tous, chacun pour sa part et pour sa peau, une sorte de ligne de front à soi tout seul. Une guerre de type nouveau. Une guerre d'après la guerre selon Clausewitz et tous les théoriciens classiques de la guerre traditionnelle. Une guerre où, pour la première fois, l'adversaire ne demande rien, n'a pas de buts affichés et reste sans visage, insaisissable. Une guerre pour rien. Une guerre nihiliste. Mais enfin une guerre quand même. Qui, aujourd'hui, peut douter que nous soyons, plus que jamais, et sans l'avoir voulu, en guerre ? Qui peut ignorer qu'elle n'est même pas encore allée, cette guerre, aux extrêmes de sa logique, de ses armes virtuelles ?

L'Europe. Ils étaient nombreux ceux qui, en Europe, estimèrent, le 11 septembre, que c'était une guerre américaine ne nous concernant, nous, que de loin. Eh bien erreur, évidemment. Terrible et grossière erreur. C'est à la démocratie, pas à l'Amérique, qu'Al-Qaeda s'en était pris. Ou plutôt c'était à l'Amérique, oui, mais en tant qu'elle était le symbole du rêve, de la civilisation, démocratiques. Aujourd'hui, l'autre incarnation du rêve. Aujourd'hui, cette « vieille Europe » qui, dans l'œil des terroristes, n'est que l'autre face de la « nouvelle ». L'Europe, pour Al-Qaeda, c'est l'Amérique en plus fragile. Londres, Milan, Paris, c'est New York, le même New York, quoique encore plus ouvert et, donc, plus vulnérable. C'est pourquoi les Européens sont, aujourd'hui, au cœur de la tourmente terroriste. C'est pourquoi le prochain attentat aura vraisemblablement pour lieu, non Jérusalem ou Boston, mais l'une de ces grandes villes d'Europe.

L'Irak. Autre erreur. Autre leurre. Et, pour les petits malins qui, depuis quelques jours, se rassuraient en répétant : « tout ça, c'est les suites de la guerre en Irak ; Aznar n'a fait que payer sa position de laquais de Bush en Irak », pour le munichisme spontané de ceux qui se frottaient les mains en songeant : « l'Europe, d'accord ! mais il y a Europe et Europe ! ah comme nous fûmes bien inspirés de nous tenir, nous, à l'écart de l'aventure ! », de bien mauvaises surprises en perspective ! Je n'ai pas changé d'avis, pour ma part, quant à l'immense absurdité que fut cette guerre irakienne. Mais ceci, il ne faut pas se lasser de le répéter, est sans rapport avec cela. Et, ayant un peu étudié la rhétorique et le fonctionnement d'Al-Qaeda, ayant observé de près quelques-unes des séquences de son histoire la plus récente, je ne crois pas me tromper beaucoup en affirmant : de même que l'organisation de Ben Laden ne fait pas la différence entre vieille et nouvelle Europe, de même elle ne distingue, et ne distinguera pas, entre Europe « dure » et Europe « douce » – entre l'Europe « américanisée » et celle qui, en Irak, a pris le parti de la « paix ». L'enjeu de l'histoire, ce n'est pas l'Irak, mais « les juifs et les croisés ». Le problème de ce nouveau terrorisme franchisé Al-Qaeda, c'est de frapper en Europe, sans faire de détail, n'importe où, aux lieux et dates où cela semblera le moins difficile.

Les cibles ? Ce que prouve encore ce 11 septembre madrilène, c'est qu'il n'y a plus, non plus, dans cette affaire, véritablement de cibles. Le terrorisme ancien ciblait des hommes. Des institutions.

Des lieux symboles plus ou moins éloquents. Jusqu'au 11 septembre new-yorkais dont on pouvait encore penser qu'il visait, avec les tours, l'emblème d'un capitalisme à son apogée. Là, des trains de banlieue. C'est-à-dire tout le monde et personne. Des hommes sans importance collective ni qualités. Taper dans le tas. C'est-à-dire, d'une certaine manière, dans le vide. Ou dans le vide, à tout le moins, de ce que l'on appelait jadis l'idéologie. Un terrorisme sans mots. Sans message. Un terrorisme dont on savait qu'il n'était plus, comme autrefois, l'émanation directe de tel ou tel Etat, mais dont on découvre, symétriquement, que ce n'est plus, non plus, aux Etats qu'il en a mais aux peuples, aux pauvres gens, dans leur atroce indistinction. Peut-être est-ce cela, proprement, le terrorisme de masse. Sans doute est-ce là, en tout cas, l'autre nouveauté de l'événement.

Un terrorisme aveugle, alors ? Oui, si l'on entend par là cet aveuglement, donc, à la spécificité des cibles. Mais non, certainement non, si, par aveugle, l'on veut dire : sans intelligence ni calcul, soumis au pur caprice de la pure irrationalité. Le fait, par exemple, que ce soit le premier attentat de ce type assez rationalisé pour ne pas avoir eu besoin, semble-t-il, de kamikazes... Le choix de la date du 11 mars, 911 jours, exactement, après le 11 septembre : 911 comme « 9.11 » ; 911, c'est-à-dire « nine eleven »... Ou bien le fait – la date encore – que l'on ait choisi, pour ce massacre, une veille d'élections générales : sans doute Aznar a-t-il commis l'erreur de prendre les Espagnols pour des naïfs et peut-être n'aurait-il pas perdu s'il n'avait pas menti ; reste l'irruption d'Al-Qaeda dans l'élection ; reste le fait nouveau qu'est, pour une organisation postpolitique, d'avoir acquis cette intelligence de la politique de l'adversaire ; on s'émerveillait, jusqu'ici, de voir Ben Laden faire chuter les marchés financiers – peut-être devra-t-on se faire à l'idée qu'il puisse, aussi, peser sur les scrutins. A suivre, hélas.

18 mars 2004.

Les bonnes nouvelles de l'élection.

On a sauvé le soldat Politique. Tout le monde prévoyait une abstention massive et un nouveau désastre civique. Tout le monde imaginait un autre 21 avril sur fond de « tous pourris, tous pareils, à quoi bon aller voter si c'est pour prendre les mêmes et recommencer ». Ce poujadisme n'a pas pris. Les politiques antipolitiques n'ont pas été entendus. Et ce pays de plus en plus bizarre qui savait à peine, huit jours plus tôt, quand était l'élection, combien de tours, quels enjeux, s'est miraculeusement ressaisi et est quand même allé aux urnes. Regain démocratique. Sursaut. Un peu de l'amertume, de la honte du 21 avril effacées.

Raffarin disait : élections locales. La gauche, prudente, laissait faire et n'osait pas trop le contredire. Les Français, eux, l'ont contredit. Avec un sens politique qui a surpris, là aussi, les meilleurs augures, ils ont compris et dit que l'enjeu était national. Ils n'ont pas voté aquitain ou breton, mais républicain. Ils n'ont pas voté pour telle rocade sur telle autoroute, mais pour ou contre le retour du chômage, la politique de la recherche ou de l'intermittence – ils ont voté en fonction des grands problèmes qui se posent, partout, à tous les Français. Echec du localisme. Un peuple qui sait, et le dit, que le propre de la démocratie, c'est qu'il n'y a jamais, nulle part, de scrutin purement local. Bravo.

Raffarin, justement. L'apôtre de la France d'en bas, le chantre de l'intelligence de la main n'est pas un mauvais homme, mais c'est un médiocre Premier ministre. Eh bien, affaiblissement de Raffarin. Preuve, plus exactement, qu'il n'est peut-être pas à la hauteur de ces grands enjeux nationaux. Et voie libre, de ce fait, pour les deux shadow Premiers ministres qui faisaient, déjà, une partie du boulot dans son ombre : Sarkozy et Villepin. Solitude de Chirac ? Echec ? Mais non ! Ce n'est pas une telle affaire, pour un président, de se tromper. Tous les présidents de la République – Mitterrand avec Cresson – se trompent, de cette façon, au moins une fois. Le tout (c'est son cas) est d'avoir dans son jeu d'autres hommes de stature. Le tout (c'est le mérite de cette élection) est de recevoir le message et de l'entendre : que l'on soit de gauche ou de droite, peu importe – la France, en toute hypothèse, mérite un chef de gouvernement ambitieux, audacieux.

Deux droites, en fait. Pour la première fois depuis longtemps, émergence de deux droites (UMP, UDF) dont la concurrence, sur un point au moins, celui du Front national, fera l'affaire de tous les Français. L'UMP, comme l'UDF, n'a besoin de personne pour être naturellement anti-FN ? Soit. Mais en même temps... Une faiblesse est si vite arrivée... Un petit appel du pied, dans la panique d'une veille de second tour, en direction du réservoir de voix FN... Eh bien, il y a deux réservoirs, maintenant. Il y a deux gisements alternatifs. Et chacun sait, à l'UMP par exemple, qu'à trop lorgner sur l'un (FN) il perdra l'accès à l'autre (UDF) – chacun sait qu'un seul mot sur les fameuses « valeurs partagées » avec le FN, et c'en est fini des bons transferts de voix entre les deux viviers de la bonne droite démocratique. L'UDF gardienne de sa sœur UMP. L'UMP gardienne de sa sœur UDF. C'est, spontanément, sans que nul l'ait voulu ni calculé, la plus efficace des machines anti-FN.

Le FN, justement. La stabilisation de son électorat. Et, plus symbolique encore, la défaite, en Ile-de-France, de la fille et clone du chef, Marine Le Pen. Les politologues ont déjà, j'en suis sûr, leur petite idée sur cette défaite. Et peut-être y est-il entré, d'ailleurs, le pire de ce vote FN : macho, facho, on ne va pas se laisser mener par une gonzesse, etc. N'empêche. Le résultat est là, et il n'est pas question de le bouder : la fille a été battue après que le père a été écarté ; la succession, tant redoutée, ne semble pas avoir eu lieu ; et c'est, pour le vieux tribun, pour le courant qu'il représente et qu'il aimerait voir se continuer après lui, un authentique échec. 17 %, ce n'est pas rien ? Non. Mais ce n'est pas le grand basculement que l'on craignait. Ce n'est pas – pas encore – la relève des générations.

La gauche. Renouveau, aussi, à gauche. Et apparition non pas exactement de nouveaux visages, mais de nouvelles figures d'autorité, à commencer par l'une d'entre elles, une femme, que l'on connaissait mais qui prend, soudain, sa vraie taille : Ségolène Royal. Le sourire de Ségolène. La sincérité de Ségolène. La modestie, feinte ou non, de la probable présidente de Poitou-Charentes. Ce côté province heureuse qui est l'exact opposé de la triste France d'en bas. La droite a Bernadette. L'extrême droite, Marine. Le PC, Marie-George Buffet. L'extrême gauche, Arlette. Eh bien, dans cette élection décidément dominée par les femmes, la gauche a Ségolène, qui rejoint le carré de tête des ténors du PS – et c'est une autre bonne nouvelle.

Un dernier mot. L'extrême gauche. Cette autre plaie, symétrique du vote d'extrême droite pour la droite, qu'était, pour la gauche, le vote d'extrême gauche. Cette façon que l'on avait, pour aiguillonner la gauche de gouvernement, de voter pour des gens dont le but était, en réalité, de la mettre hors jeu. Là aussi, coup d'arrêt. Là aussi, prise de conscience de la frivolité d'une démarche qui consistait, sans y croire, ou en croyant pouvoir le faire sans risque, à apporter sa voix à des gens – Arlette, Besancenot – qui ne sont plus des démocrates. La leçon du 21 avril a porté. On joue moins avec le vote, les institutions, la culture démocratiques. Et c'est, encore, une excellente nouvelle.

25 mars 2004.

TABLE

2001	7
2002	127
2003	271
2004..	395

Bernard-Henri Lévy

Réflexions sur la Guerre, le Mal et la fin de l'Histoire

précédé de

Les Damnés de la guerre

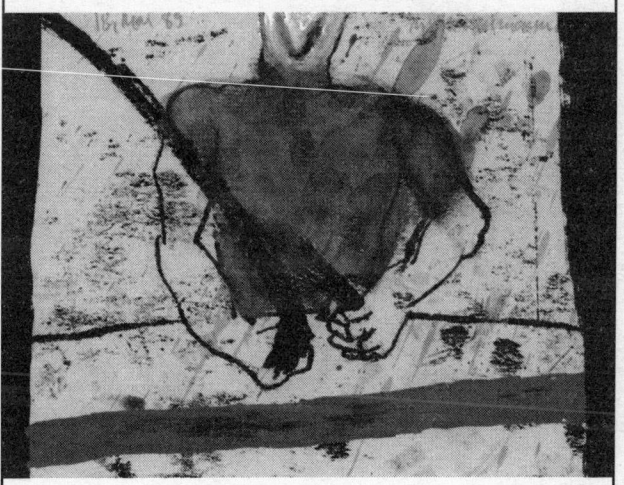

BERNARD-HENRI LÉVY

MÉMOIRE VIVE

QUESTIONS DE PRINCIPE SEPT

biblio
essais

BERNARD-HENRI LÉVY
LE SIÈCLE DE SARTRE

biblio essais

BERNARD-HENRI LÉVY

LA BARBARIE A VISAGE HUMAIN

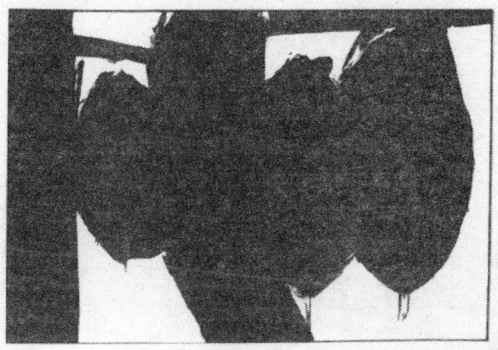

biblio
essais

Composition réalisée par NORD COMPO

Imprimé en France sur Presse Offset par

BRODARD & TAUPIN

GROUPE CPI

La Flèche (Sarthe).
N° d'imprimeur : 23790 – Dépôt légal Éditeur : 46658-05/2004
Édition 1
LIBRAIRIE GÉNÉRALE FRANÇAISE - 43, quai de Grenelle - 75015 Paris.
ISBN : 2 - 253 - 13087 - 7

30/1832/2